KB075740

21세기의 북한과 러시아

신화(神話), 비화(秘話) 그리고 진화(進化)

21세기의 북한과 러시아

신화(神話), 비화(秘話) 그리고 진화(進化)

박종수 지음

[일러두기]

1. 러시아 이름은 1917년 10월 혁명 이전을 제정러시아로, 혁명 후부터 1991년 쿠데타 발발 시까지를 소련으로, 그 이후를 러시아로 구분하여 표기했다.

2. 우리나라 이름은 역사적 경계와 문맥에 따라 한국(남·북한), 조선(남·북조선)으로 구별했으며, 이 책에서는 1897년 대한제국을 기점으로 그 이전은 조선, 이후는 한국으로 지칭했다.

이 도서의 국립중앙도서관 출판시도서목록(CIP)은 e-CIP홈페이지(http://www.nl.go.kr/ecip)와 국가자료공동목록시스템(http://www.nl.go.kr/kolisnet)에서 이용하실 수 있습니다. (CIP제어번호: CIP2011003898)

러시아를 잡아라!

'러시아를 잡아라!' 2010년 말 어느 일간지의 사설 제목이다. 천안함·연평도 사건 이후 러시아의 외교·안보적 가치를 인식하고 이에 대한 관심을 촉구하는 논설이다. 이어 대통령이 신년업무를 보고받으면서 대(對)러시아 외교 강화를 강조했다. 때늦은 감이 있지만 불행 중 다행이었다. 서울 올림픽 직후 뜨겁게 달아올랐던 한소 수교 열기는 구소련 붕괴와 함께 사라지고, 오랫동안 러시아는 우리의 관심 밖에 있었다. 21세기 진입과 함께 국제사회의 강자로 재부상하는 러시아를 우리는 애써 외면해 왔다. 왜 그럴까? 과연 무엇이 문제인가?

러시아의 대(對)북한 영향력도 소련의 와해로 인해 완전히 소진된 것으로 오판했다. 1994년 북한의 핵개발 문제가 제기되고 이의 해결을 위한 4자회담이 출범했을 때, 러시아는 4자회담의 회원국에서 제외되는 수모를 겪었다. 그러나 대북 핵 지원국인 러시아 없는 4자회담은 아무런 결실을 맺지 못한 채 유야무야로 끝나고 말았다. 2003년에 또다시 북핵 문제가 대두되었을 때 러시아는 어렵사리 6자회담의 회원국 지위를 획득할 수 있었다. 우리 정부는 주저했지만, 북한이 적극적으로 나섰기에 가능했다. 그리고 2006년 10월 북한은 핵실험을 단행하면서 중국에는 20분 전에 알려 주었지만 러시아에는 2시간 전에 미리 통보해 주었다. 러북 관계가 동맹조약을 체결한 북중 관계보다 더 견고함을 보여주는 대표적 사례였다.

2005년 9월 미국은 대북 압박수단으로 마카오 소재 방코델타아시아(BDA)은행의 북한계좌를 동결시켰다. 백기투항할 줄 알았던 북한은 오히려 거세게 반발했고, 결국 미국은 2008년 3월 동결계좌를 풀어주어야만 했다. 그런데 이 예금액을 누가 북한에 반환할 것인가가 국제사회의 뜨거운 감자로 부상했다. 관련국들이 미국의 눈치를 보면서 대북 송금 대행을 놓고 서로간 핑퐁게임만 일삼았기 때문이다. 동맹국인 중국조차도 선뜻 나서지를 않았다. 결국 러시아가 예금액 전액을 인출해서 자국 은행을 통해 북한에 안전하게 넘겨주었다.

러시아의 북한 감싸기 행보는 계속됐다. 2009년 4월 북한이 미사일을 발사했을 때, 6자회담국 중에 러시아만 유일하게 유엔의 대북 제재를 반대했다. 그해 5월 북한 핵실험에 대한 유엔 결의안 채택 시에도 러시아는 마지못해 동참했지만 적극적으로 행동에 옮길 의지는 보이지 않았다. 북한이 위기에 처했을 때, 러시아는 결코 이를 좌시하지 않았다. 그럼에도 불구하고, 우리는 러시아의 대북 및 대한반도 영향력을 과소평가해 왔다.

2010년 천안함 사태 때도 별반 다를 바가 없었다. 그해 11월 발생한 북한의 연평도 포격사건 때 러시아의 북한 비난을 우리는 외교적 노력의 성과로 오판했다. 이에 고무되어 6자회담 수석대표와 외교장관이 모스크바로 달려갔다. 러시아를 쉽게 요리할 수 있다는 자신감의 행보였을까. 귀국 후 '러시아가 북한을 규탄하는 유엔 성명서 채택에 동참한다는 의사를 분명히 표시했다'고 너스레를 떨었다. 동일 시기에 북한의 박의춘 외상도 러시아를 방문했지만 협상결과에 대해 원론적인 입장만을 밝혔다. 그러나 며칠 뒤 러시아는 서해안에서의 한미합동 사격훈련 중단을 요구하는 유엔 안보리 긴급회의 소집을 전격 제안했다. 지난 5월 김정일 위원장은 중국 방문 직전에 러시아 해외정보부(SVR) 프라드코프 부장을 접견했다. 특히, 접견장면을 언론에 노골적으로 공개한 것은 북한 권력의 속성이나 정보기관의 관행에 비추어 볼 때 매우 이례적이었다. 이것이 바로 한러 수교 20년과 북러 관계 65년의 현주소였다.

왜 그럴까. 왜 끝없는 오판과 시행착오만을 반복해야만 하는가. 단적으로 우리는 그동안 러시아를 몰라도 너무 몰랐다. 특히 북러 관계에 대해서는 근본적인 연구와 이해가 없었다. 수교 초기에 북한정권 수립과정이나 한국전쟁 등에 대한 연구가 부분적으로 시도되었을 뿐이다. 그 후로 북러 관계는 우리의 관심 밖으로 밀려났다. 물론 두 나라 관계가 구소련 시절만큼 견고하지 못하고 북중 관계에 가려서 눈에 띄지 않는 측면도 있다. 그러나 근본적인 원인은 자료 접근이 쉽지 않다는 현실적인 제약과 함께 주변 4강 중 러시아의 대(對)한반도 영향력을 간과하는 데 연유한다.

북한 정권을 만든 장본인이 러시아라는 사실을 우리는 까맣게 잊고 있었다. 김정은의 조부 김일성은 스탈린의 철저한 비호하에 양육된 정치·군사적 양자요, 김정은의 부친 김정일은 러시아땅 시베리아에서 태어나 그곳에서 자랐다. 동맹조약이 없어도 스탈린은 6·25남침을 승인하고 지원했다. 정작 양국 관계가 악화되었던 1961년 흐루시초프 때 군사동맹 조약을 체결했다.

시대적 상황과 지도자의 성향에 따라 비록 부침은 있었지만 러북 간 공생관계는 지속되어 왔다. 북한이 국제사회에서 '악의 축'으로 빈축당하고 '돌아온 탕아'가 되어 손을 내밀더라도 쉽게 거절할 수 없는 아버지의 입장이 러시아라면…?

한민족의 화두는 통일이다. 분단이 우리 민족의 염원에 반하여 타의로 결정되었듯이, 통일도 우리의 의지만으로 쟁취될 수 없다. 북 측의 '우리 민족끼리' 구호가 허구이듯이, 남 측의 '일방적 흡수통일' 주장도 현실적이지 않다. 남북한 당사자끼리의 처절한 몸부림도 주변강국의 입김 앞에선 무기력하기만 했다. 구한말 열강의 각축전 속에 36년간 망국의 설움을 경험했고, 해방의 기쁨을 만끽해 보기도 전에 분단된 이 나라 이 민족의 역사이다. 북한의 핵문제조차도 주변국 간 흥정거리가 되어 쉽게 해결되지 못하고 있다.

이렇듯 한반도 문제는 민족 내부의 문제이면서도 외교적 해결을 요하는 매우 복잡한 퍼즐과 같다. 러시아는 엄연히 남북한 분단의 책임과 통일의 지분을 갖고 있는 대주주라고 해도 과언이 아니다. 지난 20여 년간 견고해 보이기만 했던 북중 관계가 이완되고 있다. '북한이 먹이를 주는 중국의 손을 물어뜯을 위험이 있다'는 북경대 주평 교수의 지적은 양국 관계의 현주소를 말해주고 있다.

반면, 외형적으로 소원해 보였던 러북 관계가 최근 급진전되고 있다. 6월초에는 김정일의 유일한 여동생이자 후계자 김정은의 고모인 김경희가 오랜만에 러시아를 방문해 지병을 치료하고 호화쇼핑도 즐겼다. 8월 초 러시아가 5백만 달러 상당의 식량 지원에 이어 2백억 원 상당의 밀가루 5만 톤을 북한에 지원키로 했다. 김정일이 8월 21일부터 러시아를 공식 방문하고 2007년 이후 중단된 경제공동위가 8월 말에 열렸다. 가스관의 북한영토 통과 등 '남북한 – 러' 3각협력 문제가 전면으로 부상하고 있다. 한반도의 지정학·지경학적 변화가 예상된다. 본 저자는 '러시아 없는 북한, 러시아 없는 한반도 통일'을 기대할 수 없다는 절박한 심정에서 집필에 착수했다.

지은이는 2001년에 『러시아와 한국』을 세상에 선보인 후 곧바로 『북한과 러시아』를 구상하기 시작했다. 고문서와 생존인물들의 증언자료뿐 아니라 외교안보 현장에서 오감으로 체득한 경험들을 소중하게 간직했다. 유형의 천연자원 못지않게 무형의 안보자산을 소홀히 해서는 안 되기 때문이다. 다행스럽게도 2009년 공직을 떠나 학계에 둥지를 틀면서 이 작업을 마무리할 수 있었다.

제1부에서는 신화와 역사가 혼재된 북한정권의 형성과정을 사료에 근거하여 고찰해 보았다. 소련의 절대적 영향력과 북한 정권의 허구성이 입증되는 내용이다. 제2부에서는 스탈린 이후 푸틴·메드베데프에 이르기까지 북러 양국 간 애증의 비사를 지도자 중심으로 정리했다. 부침의 관계사를 통해 미래의 관계를 예단할 수 있었다. 제3부에서는 그간 세상에 잘 알려지지 않았던 러북 간 에피소드를 야사와 함께 기술했다. 두 나라 권력 엘리트층의 심층부를 과감히 해부했다. 제4

부에서는 국제 사회의 뜨거운 감자인 북핵 문제를 비롯한 정치·경제·군사·사회 등 러북 간 현안을 분석하고 진단했다. 통일한국을 향하는 도정에서 러시아 카드를 어떻게 활용할 것인지를 심사숙고했다.

미국발 금융위기로 실업자가 속출하던 2009년 모스크바의 봄은 때늦은 금융한파로 스산하기만 했다. 현지 대사관에서 소위 '철밥통'이라는 공직을 떠날 채비를 했다. 가장으로서 가족들의 생계문제를 걱정하지 않을 수 없었다. 망설이고 또 망설였다. '너는 내게 부르짖으라. 내가 네게 응답하겠고 네가 알지 못하는 크고 비밀한 일을 네게 보이리라'(렘 33:3) 늦깎이 신앙생활을 통해 결단할 수 있었다. 가족들도 아빠의 결정에 흔쾌히 동의했다. 북위 60도에 위치한 제2의 고향 상트페테르부르크로 거처를 옮겼다. 핀란드만 해변에 나홀로 회막(會幕)을 마련하고 강의가 없는 날에는 진종일 칩거하면서 본격적인 집필 활동을 시작했다. 고난이 크면 클수록 예비된 영광도 더욱 큼을 확신하면서… 무모한 선택은 아들 의명, 딸 로명과 사랑하는 나의 아내가 기꺼이 동참해 주었기에 외롭고 힘들지 않았다.

졸고가 출간되기 전에 한국간행물윤리위원회의 2011년 우수저작에 당선되는 축복도 있었다. 한없는 부정(父情)과 가족에 대한 사랑을 이 졸저로 대신한다. 아울러 출간을 위해 정성을 기울여 준 오름 출판사 부성옥 대표와 직원 여러분께 진심으로 감사드린다.

2011년 10월
네바강변에서
원곡 박종수

차 례

【제1부】

신화냐 역사냐

I

선사시대(先史時代)

　일본 제국주의는 1905년 러일전쟁에서 승리함으로써 한반도 병탄의 마지막 장애물을 사실상 제거했다. 조선의 외교권을 박탈하고 병탄의 서류적 절차만을 남겨두고 있었다. 제정 러시아는 대외적으로 일본에 패배하고 대내적으로 혁명의 소용돌이 속에 함몰되는 내우외환(內憂外患)을 겪고 있었다. 마지막 희망이었던 러시아마저 세기적 혼란에 빠지고 일제의 병탄이 현실화되면서 애국지사들은 조국을 떠나 유랑생활에 들어갔다. 러시아 극동 연해주와 중국의 만주 일대가 이들의 활동무대로 자리잡아 갔다.

　신생 소비에트정권의 공산주의 사상이 좌절에 빠진 이들에게 또 다른 정신적 대안으로 부상했고, 혁명 논리와 방법이 대일 무장투쟁에 자연스럽게 접목되었다. 여러 독립 유파 중에 사회주의적 투쟁방식이 일제를 가장 곤혹스럽게 했고 일제의 제1 타도대상이 되면서,

항일 독립운동가들의 가슴 속에는 사회주의 사상이 더욱 공고하게 자리잡아 갔다. 한반도에서도 공산정권의 태동을 예고하고 있었다고나 할까……

그러면, 북한 정권의 시조격인 김일성은 어떻게 사회주의 사상을 접했고 그 당시 유행처럼 번졌던 독립운동에는 어느 정도 참여했는지 궁금하지 않을 수 없다. 무엇보다도 먼저, 김일성의 성장과정과 소년 시절을 통해 짐작해 볼 수 있을 것이다.

김일성은 1912년 4월 15일 평안남도 대동군 고평면 남리(현재의 만경대)에서 3형제의 장남으로 태어났다. 출생 당시의 이름은 김성주(金成柱)였고 그의 아버지 김형직(金亨稷)과 어머니 강반석(姜盤石)은 모두 기독교 집안 출신이었다. 특히 어머니가 교회장로의 딸로서 독실한 기독교 신자였던 점을 감안해 볼 때, 김일성은 모태신앙을 가지고 태어났을 것으로 짐작된다.[1]

김일성은 한 곳에 정착하지 못하고 여러 곳을 전전하면서 어린 시절을 보냈다. 1919년 어머니, 동생 철주와 함께 아버지를 따라 만주로 이주했다. 그러나 그의 부모는 그가 조선에서 교육받기를 원했기 때문에 1923년 귀국해 외가가 있는 평남 대동군 소재의 창덕학교에 다녔다. 2년 후 13세 때 다시 부모가 있는 만주로 건너가 무송에서 1년간 소학교 생활을 마치고 1926년 화성의숙에 입학했다. 여기서 최동오 교장과의 만남은 뒤에 그의 아들 최덕신의 북한 망명

만주 거주 당시의 14세 소년 김일성

으로 이어졌다. 그러나 그해 6월 아버지 김형직이 32세의 젊은 나이로 세상을 뜨자 그는 화성의숙을 중퇴했다. 북한 문헌들은 그의 화성의숙 재학을 그해 가을까지 연장시키며 그가 여기서 북한 현대사의 기원으로 삼는 「타도제국주의동맹」을 결성했다고 주장하고 있으나, 이에 동의하는 연구자는 북한 이외에는 거의 없다.[2]

김일성은 이듬해인 1927년 길림의 육문중학에 입학했다. 이 학교에서 진보주의 교사인 상월(尙越) 등으로부터 본격적인 공산주의 사상을 공부하게 되었고 조선공산청년회라는 조직의 멤버로 활동했다. 1929년 가을에 그는 반일활동 혐의로 중국 군벌 당국에 체포되어 생애 처음으로 수개월간 감옥살이를 하고 이듬해 봄에 출옥했다. 김일성은 자신의 회고록 『세기와 더불어』(1992년 출간)에서 '그 당시 임시정부 의정원 원장이었던 손정도 목사 집에서 살았는데, 감옥에서 출옥했을 때 손목사가 반겨 주었다. 나중에 손목사의 차남 손원태(미국에 거주하는 의사)를 북한으로 초청해 과거에 신세진 것을 조금이라도 갚으려고 했다'고 기술하고 있다.[3]

감옥에서 나온 김일성은 길림성 소재 카륜(喀倫)·고유수 지방에서 급진청년들과 함께 국민부 계통의 조선혁명군 대원으로 활동했으며, 이즈음 반일 운동가들이 으레 그렇듯이 '김일성(金日成)'이라는 가명을 사용했다. 1931년 초에 조선혁명군이 와해되자 곧바로 간도 지방으로 이동하여 중국청년동맹 요원이 되었고, 당시 국제공산주의 혁명을 주도했던 코민테른의 '1국1당주의' 원칙에 따라 공산당에 입당했다. 그해 9월 만주사변이 발발하자 중국 공산당의 지시에 따라 항일유격대가 창설되었다. 조선인 공산주의자들도 이 항일유격대 건설사업에 주도적으로 참여했고 김일성도 예외는 아니었다. 그는 1932년 4월에 중국 길림성 안도현(安圖縣)[4]에서 소수의 동료들과 함께 중국 구국군 우(于) 사령 부대 산하에 별동대를 조직했다. 북한에서는 이 부대를 「반일인민유격대」라고 부르고 있으며, 그 창설일을 4월 25일이라고 주장하고 있다.[5]

그리고 1977년 말 북한 정권은 조선인민군 창건일(국군의 날)을 1948년에서 1932년의 이 날로 변경했다고 소련 정부에 통보하면서 그 배경을 다음과 같이 설명했다.

"조선인민군의 창건은 1948년이지만 조선이 혁명무력을 갖게 된 시기는 벌써 1932년부터다. 위대한 수령 김일성 동지께서 진보적인 노동자, 농민, 그리고 애국청년들로서 1932년 4월 25일 영광스런 조선인민혁명군을 창건했다. 이때부터 주체적인 혁명위업을 달성하기 위해 투쟁하는 참다운 혁명무력의 영광스런 역사가 시작되었다. 1948년 조선인민군의 창건은 조선인민혁명군(朝鮮人民革命軍)의 정규 혁명무력으로 강화 발전된 것이다. 조선민주주의 인민공화국 정부는 조선인민의 첫 주체형 혁명무력인 조선인민혁명군 창건을 선포한 역사적인 날을 후손만대에 길이 전하고 영원히 기념하기 위하여 조선인민혁명군이 창건된 날인 4월 25일을 조선인민군 창건의 날로 정했음을 통보한다"[6]

김일성의 과거 행적과 관련해서 주목할 점은 첫째로, 이제까지 우리 사회에서 정설로 되어왔던 '가짜 김일성론'에 대한 논란이다. 상기 성장과정 및 항일활동 당시의 상황에 비추어 볼 때 김성주와 김일성이 동일 인물이었다는 사실은 어느 정도 근거가 있는 것으로 인식된다. 둘째로, 그가 18세였던 1930년 6월 30일 만주 길림성 장춘현 카륜에서 열린 공산주의 청년동맹과 반제국주의 청년동맹 간부회의에서 '조선혁명의 진로'라는 주제로 연설을 했다는 주장이다. 이 내용은 『김일성 저작선집』 1권에 수록되어 1978년경 처음으로 북한에 소개되었다. 물론 이것은 김정일에 의해 아버지 김일성에 대한 개인우 상화 일환으로 조작 편집되었다고 할 수 있다.[7] 셋째로, 김일성이 주 도적으로 항일 독립운동에 참여했는지에 대한 평가다. 당시 공산주의 계열의 인사들이 지향하는 목표가 항일투쟁에 있었던 점에 비추어 볼 때, 공산당원인 김일성도 예외는 아니었던 것 같다. 다만, 지나치게 과장된 측면이 있었음을 간과해서는 안 될 것이다. 대표적인 사례가 보천보 전투의 전과에 대한 북한 측의 지나친 과장이다.

1937년 6월 4일 김일성이 지휘하는 약 100명의 항일유격대가 함북 갑산군 혜산 인근의 '보천보'라는 작은 마을을 습격했다. 이 전투는 규모면에서는 작았지만 최초의 국내 진공작전으로 그 파장은 매우 컸 다. 당시 국내언론들은 이례적으로 이 사건을 관심 있게 보도했다. 일 장기 말살사건으로 무기정간에서 막 풀려난 동아일보는 6월 5일자로 두 차례에 걸쳐 이 사건에 대한 호외를 발행할 정도였다. 조선일보의 경우도 이를 비중 있게 보도했다.

"지난 6월 4일 조선 국경 인접지대의 보천보에 김일성이 대장으로 있는 공산주의 부대 약 200명이 보천보 행정관서, 우체국, 파출소, 초등학교와 기타 큰 건물에 방화했다. 이 방화로 손실규모는 5만 엔을 상회한 것으로 알려졌다. 사망자는 7명으로 그중 일본경찰이 5명, 조선인 경찰이 2명이 다. 중상자는 6명이 다 일본인 경찰이다. 김일성 부대는 6정의 기관총을 비롯해 여러 가지 무장을 하고 있었다. 일본 국경수비대가 급파되어 전 투가 계속되었다. 김일성 부대는 강을 건너 맨 먼저 보천보의 전화선을 절단해 국경당국은 어떤 연락도 받지 못했으며 부대가 철수한 이후에 알 게 되었다고 한다"[8]

물론 이러한 언론의 관심은 암흑기로 빠져든 식민지 조선 상황의

량강도 혜산시의 보천보전투승리기념탑(우측 상단)은
1967년 만경대창작사 조각창작단이 완성한
높이 39.7m, 옆면길이 30.3m의 북한 최대의 기념탑이다

탈피욕구를 반영한 것으로 볼 수 있다. 그러나 어쨌든 이 사건을 계기
로 김일성이라는 이름이 국내 민중에게 널리 알려지게 됐으며, 그것
은 해방 후 그가 지도자로 부상하는 데 유리한 배경이 되었다.[9] 소련
고문서에서도 '김일성'이란 이름이 처음으로 등장한 것도 이 시기다.

　한편, 이 사건으로 인해 타격도 적지 않았다. 광분한 일제경찰들은
국내 협조자들에 대해 대대적인 검거작전을 전개해 수백 명을 체포했
다. '혜산사건'이 대표적인 사례였다. 일제의 토벌작전은 1938년 말
부터 이듬해 초에 절정을 이루었다. 항일유격대들이 지리멸렬의 극한
상황에 이르렀다. 1938년에 3만여 명의 항일유격대(일명 동북항일연군)
병력은 1940년에는 1,400여 명으로 줄어들었다. 김일성 부대는 1938
년 12월 초부터 1939년 3월 말까지 중국 몽강현 남패자에서 장백현 북
재정자에 이르는 행군을 강행했다. 이 기간을 북한에서는 '고난의 행
군'이라고 부른다.

한편 극동지역 소련군은 유격대의 활동이 소·일 간 긴장을 초래한다 하여 이들의 소련 입경을 요구하고 있었다. 이러한 상황하에서 소련군과 항일유격대 지도자들은 1940년 8월 하바로프스크에서 회의를 개최하고 항일유격대의 소련 국경 내 이동에 합의했다.10) 결국 김일성도 일제의 추격을 피해 소련 극동지역으로 피신해야만 했다. 최초로 소련땅을 밟은 날이 바로 1940년 10월 23일이었다. 그의 처 김정숙을 비롯한 약 12명의 대원들과 함께 소련 국경을 넘었다.

김일성 생존 시에 북한 학자들은 그가 만주에서 해방될 때까지 소부대활동을 하면서 일본인들과 싸우고 있었다고 우겨왔다. 그러나 김일성 사후 출간된 『세기와 더불어』 계승본 8권에서 김일성이 러시아로 들어간 것을 인정하면서 그곳에서 보다 더 넓은 국제적 판도에서 군사정치 활동을 활발히 전개한 것으로 회고했다. 그런데 사전에 소련 측과 연락이 없었던 상태에서 월경했기 때문에 소련군에 붙잡혀 일시 억류되기도 했다. 그때 김일성의 나이는 28세였다.

김일성은 1941년 하바로프스크에서 김책, 최용건과 처음으로 만났다. 나중에 이들이 모두 북한 지도층의 핵심이 된다는 점에서 이 만남은 중요한 의미를 내포했다. 김일성의 실질적인 항일 무장투쟁은 사실상 여기서 중단된다. 자신의 의지와는 무관하게 그 이후로는 가끔 국지전의 정탐활동에 참여하는 정도였다. 결과적으로 소련으로의 이동은 항일운동의 대막을 내리고 북한 정권 출범을 위한 준비작업을 착수하는 계기가 된 셈이다.

북한에서 항일 무장투쟁은 김일성 개인숭배와 함께 과장·왜곡 과정을 거쳐서 신화화되어 오늘에 이르고 있다. 이 건국신화는 북한 역사의 출발점이자 정치권력의 통치담론이 되었다. 그리고 북한 주민들에게는 모든 사업방식의 전형으로 제시되었다. 이 신화화한 항일무장

극동지역 일대에서 활동했던 조선빨치산
부대원들(두 번째줄 가운데 김일성)

투쟁사를 간과한다면 북한 사회를 제대로 이해할 수 없을 것이다.

　무엇보다도 이것은 현대북한을 이해하는 중요한 연결고리가 되며 북한 사회의 현실을 규정하고 있다. 이른바 '혁명전통'의 연원으로서 항일 무장투쟁이 현대북한에 미치는 영향은 적지 않다.

　첫째로, 북한역사의 출발점으로 기술되고 있다. 오늘날 북한은 현대사의 출발점을 김일성이 1926년 10월 17일에 결성했다는 「타도제국주의동맹」으로 설정하고 있다. 이와 함께 주체사상의 형성시기를 항일무장 투쟁시기로 소급시키고, 정치·경제·문화 등 여러 분야에서 시행되고 있는 사업방식의 원형을 대부분 이 시기에서 찾고 있다.

　둘째로, 정치권력의 통치담론으로 적용하고 있다. 북한 지도부는 항일유격대 출신들이 쓴 회상기와 김일성의 항일 전기를 주민들에게 학습시킴으로써 김일성 개인과 국가에 대한 충성심을 고취시키고 있다.

　셋째로, 북한사회에서 주민들의 '혁명적 삶', '혁명적 사업방식'의 전형으로 부각되어 있다. 항일유격대원을 북한 지도부가 원하는 '주체적 공산주의자'로 설정하고 이를 주민들에게 주입시키고 있다.

북한 정권의 '선사시대'는 의외로 짧았다. 필자가 자의적으로 이 시기를 '선사시대'로 구분하는데는 그럴만한 이유가 있다. 과거의 사실이 햇빛을 받으면 역사가 되지만 달빛에 물들면 신화가 되기 때문이다. 역사적 사실이면서도 한 국가의 정사로 보기에는 무리인 듯하다. 대한민국의 건국이념이 '홍익인간'이라면 조선민주주의인민공화국은 '항일무장투쟁'인 셈이다. 북한식 단군신화라고나 할까. 남측이 추상적이고 평화적인데 반해 북 측은 구체적이고 호전적이다. 통일헌법에는 어떻게 명시해야 할지 고민하지 않을 수 없다.

II

하바로프스크 웅비

러시아 극동의 중심지 하바로프스크는 북한 정권 및 김일성 일가에게는 꿈에도 잊을 수 없는, 결코 잊어서도 안 되는, 소중한 땅이다. 하바로프스크 없는 오늘날의 북한 정권도, 하바로프스크 없는 오늘날의 김일성 가계도 존재할 수 없기 때문이다. 그러면서도 애써 외면해야 할 기피의 땅이 또한 그곳 하바로프스크다. 머리는 멀리하고 싶으나 가슴은 항상 다가가고픈 그곳 하바로프스크의 진실은, 그리고 북한 정권에게 던지는 함의는 무엇인가.

소련 영토로 피신해온 항일유격대는 1940년 겨울부터 두 곳에 야영을 설치했다. 하바로프스크 인근의 '뱌츠코예 나 아무르(Вятское-на-Амур)'에는 북(北)야영을, 현재의 우수리스크(Уссурийск)인 보로실로프 근처에는 남(南)야영을 세운 것이다. 북야영에는 중국인 저우바오중(周保中)이 지휘하는 제2로군과 제3로군이 들어갔으며, 남야영은 제

1로군의 제2·3방면군과 제2로군 일부 병력들로 채워졌다.

항일유격대 대원들은 소련 영토로 들어온 후에 일정 기간 동안 조사를 받았다. 조사 결과에 따라 이들은 소련 붉은군대에 편입되어 군복무를 계속하거나 아니면 공민권을 획득하여 농민이나 노동자로서의 평범한 생활로 복귀하는 두 부류로 나뉘었다. 김일성도 특별수용소에 격리되어 조사를 받았으나 당시 그의 이름을 알만한 사람은 다알고 있었기 때문에 조사과정이 오래 지속되지는 않았다.

이들은 두 야영에서 일련의 교육과정과 전투훈련을 받았다. 일부 대원들은 소련군 정찰기관의 지시에 따라 국경지역에서 정찰활동을 수행하기도 했다. 소련군 지휘부는 항일유격대 출신의 간부 훈련에 각별한 신경을 썼다. 능력 있다고 인정되는 대원들은 재선발되어 하바로프스크 보병학교에 입교하여 단가 교육과정을 이수했다. 김일성은 10여 년에 걸친 항일 유격대의 방랑생활을 청산하고 안정된 생활로 접어들었다. 만성적인 기아와 피로 끝에 처음으로 경험하는 아늑한 보금자리였다.

김일성은 1940년 8월 하바로프스크 회의 직후에 항일유격대 여전사인 김정숙(金正淑)과 결혼했다. 물론 이때의 결혼은 특별한 의식이 있는 것이 아니라 결혼을 선언하는 것으로 성혼되었다. 김정숙은 첫번째 부인이 아니라 후처였다고 한다. 첫 번째 부인은 김일성 부대에서 항일 투쟁하다가 일본의 포로가 된 김혜순(Ким Хе Сун)이었다. 나중에 김혜순은 석방되었으며 북한에서 생활했다.[11] 김정숙과의 재혼은 소련 영토로 이동하기 몇 개월 전의 일이었다. 때문에 달콤한 부부생활은 하바로프스크에서부터 시작된 셈이다. 일제의 토벌에 쫓길 필요도 없는 하바로프스크의 목가적인 생활은 마냥 행복하기만 했다. 1941년 2월에 장남 김정일이 태어난 것도 이러한 생활 덕분이었다.

김일성 부대가 3여 년간 복무했던
하바로프스크「뱌츠코예」소재 88여단의 본부 건물이다
(김국후 저, 『평양의 소련군정』에서 재인용)

이어 둘째 아들을 낳았고 둘다 유라, 슈라라는 러시아식 이름을 지었
다. 김일성은 조국으로 귀환하는 것에 대해 최소한 회의적으로 생각
했던 것 같다.[12]

이처럼 하바로프스크는 김일성이 어려서 부터 북한과 중국 만주 일
대를 무수히 전전해야만 했던 방랑생활을 청산하고 가정의 행복과 소
중함을 일깨워 준 은혜의 땅이었다.

1942년 7월 뱌츠코예의 북야영에서 제2극동전선군 산하 88독립보
병여단이 창설되었다. 이는 스탈린의 직접적인 지시에 따라 이루어진
것이다. 그리고 8월 3일 정식으로 부대명칭을 받았다. 88여단의 창설
은 만주 각지에서 항일투쟁을 벌이던 동북항일연군, 특히 조선 빨치
산들을 한 곳에 집결시켜 통일된 세력으로 등장할 계기를 마련해 주
었다. 그와 동시에 이들은 소련군 계급을 부여받고 그 군복을 착용하
는 데서 보여지듯이, 사실상 중국공산당의 영향권에서 벗어나 소련의

지도체계로 흡수되었다. 항일 유격대원들의 주요 임무는 만주에 주둔한 일본군의 동향을 탐지해 내는 것이었다. 이 여단은 러시아·중국·조선 등 15개 민족으로 구성된 다국적군이었다. 그래서 오늘날 북한에서는 88여단을 국제연합군으로 부르고 있다.[13]

반면 중국에서는 이를 동북항일연군의 연장선으로 간주하여 동북항일연군교도려(東北抗日聯軍矯導旅)로 칭했다. 88여단은 극동전선군 군사회의의 직접적인 지도하에 참모부 정찰부대가 관할하였지만, 여단장 저우바오중을 비롯한 지휘부가 중국 공산당의 회원신분을 유지하는 등 상당한 독자성을 보장받았다. 88여단 규모는 러시아 군인의 증감에 따라 시기별로 차이는 있으나 최저 900명에서 최대 1,500명에 이르렀다. 그중에 한인은 100명 정도였고 조선군으로 구성된 1대대장에는 김일성 대위가 임명되었다. 김일성과 여타 간부급 대원들이 하바로프스크 보병학교 교육과정을 수료하고 모두 소련군 장교로 임관한 이후였다.

88여단 대원들은 제식훈련, 총검술, 사격, 수류탄 투척, 스키, 수영, 동계 야외훈련 등 군사 및 기술 훈련을 체계적으로 받았다. 또한 소련측이 제공한 프로그램에 따라 정치사상 교육도 실시되었다. 여기에는 항일 교육과 공산당사를 비롯한 소련 사회주의의 건설 성과에 관한 정치학습이 포함되었다. 김일성은 상부의 지시를 받아 교육훈련의 임무를 수행했고 조선해방에 관한 토론과 교육도 실시했다. 그 이외에도 운동과 고기잡이 등으로 여가를 즐겼다.[14] 이처럼 하바로프스크는 시련과 고난의 중국생활을 뒤로 하고 공산주의 종주국인 소련생활을 익히는 기회의 땅이었다. 그리고 충분한 시간과 여유를 가지고 소련식 관행과 규율에 적응하면서 북한 정권 수립을 준비하는 웅비의 새 터전이었다.

소련군은 1942년 8월에 대일 군사작전을 개시하면서 88여단의 활용계획을 확정했다. 이 여단의 최종과업은 조선과 중국 국경지역 주민들로 하여금 소규모 항일유격대를 창설하고 그 활동을 지휘하는 것이었다. 조선에 투입될 1대대, 즉 김일성 부대는 1중대장에 박정산, 2중대장에 최용진이 임명되었다. 항일 유격대원들의 만주 파견활동은 1941년 초부터 이루어졌다. 김일성 자신도 여단창설 직전인 4월부터 만주 동남 일대에 남아있는 소부대들과 연계를 맺고자 밀영을 떠났다가 복귀하곤 했다. 이러한 활동은 일본군으로 하여금 지속적인 경계와 긴장을 유지토록 함으로써 항일의 기치를 높일 수 있었다. 그러나 만주와 조선 국경지역에서 수행된 88여단의 정찰활동은 일제의 집요한 감시와 통제로 인해 큰 성과를 거두지는 못했다. 1943년 7월 중순에는 지하공작을 위해 만주로 진출했다.

하바로프스크의 88여단 시절에 김일성과 함께 근무했던 러시아인들은 김일성에게 다른 조선인들과는 분명히 다른 점이 있었다고 회고

88여단이 주둔했던 하바로프스크 뱌츠코예 지역에 세워둔 기념비로 조선 빨치산 부대 요원들의 묘지가 이곳에 있으며, 북한 당국이 암암리에 관리하고 있는 것으로 알려지고 있다

했다. "김일성이 군사업무에 지대한 관심을 보였으며 명석하고 근면했다. 30세가 되던 해에 미래의 '철인 지도자'는 권력지향성을 보였고 자신의 목적달성을 위해서는 어떠한 투쟁도 꺼리지 않았다"[15]

여하튼 만주에 흩어져 있던 항일 유격대의 한인 지도자들이 88여단에 합류하면서 이들 사이에 지위와 역할분담 문제가 자연스럽게 해결되었다. 김일성은 선배 유격대장인 최용건이나 김책 등과의 관계에서도 별무리 없이 정치적 우위를 확보했다. 김일성이 한인 가운데 최고 지위를 확보할 수 있었던 몇 가지 요인이 있었다.

첫째로, 그가 한인 주력 부대를 이끌었다는 점이다. 당시 한인 빨치산 가운데는 그와 대등하거나 또는 앞선 인물들도 적지 않았다. 그런데 이들은 김일성보다도 먼저 전사했거나 투항해 버렸다. 김일성이 주로 한인들로 구성된 1대대 지휘관이라는 사실은 한인들의 구심점이 될 수 있는 조건을 일찌감치 마련한 셈이다.

둘째로, 국내에 보다 널리 알려진 점이다. 와다 하루키가 지적한 대로 김일성은 김책이나 최용건과는 달리 조선 접경에서 활동했고 그 북부 지방으로 진격한 것 등으로 인해 상당한 지명도를 획득했다.

셋째로, 소련과 중국 지도부의 신망이 더 두터웠던 점이다. 저우바오중은 김일성이 남야영 책임자가 되기 전에 극동전선군 지도부에 '가장 훌륭한 군사 간부이며 중공의 한인 동지 중에 가장 우수한 자'라고 소개했다. 소련군 지도부도 그가 규율을 준수한 모범적이며 뛰어난 부하 통솔력을 보였다고 평가했다. 김일성의 정치적 부상을 위한 위의 3가지 조건이 그의 소련 체류 기간 중에 결정적으로 형성되었다고 할 수 있다.[16]

88여단의 부대원 숫자는 1945년 8월 말 대일 전쟁이 종결된 시점에 이르러서는 총 1,354명에 이르렀다. 그중에 한인이 103명이었으며 이

들은 항일연군 출신 88명과 소련계 한인 15명을 합친 수이다. 이 여단
은 김일성 부대가 떠난 후 해체되었다. 소련군 극동사령부는 10월에
제2극동전선 정찰부대장 소르킨 소장에게 88여단 인수위원회를 구성
해 해체작업에 착수하라고 지령했다. 소련계 대원들은 계급과 직위에
따라 각각 다른 부대로 전출되었다. 김일성 동행 그룹은 각기 북한의
새사회 건설에 있어서 정치적·군사적 구심이 되어야 한다는 각오로
귀국의 도정에 올랐다. 88여단 인수위원회는 그해 12월 중순까지 해
체작업을 마무리했다.[17]

　　김일성에게 있어서 하바로프스크의 생활은 개인적으로는 가정을
꾸리는 신접살림의 보금자리였고 자신을 권력의 정점에 이르게 하는
기회의 땅이었다. 그리고 국가적으로는 북한정권을 설계하고 준비하
는 웅비의 수련장이자 메카였다. 그럼에도 불구하고 하바로프스크는
북한 역사를 왜곡시키고 김정일의 출생을 조작하는 과정에서 지워버
리고 싶은, 그렇지만 결코 지울 수 없는 문신과도 같은 과거이다.

III

대일(對日)전 참전

2차 대전 말기에 소련의 대일전 참전은 사전에 충분히 계획된 전투였는가, 아니면 서부전선에서 지칠 대로 지친 소련군이 참전을 선택할 수밖에 없었던 피치 못할 사정이 있었는가. 불가피한 선택이었다면 누가 강요했고 그 배경은 무엇이었는가. 그리고 전투는 어떻게 진행되었으며 북한 정권을 비롯한 오늘날 한반도 문제에는 어떤 역사적 인과관계를 가져왔는가.

태평양전쟁에서 미국의 외교전략 중 가장 중요한 과제는 소련을 대일전에 참가시켜 일본을 협공하는 것이었다. 그러나 독일과 치열한 공방전을 벌이고 있던 소련으로서는 대일전에 참가할 여력이 없었다. 소련 측은 전투 경험상 두 개의 전선에서 동시에 전쟁을 수행하는 국가는 종종 패전한다는 상식 때문에 더욱 신중했던 것이다. 더욱이 일본과의 전쟁에는 말려들지 않은 채 미국과 영국에게 일본을 패퇴시키는 작업을 맡기고 싶어했다. 1941년 4월 소련이 일본과 중립조약을 체결한 배경도 이를 반영한다.

미국의 외교적 노력에도 불구하고 소련의 대일전 참전문제가 별로 진전이 없다가 1943년 10월이 되어서야 비로소 스탈린이 처음으로 전쟁 참가 의사를 비쳤다. 모스크바 외상 회담에서 대(對)독전 승리 후에 대일전에 참가하겠다는 의사를 공식적으로 표명한 것이다. 스탈린은 1944년 12월 루스벨트로부터 참전 대가로 일본령인 남사할린, 쿠릴열도를 요구했다. 1945년 2월 얄타회담에서 이 문제가 연합군 정상들 간에 구체적으로 논의됨에 따라 소련의 참전이 결정되었다. 반면 한반도에 대해서는 명확한 합의가 이루어지지 않았다. 당시 소련의 우선순위는 미·영과 협조하여 황폐해진 국내경제를 재건하는 전후부흥 문제였고 대외적으로 사회주의를 추구하는 것은 부차적인 것이었다.18)

물론 일본 천황은 소련의 대일전 참전을 막아야 한다는 결론을 내리고 소련과의 화평공작(和平工作)을 계획한다. 1945년 7월 10~11일 고노에(近衛)를 특사로 파견하여 소련의 몰로토프 외무장관 및 로좁스키 외무차관과 교섭을 시도했다. 러일전쟁 때 점령했던 쿠릴열도와 남사할린을 반환하고 만주에 주둔한 일본군을 철수하는 등 그동안 소련이 갈망해 왔던 이권을 모두 넘겨주겠다는 것이었다. 그리고 또 하나는 조선에 자치권을 부여한다는 제안이었다. 이는 다른 지역은 다 양보하더라도 한반도만은 포기할 수 없다는 것이었다. 그러나 소련은 이 구미당기는 제안을 거부했다.19)

소련군은 독일군을 퇴패시킨 직후인 5월부터 3개월에 걸쳐 극동방면으로 부대를 이동시켰다. 8월 8일 마침내 일본에 대해 선전포고를 했다. 치스차코프 대장이 지휘하는 소련군 제25군은 8월 9일 0시 10

1945년 8월 9일 소련 해군 병사들이
배 위에서 북한 상륙작전을 준비하고 있다
(김국후 저, 『평양의 소련군정』에서 재인용)

분을 기해 전장 4천km가 넘는 전선에서 일본군을 상대로 본격적으로
작전을 개시했다. 한편 멜레츠코프 대장이 8월 10일 전력 강화를 위해
하바로프스크 교외에서 김일성 등이 포함된 제88여단을 제25군에 편
입시켰다.[20] 일본 수상 스즈끼는 소련의 대일 선전포고로 더 이상 전
쟁 수행이 불가능함을 자인했다. 소련의 대일전 참전은 일본에게 적
지 않은 심리적 타격을 주었던 것이다. 스탈린이 대일전 참전의 명분
으로 내세운 것은 '러일전쟁 패배의 치욕을 씻자'는 것이었다. 이른
바 조선 해방전쟁—그것은 단순한 산책이 아니었다.

　이튿날 소련의 태평양 함대가 웅기, 나진, 청진에 포진하고 있는 일
본군에 집중적인 공격을 가했다. 웅기에 이어 나진을 탈환하고 청진
항 전체를 점령했다. 8월 13일 청진 상륙작전은 소련군의 대일전 가운
데 가장 치열했던 전투였다. 이후 소련군은 계속해서 남진한다. 파죽
지세로 밀고 내려오는 소련군의 진군은 어느 날 갑자기 멈추게 된다.

소련군 부대에 '더 이상 진군하지 말라'는 명령이 하달되었다. 일본 정부는 8월 14일 무조건 항복할 것을 알렸다. 8월 16일에는 소련의 붉은군대가 서울에 도착한다는 소문을 듣고 10만 명 이상의 군중이 서울역에 모였다. 이들은 서울 주재 소련 총영사관에 와서 스탈린과 붉은군대가 조선을 해방시켜주어 감사한다는 말을 전했다.[21]

소련군은 8월 20일 이후부터 전투행위를 일절 중단했다. 계속 남쪽으로 진군한다면 한반도 전체를 점령할 수 있었다. 소련군 일부는 이미 서울까지 진입하여 며칠 동안 머물며 해방군으로서 시민들의 환영을 받았으나 38선 이남으로 진격해서는 안 된다는 명령을 받고 다시 북쪽으로 이동하기 시작했다.[22]

미국이 소련을 대일전에 끌어들였던 배경은 어디에 있었는가? 1945년 7월의 포츠담 회의 기록에 의하면, 그 당시 미국은 일본 본토 상륙작전의 희생이 대단히 클 것으로 예상했으며, 만주와 한국에서의 희생은 예상보다도 더 클 것을 우려했다. 따라서 미국은 후자의 작전과 그에 따를 희생을 소련에 넘기려는 속셈을 가지고 있었다는 분석이 지배적이다.

미국 군부에서는 일본이 하룻밤 사이에 무너질 것이라고는 상상조차 못했다. 더욱이 8월 6일 히로시마와 8월 9일 나가사키에 투하된 원자폭탄의 위력에 대해서 전혀 예측하지 못했다. 또한 소련군이 극동 지역에서 일본군을 파죽지세로 밀고 내려올 것이라는 것도 예상 밖의 일이었다.

미국은 8월 11일 새벽에 국무성, 육군성, 해군성 등 3성 조정위원회(SWNCC) 야간 회의를 긴급 소집했다. 소련군의 한반도 진주 남쪽 한계선을 논의하기 위해서였다. 이 회의에 관한 회고담에 따르면, 8월 10일 자정쯤 본스틸(Bonesteel) 대령과 러스크(Rusk) 소령은 소련과 미국이 점령할 지역을 확정짓는 일반 명령안을 30분 내에 완성하라는 상부의 지시를 받았다. 마감 시간이 임박함에 따라 마땅히 참고할 지도가 없어 벽에 걸려 있는 극동 지도를 보면서 38선이 서울 북방을 통과하고 한반도를 거의 균등하게 양분한다는 사실에 착안하여 38선 분할안을 건의했다.

러스크는 당시의 상황에 관해 "38도선은 소련이 반대했더라면 현실적으로 기대할 수 없었을 정도로 북쪽에 위치해 있었다"고 회고했다. 그는 "소련이 막상 이 분할 안에 동의했을 때는 약간 놀랐다"고 말했다. 또 하나의 회고담에 의하면, "미국의 건의가 소련에 전달되고 나서 회답을 기다리는 동안 짧은 순간의 긴장이 감돌았다"고 했다. 38도선 획정은 소련의 남진 의도에 대한 명백한 탐색이었다.

미국의 권위 있는 한반도 전문가인 브루스 커밍스(B. Cummings)는 『한국 전쟁의 기원』에서 소련군이 미군보다 거의 한 달 전에 한반도에 진주했기 때문에 한반도 전체를 쉽게 수중에 넣을 수 있었음에도 불구하고 미국과의 합의 사항을 존중하여 38선 이북에 머물렀다고 기술했다. 하룻밤 사이에 설정된 38선은 반세기 이상을 지내오면서 우리 민족에게는 원한의 장벽이 되고 말았다. 유감스럽게도 이 지구상에 마지막 남은 냉전의 잔재요 분단의 장벽이 되었던 것이다.[23]

한편, 88여단의 항일 유격대원들도 그들 나름대로 대일전 참전계획을 수립했다. 이들은 소련 극동방면군의 지원을 받아 88여단 항일연군 간부를 주축으로 6만~10만 명의 군대를 조직해 대일작전과 적후활동을 전개하려 했다. 실제로 8월 11일에 소련군 극동방면군 사령관은 전 여단병력이 아무르강변으로 이동하라는 명령을 하달했었다. 그들은 소련군과 합동작전으로 흑룡강성 가목사(佳木斯)市로 진공할 계획이었다. 그러나 이튿날 잠시 제자리에서 대기하라는 명령이 전달되었고 유격대원들의 대일전 참전은 중소 조약 체결과 일본의 조기 항복으로 무산되고 말았다. 따라서 조선인 유격대원들은 소련군 정찰대에 파견나간 일부를 제외하면 고대했던 대일전에 참전하지 못한 채 귀국하는 불운을 맛보아야 했다.

귀국 직후 김일성은 25군 정치사령관 레베제프 소장에게 자신의 빨치산 부대도 일본과의 해방전쟁에 참전한 것으로 해달라고 부탁했다. 그러나 레베제프는 빨치산부대의 단 한 명도 대일전에 참전하지 않았다며 거절했다.

소련군의 대일 전투는 당초 예상과는 달리 너무나 쉽게 끝났다. 이와는 반대로 소련 측이 얻은 전리품은 적지 않았다. 가시적인 성과만으로도 일본으로부터 쿠릴열도를 반환받았고 한반도의 북쪽을 손아귀에 넣었다. 소련은 동북아 지역에서 명실상부한 군사·안보적 전진기지를 구축한 셈이다. 러일전쟁의 패배를 만회했다는 무형의 전리품도 과소평가할 수 없었다.

IV

해방 당한 민족[24]

　대일전에서 연합군의 승리는 한민족에게는 오매불망(寤寐不忘) 그리던 해방의 기쁨을 안겨 주었다. 그러나 그것은 우리가 스스로 쟁취한 것이 아니었다. 소련군 대장 치스차코프의 포고문에서 밝힌 대로 '해방된 조선'이었다. 한반도에 진주한 소련군은 '해방군(解放軍)'이냐 '훼방군(毀謗軍)'이냐의 질문이 제기되었다. 왜 그랬을까?

　"해방된 조선 인민 만세! 조선인들이여 기억하라! 당신들은 자유와 독립을 찾았다. 이제 모든 것이 당신들의 손에 달렸다. 조선의 노동자들이여! 왜놈들이 파괴한 공장을 복구하라. 소련군 사령부는 모든 조선 기업의 재산을 보호하며, 그 기업이 정상적으로 가동될 수 있도록 백방으로 원조할 것이다. 조선인 특유의 창조적 노력과 근면성을 발휘하라. 노예적 과거는 결코 돌아오지 않을 것이다."[25]

1945년 8월 말 소련군 제25군 사령부 치스차코프 대장이 북한에 진주하면서 발표한 포고문이다. 북한 주민들은 해방군으로 진주한 소련 군대를 열렬히 환영했다. 36년간 가슴속 깊이 자리하고 있던 일제에 대한 증오심만큼이나 소련군에 대한 애정과 환영의 열기는 뜨거웠다. 사실 소련의 참전자들은 조선해방을 위해 피를 흘린 유일한 외국 군대였다. 한반도에서만 1,963명의 인명 손실을 입었다. 그러나, 이러한 열광도 잠시뿐이었다.

소련 군인들은 갈래갈래 해진 군복 차림으로 장화 속에 포크를 찌르고 옆구리에는 흑빵을 끼고서 평양으로 들어왔다. 그들의 유일한 주식인 흑빵은 잠잘 때에는 베개 역할을 했고, 트럭 위에서는 방석으로 사용되었다. 그들은 낮에는 어린애처럼 천진난만하고 시골 총각처럼 우직해 보였지만 밤만 되면 금수로 돌변했다. 길가는 행인을 약탈하고 부녀자들을 농락했다. 시계와 만년필만 보면 매처럼 잽싸게 달려들어 낚아채 갔으며, 멀쩡한 이빨을 금니로 바꾸고서 싱글벙글 억지웃음을 자아내며 치과 병원문을 나서곤 했다.

당시의 상황을 월남 작가 오영진은 이렇게 증언했다.[26] 어느 날 양복을 입은 평양 신사가 길을 가다가 소련 군인에게 붙들렸다. 그는 납치를 당하는 줄 알고 죽었다 싶었는데 군인이 그를 끌고간 곳은 바로 사진관이었다. 그곳에서 그 군인은 억지로 그의 옷을 벗겨 맞지도 않은 신사복을 가까스로 끼어 입고 넥타이를 매고 카메라 앞에 서는 것이었다. 소련 군인이 양 소매를 치켜 걷어 올렸을 때 사진사는 그만 폭소를 터뜨리지 않을 수 없었다. 그 군인의 두 팔에는 일곱 개나 되는 손목시계가 채워져 있었던 것이다.

그들은 약탈과 함께 부녀자 겁탈을 동시에 자행했다. 소련 점령군은 전시 식량 수매 사업을 강행하여 북한산 쌀을 소련으로 가져갔다.

수풍발전소의 독일제 발전기 5대와 흥남 비료공장의 일부 시설도 철거해 갔다. 대유동 광산의 금석과 청산 광산의 모나즈 광석도 송두리째 실어갔다. 이러한 의외의 사태는 선량한 한국인들에겐 그야말로 아닌 밤중에 홍두깨 격이었다. 북한 전역이 금세 전율과 공포의 바다로 변하고 말았다.

이러한 실상은 해방 직후 월남한 김창순의 증언을 통해서도 확인되었다. 당시 북한에서 종전을 경험했던 모리타 요시오(森田芳夫)도 그의 저서 『한국 종전의 기록』에서 소련군의 만행과 탈취 실상을 지적했다. 브루스 커밍스도 북한에 진주한 소련군이 일본인과 한국인을 대상으로 강간과 약탈 같은 파괴 행위를 저질렀다는 사실을 인정했다.

해방 직후 평양사범대에 재학 중이던 신인섭 교수(한림대)도 이렇게 증언했다. "우리는 당시 소련군을 '위대한 해방군으로 받아들였습니다. 미군도 마찬가지였을 겁니다. 그런데 이게 완전히 도둑놈·강간범들이더라고요. 아마 지금 생각해보면 지도부에서도 간접적인 방조가 있었을 겁니다. 스트레스 좀 풀라 이거지요. 그래서 당시 친구들과 일종의 자경대를 만들었어요. 유기로 만든 세숫대야를 동네 골목마다 달아놓고 있다가 멀리서 소련군이 나타나면 마구 두들기는 거예요. 그러면 소리에 놀라 소련군이 달아났지요. 해방군·점령군 운운하는 것 자체가 웃기는 이야기예요." [27]

북한에 진주한 소련 군인들의 모습은 드라마의 한 장면을 방불케 할 만큼 코믹했다. 위대한 사회주의의 종주국이요, 공포의 히틀러를 굴복시킨 막강한 소련 군대가 해방군의 이름으로 북한 땅에 와서 연출한 추태는 실망스럽다 못해 가히 개탄스러울 정도였다.

그러나 동시에 납득할 수 없는 현상이 일어나고 있었다. 이러한 소련군의 만행에도 불구하고, 북한의 지도층과 주민들 사이에서는 소련

해방 1주년을 맞은 1946년 8월 15일, 평양 제4여자중학교 정문에
'조선민족의 해방자 쓰딸린 대원수 만세, 민주주의조선 완전독립만세!'라고
쓴 플래카드가 걸려 있다(김국후 저, 『평양의 소련군정』에서 재인용)

군에 대한 우호적 분위기가 조성되어 가고 있었던 것이다. 더 나아가
소련군의 진주 정책이 북한 내에서 광범위한 지지를 획득해 갔다. 소
련군이 도깨비 방망이를 휘둘러 무슨 요술이라도 부렸고, 북한 주민
들이 순간적으로 이에 현혹되었단 말인가?

  현실적으로 소련군이 지지를 얻어간 데에는 몇 가지 이유가 있었
다. 그 중에 주목할 만한 것은 첫째로, 스탈린의 지시였다. 정률의 증
언에 의하면, 소련 군인들의 북한 내 범죄가 늘어나자 스탈린이 1946
년 1월 "북조선 인민들을 괴롭히는 군인들을 붙잡아 즉시 총살하라" 는
비밀지령을 내렸다. "초기 내가 근무했던 원산시 위수사령부에서는
강도, 강간 등으로 붙잡힌 소련군인 10여 명이 즉시 총살되었고 함흥
에서도 10여 명이 총살되었습니다. 원산시 위수사령관 흐레노프 소좌
가 인민들에게서 각종 금품을 뜯어내고 일본인 여자를 농락한 사실이
들통났습니다. 보고를 받은 치스차코프 대장이 현지에 내려와 그의

계급장을 떼고 소련으로 강제 귀국시켜 군사재판에 넘겼지요. 1946년 봄 소련군정이 흥남비료공장을 몽땅 뜯어 소련으로 보냈습니다. 그 후 흥남 시민들이 들고 일어나자 '흥남비료공장은 조선인이 아니라 일본인 소유'라며 설득했습니다. 민심이 진정되지 않자 1947년 뜯어 갔던 시설을 다시 흥남으로 보내 오기도 했습니다"[28]

둘째로, 소련군의 점령 정책이었다. 그들의 점령 정책의 골자는 단적으로 철저하게 일제 잔재를 청산하고 한국 민족에게 자치권을 인정하는 것이었다. 소련군은 미국의 하지 사령관이 남한에 진주하여 일제 총독부의 행정권을 그대로 인정하고 접수한 것과는 정반대의 입장을 취했다. 소련군은 일본군, 경찰 및 행정의 수뇌부들을 모두 억류하고 철저한 일본 세력 일소를 꾀했다. 각 도마다 한국인으로 하여금 일본 측으로부터 행정권을 이양받게 했다. 도의 하부 기관인 부, 읍, 군, 면, 그리고 그 밖의 사업장에서는 한국인을 주축으로 인민위원회가 자생적으로 결성되어 제각기 행정을 관장할 수 있는 분위기가 조성되었다. 거기에는 종래의 일본인 세력이나 그들의 두뇌와 기술을 이용하겠다는 일말의 의도조차도 찾아 볼 수 없었다. 다만 예외적으로 경제 분야에서는 일본인 기술자를 활용했다. 1946년 10월 소련 기자 기토비치와 부르소프가 산업국장 이문환과 가진 대화 내용에 의하면 일본인 기술자 950명이 북한 경제의 재건을 위해 잔류하고 있었다.

당시 세계 최대 수준이었던 흥남 비료공장에는 2만여 명에 이르는 일본인이 근무하고 있었다. 일본인 기술자가 없으면 공장 가동 자체가 불가능할 정도였다. 그럼에도 불구하고 소련군은 공장이 한국 독립의 표징으로서 한국인의 손으로 가동되어야 한다고 주장했고, 이에 따라 한국인 노동조합에 의한 생산 관리로 옮겨지게 되었다. 1947년 10월까지 소련군 사령부는 일본인들이 남겨놓은 거의 모든 자산을 북한 정부에게 넘겨 주었다. 여기에는 별장뿐만 아니라 창고와 학교들도 포함되어 있었다.

소련군이 대부분의 권한을 북한 정권에게 이양하는 조치는 한국 국민으로 하여금 국가 건설에 있어서 주인의식을 갖게 하는 중요한 계기가 되었다. 실제적으로 소련군이 행정권을 한국인 손에 맡긴 것은 자치 기관을 민족주의자와 공산주의자들이 공동으로 운영케 한 조치였다. 소련의 간접 통치 방식은 좌우 합작 형태 또는 좌익 세력의 우세를 유도한 정책이었다는 비판도 있었다. 그러나 명목상이나마 통치권과 행정권을 한국인들에게 넘겨준 것은, 미군정이 남한을 직접 통치했던 것과는 상당한 대조를 이루었다.

셋째로, 소련 군인들의 순박하고 천진난만한 성격이었다. 진주 초기에 짐승처럼 날뛰었던 소련 군인들의 모습은 시간이 경과함에 따라 점차 충직해졌다. 소련군 병사들은 사령부에서 무제한으로 발급받은 구매전표를 들고서 정당한 고객으로 시장에 등장했다. 시장바닥에서 상인들과 담소를 나누기도 하고 물건값을 깎다가 조롱거리가 되기도 했다. 그들은 놀림을 받고도 결코 화내지 않았으며, 도리어 싱글벙글 웃어버리곤 했다.

대다수의 북한 주민들은 진주 초기만 해도 소련 군인들의 무지와 야만 행위에 대해 분노와 증오를 느꼈다. 그러나 시간이 지나면서 이것을 상쇄하고도 남을 인간적인 정감을 느끼기 시작했다. 그들에 대한 증오와 반감도 점차 사라졌다. 이젠 어깨를 치고 담소도 하며 노리개처럼 놀려먹기도 했다. 많은 소련 병사들은 경치 좋고 인심 좋은 한국을 떠날 즈음에는 대성통곡하며 이별을 아쉬워했다.

그렇다면 무엇이 이 양순한 소련 군인들을 초기에 그토록 포악하게 만들었는가. 우선 소련의 북한 진주가 시기적으로 2차 대전의 연속선상에서 이루어졌다는 사실이다. 소련은 독일과의 전투에서 2천 5백만 명이라는 인명 피해와 엄청난 물질적 손실을 입었다. 이러한 소련군에게 북한 진주는 단순히 한반도를 해방시킨다는 차원을 넘어서 죽느냐 사느냐 하는 사생결단(死生決斷)을 의미했다. 특히 소련 병사들은 장기간에 걸친 전쟁을 치르면서 정신적, 물질적으로 굶주려 있었다. 인간의 이성은 온데간데 없고 동물적인 본능만이 활개치고 있을 뿐이었다. 한반도 땅을 밟으면서 눈앞에 전개되는 풍요로운 모습! 이역만리에서 온 소련 병사들이 어떤 반응을 보였을지는 충분히 상상할 수 있을 것이다. 진주 초기에 소련 군인들의 천방지축(天方地軸)한 행동은 어느 일면 이해될 수 있는 여지가 있긴 하지만, 그러나 그것이 결코 합리화되거나 용서될 수는 없다. 그것은 역사의 평가이며, 역사가 추구하는 진실이기 때문이다.

V

북한정권의 설계도면

러시아 동쪽 끝자락에 꼭지땅이 있다. 조물주가 바이칼호를 만들면서 파낸 흙의 결정체라고도 한다. 동북아 역사의 애환을 고스란히 간직하고 있는 이곳이 바로 한반도라고 이름지어진 우리의 조국이다. 해양세력과 대륙세력 사이에서 때로는 문명의 교통로로, 때로는 침략의 전초기지가 되기도 했다. 수년간 지속되었던 2차 대전도 이곳에서 마지막 종지부를 찍었다. 소련이 대일 선전포고 후 파죽지세(破竹之勢)로 반도의 북쪽을 점령했기 때문이다. 피 한 방울 안 흘리고 손에 넣었다면 다소 과장이겠지만 여하튼 전쟁이라고 하기에는 너무도 일방적인 전투였다.

전쟁의 포성은 멎었으나 한반도는 일본 제국주의자들에 의해 오염되어 있었다. 하드웨어는 말할 나위도 없고 소프트웨어인 한국인들의 정신세계조차도 뒤틀려 있었다. 예를 들면, 소련의 혁명박물관장 톨

스치히노(Толстихино A)는 김일성의 스탈린 앞 선물을 보관할 전시장을 준비하는 과정에서 일본어와 한국어로 혼용된 북한 도시명을 지적했다. 신의주가 「신기슈」, 원산이 「겐잔」으로, 청진이 「세이신」으로 표기되어 있었다. 사실 소련은 일제 식민지 기간 중에 주로 일본에서 제작된 한반도 지도를 사용해서 해방 후 6·25전쟁 때까지도 지명에 큰 혼란을 겪었다.[29] 때문에 해방군 소련의 입장에서는 북한정권을 어떻게 설계할 것인가를 고민하지 않을 수 없었다. 무엇보다도 설계 총감독인 스탈린의 의중이 중요했다.

일제의 잔재를 청산하는 것이 최우선 과제였다. 그리고 소련의 형상을 본뜬 사회주의 국가 건설을 목표로 삼았다. 물론 소련에 우호적인 정권이어야 함은 말할 나위도 없다. 노동자와 농민의 정권을 수립하는 것이다. 친일세력과 불순분자는 제외한다. 이러한 설계사의 의지는 소련군 사령부가 1945년 9월 발표한 '인민정부 수립요강' 속에 용해되어 있었다. 소련의 대북 정책 기조를 적시한 문서이다. 구체적인 실천과제 중의 하나로 토지개혁을 명시했고 주요 부문의 국유화와 전반적인 인민 의무교육제를 도입키로 했다.

그러면 누가 이 과업을 수행할 것인가. 전담기구가 필요했다. 1945년 10월 북한 주둔 소련군 사령부 내에 「소련 민정국」이라는 특별기구가 설치되었다. 이것은 민간행정을 담당하는 중앙기구였지만 독립기관은 아니었다. 제25군 사령관 치스차코프의 지휘하에 있으면서도 연해주 군관구 군사위원인 스티코프 대장의 지도를 받으며 활동했다. 민정국을 통한 민간업무의 지원과 통제정책은 북조선 인민위원회가 조직된 이후에도 존속했다. 북한은 1947년 2월 인민위원회를 출범시킴으로써 '사회주의로 이행할 국가' 또는 '사회주의 국가' 로서의 준비를 완료한 셈이었다. 1948년 9월 북한 정권이 정식 출범하기 직

전까지 이 기구가 실질적인 정부역할을 수행했다.[30]

또한 정권기관의 활동을 지도할 공산당 건설도 시급했다. 1945년 10월 조선공산당 5도당 책임자 및 열성자 대회에서 북부 지부를 창설했다. 사실상 또 하나의 중앙당 창당이었다. 이는 박헌영이 주도하는 남한 조선공산당의 유일 지도성을 인정하지 않겠다는 의사표명이었다.

북한 정권은 반제·반봉건적 민주주의 혁명을 지향하는 민주기지화를 추진했다. 이를 위한 구체적인 시도가 '민주개혁안'의 발표였다. 민주개혁에서 가장 중요한 조치는 바로 무상몰수와 무상분배로 특징되는 토지개혁이었다. 토지를 몰수당한 지주들의 남하는 북한 체제 내 저항계급의 축출을 의미했고 토지개혁의 실행은 나중에 여타 개혁의 방향타가 되었다. 특히 교육에 미치는 영향과 의미도 적지 않았다.[31]

무엇보다도 주력해야 할 분야가 교육이었다. 왜냐하면 소프트웨어 분야는 장시간을 요하기 때문이다. 그러면 소련이 지향하는 대북 교

1946년 10월 30일, 평양 주둔 소련군정 사령관실에서
김일성 임시인민위원회 위원장이 '민주개혁' 조치에 따라
치스차코프 사령관으로부터 소련군이 그동안 점령했던
북한의 재산 목록을 넘겨받고 있다(김국후 저, 『평양의 소련군정』에서 재인용)

육정책의 골간은 무엇이었는가. 첫째로, 북한 사회가 추구해야 할 바람직한 인간상을 정립하는 것이었다. 직접적으로 명시하지 않았지만 대체적으로 '사회주의적 품성을 지닌 인간'을 양성하는 데 주력했다. 둘째로, 교육개혁을 지원할 소련 교육전문가들이 파견되었다. 1950년 8월까지 약 30명의 소련 학자가 김일성대를 비롯한 고등교육기관을 체계화시키고 교양사업을 지도했다. 셋째로, 북한 교육전문 인력의 양성과 재교육에도 상당한 관심을 기울였다. 해방 후 3년간 교장을 필두로 교사와 대학 교수 24,509명이 교원 강습회를 거쳐갔다. 강습회에서는 마르크스-레닌주의 사상에 입각한 사회주의 사상과 교육이론의 보급에 중점을 두었다. 넷째로, 북한의 교육과정 개편과 교과서 편찬을 위해 소련의 적극적인 지원이 있었다.

특히, 교육분야에서도 서둘러 착수해야 할 중대한 조치가 사회교육이었다. 일제의 잔재를 일소하고 새로운 사회주의를 이식시키는 것이 급선무였다. 이를 위해 국민 일반의 의식구조를 근본적으로 변화시켜 휴먼인프라를 구축할 필요성이 제기됐다.

첫 번째로 꼽을 수 있는 것이 바로 문맹퇴치 교육이다. 일제 식민정책으로 인해 대다수 주민들이 문맹자로 전락했다. 북한 지역의 문맹자는 230만 명으로 약 42%의 문맹률을 기록했다. 그러나 해방 후 불과 1년 만에 약 100만 명의 문맹자를 퇴치했다. 이 운동은 문맹자 입장에서는 교육기회 확보와 함께 현실정치 참여를 의미했지만, 정부 차원에서는 기본 교육과 정치적 소양을 갖춘 인민들을 양성하여 새 국가건설에 동참케 하는 국가운동이었다.

두 번째는 대중정치 교육이다. 해방 직후의 대중 정치선전은 소련과 소련군의 역할을 알리고 계몽하는 것이었으나, 점차 사회주의 종주국인 소련을 다방면에 걸쳐 소개하는 방향으로 선회했다. 초기에는 소련군 위수사령부가 주둔 지역별로 산발적으로 진행했지만, 1945년 11월 조소문화협회 창립을 계기로 중앙으로부터 조직적으로 실시되었다. 조소문화협회 활동은 '소련대외문화연락협회(BOKC)'와 밀접하게 연결되어 있었다. 이 협회의 공식 취지는 양국 간 상호 문화교류였지만 해방 초기에는 거의 일방적으로 이루어졌다. 게다가 북한 주민에 대한 정치선전 사업에도 적극 관여했다.[32]

기타 강연회, 보고회, 담화, 세미나 등 구두 선전사업도 병행하여 추진됐다. 영화는 국가선전의 가장 중요한 도구였다. 영상이 가지고 있는 정서적 힘과 대중적 호소력은 일반 민중들로부터 큰 호응을 받았다. 북한의 예술영화 작품이 몇 편 되지 않았기 때문에 대중교육은 대부분 소련 영화를 통해 이루어졌다. 또한 소련에 대한 이해와 사회주의 사상을 보급시키기 위해 다량의 소련 저서들이 북한에 소개됐다.[33]

셋째로는 사회주의 간부양성이다. 해방 직후 북한 당국은 경제를 복구하고 주민들의 생활을 정상화해야 했다. 의지와 열의는 충만했으나 이를 담당할 전문가들이 절대적으로 부족했다. 소련계 한인들이 경제복구뿐만 아니라 지도급 간부 양성을 위해 투입되었다. 이들은 각 기관에 파견되어 이데올로기 교육을 전담했다. 민족간부 양성과 재교육은 중앙당학교 등을 주축으로 이루어졌다. 당간부 양성을 위해 중앙당학교와 도·시·군 당학교도 설립됐다. 소련의 군정기간에 중앙당학교는 5회에 걸쳐 총 1,020명의 졸업생을 배출했다. 이러한 노력의 결과로 양성된 사회주의 간부 인력은 인민정권을 강화시킬 수 있는 토대가 되었다.

북한 정권의 설계작업에 주도적으로 참여한 인사들은 관료와 고려인이었다. 물론 김일성의 빨치산 동지들도 이에 합류했으나 실무에 깊숙이 관여했던 자들은 소련계 한인들이었다. 북한 문화성 부상이었

북한 정권 수립에 지대한
공헌을 했던 인물은,
서울 주재 소련 총영사 '사브신' 부총영사 겸
KGB 조선 지부장(맨 우측)이었다

던 정상진은 약 427명의 소련계 한인이 활동하고 있었다고 증언했다.
이들은 파견 초기에 경제분야의 책임직에 기용되었거나 주요 사회단
체의 통역요원과 고등교육 기관의 노어강사로 일했다.[34]

　백지상태에서 착수한 북한사회 건설작업은 소련의 지원인력만으로
는 감당할 수 없었다. 행정기관, 산업체, 문화단체 및 학교에 이르기
까지 각 분야별로 전문인력의 부족현상은 심각한 수준이었다. 일제
36년간 한국인을 대상으로 하는 전문인력 양성이 철저하게 배제됐기
때문이다. 산업체에 총 20,800명의 전문가가 있었는데 이들은 모두 일
본인이었다. 한국인 가운데는 심지어 증기기관사도 한 명 없었다.[35]
인재난 해소를 위해 북한 학생들을 소련의 고등교육기관에서 교육시
키는 것이 급선무였다. 1946년부터 약 5년간 600여 명의 유학생들이
모스크바, 레닌그라드(현재의 상트페테르부르크) 등에 파견되었다.

　북한 정권의 탄생은 이렇게 이루어졌다. 물론 소련의 모든 것을 본

따서 만들었고, 마지막 세세한 부분까지도 소련식 제도를 이식시켰다. 하지만 점령 초기에 소련은 한반도에 대한 전략적 관심을 크게 두지는 않았다. 중국 동북부와 소련 극동의 통로라는 지정학적 이익 정도만을 얻고자 했다. 1945년 9월 스탈린이 내린 대북 점령방침도 '반일·민주 세력을 기초로 한 부르주아 민주주의 정권'을 수립하는 것이었다. 왜 냐하면 한반도는 주로 농업지대로 노동자·회사원이 인구의 3%에 불 과해서 동유럽과 같은 사회주의 건설이 어렵다는 판단 때문이다.36) 또한 소련군은 극동에 배치할 충분한 군비와 병력도 없었기 때문에 북한에 기지를 건설하는 것도 고려하지 않았다 한다. 여하튼 주사위는 던져졌으며, 소련군정은 한반도 북부에 소련을 모태로 삼는 사회주의 건설을 차질 없이 진행시켜 나갔다.

VI

화룡점정(畫龍點睛)

소련 지도층은 '누구를 북한 지도자로 간택할 것인가' 를 놓고 고심했다. 소련군이 북한에 진주하자마자 수행해야 할 최우선 과제가 바로 후보자 검증작업이었다. 물론 한국인들 중에 이러한 역할을 수행할 인물은 많았다. 일제 치하에서 지하활동을 했던 조선공산당 지도자 박헌영이 있었고, 민족주의 진영을 이끌던 조만식도 있었다. 소련군 대위 김일성은 어쩌면 연령이나 지명도에 있어서 가장 뒤처진 후보였다. 그러나 지도자 간택 문제는 전적으로 스탈린의 의중에 달렸다. 그래서인지 스탈린은 이 문제를 직접 챙겼으며 매우 은밀하게 진행시켰다. 어떤 과정을 거쳐 이루어졌으며, 그리고 최후의 승자는 누구였는가?

제25군 사령관 치스차코프 대장은 8월 26일 평양에 입성하자 민족 지도자 조만식 선생을 처음으로 만났다. 조만식은 그에게 "소련군은 점령군이요, 해방군이요?" 라고 다짜고짜로 물었다. 치스차코프는 당황하여 "나는 전투밖에 모르는 순수 군인이요. 정치문제에 대해서는 곧 평양에 올 레베제프 장군에게 물어보시오"라고 미뤘다.[37] 이틀 후 25군 군사위원회 레베제프 정치담당 위원은 조만식을 비롯한 건국준비위원회 대표들과 첫 상견례를 가졌다. 처음 만난 조만식에 대해 그는 이렇게 평가했다.

> "회합 내내 조만식은 눈을 감은 채 안락의자에 앉아 있었다. 그가 잔다고 할 수도 있었다. 입은 다문 채 단지 매우 드물게 찬성의 표시로 고개를 끄덕이거나 반대의 표시로 가로 흔들곤 했다. 그는 회합 참가자 중 연장자로 행세했으며 아마도 말을 적게 할수록 자신의 위신이 더 높아진다고 생각한 것 같았다."[38]

소련군 지도부는 처음에는 '조만식을 1인자, 김일성을 국방담당'으로 하는 안을 검토했다. 그 배경은 스탈린이 9월 20일 북한 주둔 소련군에게 훈령으로 하달한 기본방침 7개항에서 유추해 볼 수 있다. 이 훈령의 핵심내용은 북한에 소비에트 권력기관을 창설하거나 소비에트 질서를 도입하지 말고 부르주아 민주주의 권력을 수립하는 데 지원하라는 것이었다. 조만식은 바로 이에 안성맞춤인 인물이었다. 그러나 소련 군정 당국은 조만식을 직접 만나 본 후에 사귀기 힘든 인물로 간주했다.[39]

2004년 9월 8일 관영 러시아TV는 북한정권 56주년 기념 특집방송 '위대한 수령의 비밀'에서 김일성의 등장과정을 상세히 다뤘다. 이에 대해 소군정 당시 김일성의 고문이었던 메크레르 예비역 대령, 문화선전부 정상진 전(前)부상 및 정치군관학교 장학봉 전(前)교장 등 러시아 생존인물들이 증언했다. 스탈린은 1945년 2월 얄타회담 직후 한반도 진주 가능성에 대비해 극동군 정치부와 정보당국에 지도자감을 찾으라고 지시했다. 이어 8월 말 극동군 총사령관 바실리에프스키 원수에게 '북한을 소련의 뜻에 맞게 이끌 한인 지도자를 추천하라'고 지시했다. 이 지령은 다시 평양의 25군 사령부에도 하달되었다. 25군 사령부는 '공산당원이 지도자가 되어야 순리이지만 북조선에 들어와 보니 조선공산당 지도자 박헌영은 서울에 있고 북조선에는 믿을 만한 공산당원이 없다'고 극동군 총사령부에 보고했다.

결국 하바로프스크 KGB지부가 북한에 주둔한 정보장교들의 보고와 메크레르 중좌의 88여단 조사보고서 등을 종합하여 김일성에 대한 조사를 착수했다. 러시아 국방부에 존안되어 있는 심사기록인 '소련 극동군 관계자와 김일성의 대화록'이다.

> "당신은 붉은군대에서 계속 근무하길 원하는가?"
> "예, 그렇습니다."
> "만약 당신에게 북조선으로 일하러 가라고 제안한다면?"
> "세계혁명 과업에 도움이 될 수 있는 곳이면 항상 일할 준비가 되어 있습니다."
> "아주 훌륭한 대답이오."

심사 후 극동군 총사령부는 스탈린에게 김일성을 추천했다. 베리야는 '마르크스, 엥겔스, 레닌, 스탈린에 대한 교육을 꾸준히 받고 있고 정신무장이 잘 되어 있음'이라는 평가[40]를 담은 추천서를 받고 "좋다"고 평한 뒤 다시 스탈린에게 보고했다. 메크레르의 회고에 따르면, 스탈린은 베리야의 보고서를 읽고 나서 김일성을 비공개리에 모스크바로 불러 직접 면접을 했다. 김일성이 너무 황공해서 "예, 예"를 연발하자 스탈린은 흡족해 했다.

이를 뒷받침하는 주장은 러시아의 북한 전문가들에 의해서도 제기된다. '북한 지도자 후보 명단이 스탈린의 책상 위에 올랐다. 스탈린은 빨강 색연필로 김일성 성명란에 낙점 표시를 했다. 이후 김일성은 사석에서조차도 수차례 스탈린과의 만남을 상기시켰다. 특히 김일성은 스탈린이 자신을 "아들(сынок)"이라고 불러준 데 대해 몸둘 바를 몰랐다. 철인 지도자(김일성 의미)는 이것을 평생 동안 가슴속에 간직했다.' 41)

그러면 언제, 어떻게 스탈린이 김일성을 모스크바로 직접 불렀는가? 극동군 총사령부 바실리에프스키 원수의 부관을 지낸 코바렌코 소좌의 증언에 따르면, 김일성이 입북하기 보름 전인 1945년 9월 초순경이었다. 김일성의 모스크바행은 바실리에프스키 원수가 모스크바의 지령을 받아 극비리에 추진했기 때문에 극동군 사령부 내에서도 군사위원 치킨 상장 등 극히 일부인사만 알고 있는 '절대비밀'이었다. 김일성은 하바로프스크에서 군용수송기를 타고 모스크바로 갔다. 하바로프스크의 정보기관 요원들이 그와 동행했다. 김일성은 4시간 동안 스탈린과 대좌했다. 스탈린은 스탈린주의를 설파하고 여러 질문을 통해 지도자가 될 수 있는지를 탐색했다. 즉석에서 '이 사람이 좋아! 앞으로 열심히 해서 북조선을 잘 이끌어 가라. 소련군은 이 사람에게 적극 협력하라'고 지시했다. 42)

반면, 란코프 교수(국민대)는 김일성이 입국 전에 모스크바에서 스탈린과 비밀면접을 했다는 주장에 대해 의문을 제기한다. 김일성을 선택한다는 구상은 1945년 10월 초순부터 조금씩 부상한 것 같다고 주장한다. 25군 정치장교인 메크레르가 김일성에 대해 호감을 가지면서부터다. 전현수 교수(경북대)도 란코프의 주장에 동의하면서 9월 20일 이전에 구체적인 마스터플랜이 없었다고 주장한다. 김일성이 너무 젊은 데다 영관장교도 아니어서 최고지도자로 내세우기가 어려웠고, 소련 군정은 조만식에게 상당한 기대를 걸고 있었다는 것이다.[43]

기타 다양한 증언들이 있으나, 입증할 만한 고문서나 자료가 없다는 한계성이 있다. 예를 들면, 북한 육군대학 기석복 전(前)총장의 차남 기에디손이 부친으로부터 다음과 같은 내용을 득문했다는 증언이다. 즉, '김일성은 극동군 총사령관이 적극 지지했고 박헌영은 외무장관이 추천했다. 크렘린에서 최종 선정위원회가 소집되던 날, 스탈린은 불가리아 대통령을 접견하는 과정에서 만취상태가 되어 회의를 주재할 수 없었다. 책상 위에 구두를 신은 채 발을 올려놓고 곯아떨어졌다. 이때 극동군 사령관은 권총을 뽑아들고 외무장관을 비롯한 참석자들을 협박하여 김일성에게 찬성표를 던지도록 했고 스탈린의 취중 서명을 확보했다. 스탈린이 술에서 깨어난 후 아연실색하고 자신의 실수를 후회했다. 그리고 기석복을 북한에 급파하여 김일성을 감시 겸 보좌토록 했다. 기석복은 김일성과 이웃에 거주하면서 박헌영을 제거하려는 음모를 사전 저지하는 역할도 겸했다.'

주목할 만한 사실은 1946년 7월 하순에 스탈린이 김일성과 박헌영을 모스크바로 불렀다. 크렘린궁 좌석 배치는 스탈린을 중심으로 오른

1949년 3월
소련 제5차 최고회의에서의
김일성과 박헌영

쪽에 김일성, 왼쪽에 박헌영이었다. 까다로운 크렘린 의전에 비추어 볼 때, 스탈린이 김일성을 이미 낙점했을 가능성을 짐작해 볼 수 있었다. 스탈린은 두 사람으로부터 한반도 정세를 간단히 보고받은 후에 김일성에게는 '소련군정의 협조를 받아 북조선의 소비에트화 정책을 조기에 실현시키도록 투쟁하라'고 지시했고, 박헌영에게는 '어려운 여건 속에서 분투하는 그대의 혁명투쟁을 높이 평가한다'며 격려했다. 저녁에는 모스크바 근교 전용 별장에서 만찬을 베풀면서 공산당 간부들에게 '박헌영을 며칠간 더 머물게 해서 기업소, 공장 등을 견학시키라'고 별도 지시했다.

그러면 왜 스탈린이 김일성을 입북 전에 모스크바로 불러 낙점해 놓고 1년 뒤에 박헌영과 함께 재차 면접을 했을까. 소련공산당 국제부 부부장 코바렌코는 KGB가 김일성의 독단적 스타일을 문제삼아 재고할 것을 건의한 것이 결정적으로 작용했을 것으로 추정했다. 그렇지만 스탈린은 한 번 결정하면 끝까지 밀어 붙이는 스타일이며 마르크스-레닌주의 이론가보다는 군인 출신을 선호했던 것이다.[44]

군인 출신을 점지할 수밖에 없었던 이유로는 그 당시에 소련, 특히 스탈린의 아시아 인식이 형편없었기 때문이다. 아시아를 전혀 모른 채 철도 건설에 나섰던 러일전쟁 이전의 비테 장관에 비해 나을 것이 없었다. 스탈린은 1931년 만주사변 이후 일본 군국주의의 위협을 느끼고 있었다. 1932~33년 당시 소련은 농업정책 실패로 대기근을 겪어야 했다. 대기근이 대내적 위협이라면 만주사변은 대외적 위협이었다. 일본에 대한 공포는 높아졌지만 막상 일본을 연구한 전문가는 모두 숙청되고 없었다. 결국 1940년대 후반부터 소련의 아시아 개입에 활용되는 인물은 대부분 군인이거나 군정 담당자였다. 북한 초대 대사를 역임한 스티코프, 소련군 대위 김일성을 담당하다가 한국전쟁 직전에 도쿄에서 근무한 코비첸코 공산당 국제부 일본과장(극동군 군정 책임자 역임) 등이 대표적인 인물이었다.[45]

하지만 김일성 자신은 정치가로서의 기이하고 혼란스런 삶보다는 단순하고 명료한 소련군 장교로서의 생활을 선호했던 것 같다. 그는 소련 무공훈장을 달고 평양 환영군중대회의 연단에 섰다. 심지어는 소련군 대위 정복 차림으로 평양 시민 앞에 나서려고 했다가 25군 관계자의 만류로 양복으로 갈아 입었다. 김일성은 인민위원회 위원장직을 권고받은 직후에 자기 방으로 들어가면서 '자신은 연대장 그리고 사단장을 원한다. 이런 일을 하고 싶지 않다' 고 노골적인 불만을 토로했다.[46]

제반 정황을 종합해 볼 때, 김일성은 소련으로부터 북한 지도자로 예비 낙점을 받은 상태에서 입북했던 것 같다. 만약 김일성이 사전에 낙점되지 않았다면 귀국 직후 평양에서 개최된 환영 군중대회에서 그토록 그를 부각시킬 이유가 있었겠는가. 소련 군부 측은 연설문 작성, 복장 등 세세한 부분까지 신경을 썼다. 치스차코프 사령관은 김일성을 민족의 영웅, 유명한 빨치산 지도자로 소개하는 등 띄우기에 여념이 없었다. 다만 조만식에 대한 소군정의 관심은 그를 지도자로 옹립하기 위해서라기보다는 토착세력의 협조없이 김일성의 북한 내 연착륙이 쉽지 않을 것이기 때문이다. 소련군 입장에서는 말 잘 듣고 의욕적인 군출신 김일성에 대해 호감을 가질 수밖에 없었다.

그럼에도 불구하고, 민족주의자 조만식으로 하여금 김일성과 협력관계를 유지토록 하여 북한에 공산주의 체제를 이식시키는 것이 소련 군정의 주요 과제였다. 레베제프 장군은 10여 차례나 직접 조만식을 접촉하면서 북한의 정치현안을 논의했으나 조만식은 '노린내 나는 소련군은 싫다' 며 상대하기를 꺼려했다. 메크레르 중좌도 창당문제를 놓고 조만식과 김일성을 여러 차례 밀실에서 대좌시켰으나 조만식의 태도는 소극적이었다고 회고했다. 김일성은 조만식을 만날 때마다 '선생님'으로 호칭했지만 돌아와서는 '고집쟁이 영감을 죽여 버리자'고까지 건의했다. 그러나 이는 혁명과정에서 폭탄을 안고 가는 것과 같다는 이유로 모두가 반대했다. 만류하지 않았다면 부하들을 시켜 조만식을 암살했을 것이다. 그 후에도 신탁통치를 결사 반대하는 조만식에게 소련군은 '김일성을 군부 책임자로 삼고 조만식을 초대 대통령으로 모시겠다'고까지 제의했으나 끝내 설득에 실패했다.[47]

소련군정이 신탁통치 문제를 놓고 골몰하던 1946년 1월 평남 인민위원회 긴급회의가 소집되었다. 고당 조만식은 평남 인민정치위 의장직을 사임하는 요지의 사임사 겸 최후의 반탁 발언을 한 후 회의실을 퇴장했다. 이날로 고당은 고려호텔에 연금된 채 외부와의 연락이 완전히 단절됐다. 그 후 감옥에 갇혔던 조만식은 한국전쟁이 발발하면서 여타 정치범들과 함께 처형된 것으로 밝혀졌다.[48]

김일성은 박헌영처럼 공산주의 사상에 정통하지도 않았고 한반도 내 공산당 조직도 거느리지 못했다. 또한 그는 민족지도자 조만식처럼 연륜 있는 지도자감도 아니었고 국내에서 지명도가 높지도 않았다. 그러나 그는 최후의 승리자가 되어 반세기 동안 최고의 권력자로 군림했고, 더 나아가 아들에게 권력을 세습시켰다. 뿐만 아니라 이제는 그의 손자에게까지 권력을 물려주는 3대 세습체제로 나아가고 있다. 러시아 하바로프스크의 정기와 백두산 정기를 한꺼번에 받은 권력의 풍운아라고 할까.

VII

금의환국(錦衣還國)

통상 고향을 떠난 사람이 출세해서 돌아올 때 금의환향(錦衣還鄕)이라고 한다. 금의환국(錦衣還國)은 필자가 이를 벤치마킹해서 자의적으로 조합한 것이다. 김일성의 귀국은 엄밀하게 표현해서 출세한 자의 귀국이라고 할 수 없었다. 개선장군처럼 화려하게 팡파르를 울리면서 귀국한 것이 아니었기 때문이다. 그러나 그는 이미 소련 지도층이 북한 지도자로 사실상 낙점한 상태에서 입국했음을 알 수 있다. 김일성의 귀국과정과 귀국 후 행보에 대해 살펴보자.

1945년 9월 19일 오전, 김일성은 소련 군함 푸가초프호를 타고 원산항에 도착했다. 소련군 제88여단 소속의 빨치산 출신 조선인들과 소련 국적 한인 80여 명을 인솔하고 왔다. 이들은 제1진으로 9월 5일 하바로프스크를 출발했다. 흑룡강성(城) 무단지앙(牧丹江)市에 도착한 김일성 동행 그룹은 단동과 신의주를 거쳐 평양까지 기차로 갈 예정이었지만 압록강 철교가 파괴되었다는 소식을 듣고 귀로를 바꿔야만 했다. 원산에 도착하자 시(市)경무사령관인 쿠추모프 대좌와 일부 공산주의자들만이 부두에서 김일성 일행을 맞이했을 뿐이다. 그의 귀국은 은밀히 이루어졌으며 떠들썩한 환영 인파도 없었다.

쿠추모프는 김일성과의 첫 대면에 대한 인상을 이렇게 표현하고 있다. "나는 조선인 그룹과 마주쳤다. 호감가는 한 젊은이가 미소를 지으며 앞으로 걸어 나왔다. 그의 인상과 걸음걸이에서 직업군인의 풍모를 쉽게 추측해 냈다. 그는 나에게 손을 내밀면서 '안녕하십니까! 마중 나오실 줄 알고 있었습니다' 라고 러시아어로 아주 명료하게 말했다." 쿠추모프의 증언은 한 가지 중요한 사실을 시사하고 있다. 그조차도 김일성이 누구인지도 몰랐던 것이다. 이것은 '예정된 지도자' 의 접견이 아니었다.[49]

또한 북한 문화선전성 정상진 전(前) 제1부상은 1945년 소련군 장교로 원산에 들어가 시(市)인민위원회 문화부 차장을 맡게 되었다. 며칠 후에 북한에 진주한 소련군 사령부로부터 '김일성 부대가 원산항에 도착하니 마중 나가라' 는 지시를 받았다. 부두에 나갔더니 30대의 김일성이 부대원 60여 명과 함께 배에서 내리며 자신에게 '김성주입니

1945년 10월에 평양에서 거행된
김일성 귀국 환영행사

다' 라고 소개했다. 그 다음날 소련군 사령부에 전화를 걸어 '김일성 장군은 없더라' 고 하자 사령부에서 '김성주가 바로 김일성' 이라고 말해 줬다고 증언했다.[50]

　9월 22일 평양에 입성한 김일성은 외부의 노출을 꺼린 채 '건국' 이라는 총체적 목표를 달성하기 위해 분주히 움직였다. 도착 직후에 25군 정치사령관 레베제프 소장을 먼저 예방했다. 그때 그는 소련 군복에 대위 계급장을 달고 있었다. 레베제프 소장은 인민들에게 거부감을 줄 수 있으니 즉시 떼라고 지시했다. 흥미로운 사실은 김일성이 레베제프에게 "자신의 빨치산 부대도 대일 해방전쟁에 참전한 것으로 해달라"고 부탁했다. 그동안 그가 여러 번 대일전쟁에 참전할 수 있도록 하바로프스크 사령부에 건의했으나 번번이 좌절됐다고 설명했다. 그러나 레베제프는 "조선을 해방시킨 것은 25군과 태평양함대뿐이다. 88여단 빨치산부대의 단 한 명도 대일전에 참전하지 않았고 총 한 번 쏘지 않았다. 절대로 역사를 바꿀 수 없다" 는 단호한 반응을 보였다. 후일 레베제프는 김일성이 상당히 유능하고 박력 있는 지휘관처럼 보였으며 매우 쾌활한 성격이어서 인상적이었다고 회고했다.[51]

　소련군 사령부의 김일성에 대한 오리엔테이션은 계속되었다. 메크레르 중좌는 김일성을 데리고 은밀히 지방을 순찰하면서 북한 정세를 파악케 했다. 그는 88여단에서 김일성을 사전 면담해 극동총사령부에 보고했고 북한 주민에게 첫 선을 보인 소련군 환영대회 진행의 주역을 맡기도 했다. 또 김일성을 데리고 평양의 요정에도 드나들면서 조만식과의 만남을 주선하고 서울의 박헌영을 평양으로 불러 대좌시키기도 했다. 유태계 출신인 메크레르는 1946년 9월 초까지 약 1년간 평양에 머물면서 김일성을 민족영웅으로 격상시킨 정치담당 멘토였고 북한 정권을 창출한 핵심인물이었다. 김일성은 소련군의 각본에 따라 움직이면서 무엇보다도 북한 내 독자적인 공산당조직 건설을 서둘렀다. 이 과정에서 김용범, 박정애 등 평남지역 공산주의 지도자들의 협력과 지지를 받았다. 사실 국내 조직기반이 별로 없었던 김일성으로서는 이들과의 '자연스런' 합작이 향후 정치 행보에 상당한 도움이 되었다.

이에 앞서 박헌영은 9월 11일 남한 내에서 조선공산당을 재건했다. 소련이나 김일성의 관여 없이 결성된 조선공산당은 처음에는 해외 공산주의자들을 배려하지 않았다. 그런데 김일성만은 예외로 삼았다. 박헌영 지도부는 아직 귀국하지 않은 김일성을 사실상 조선공산당의 2인자로 앉혔다. 그리고 북한 지역에도 영향력을 전파하는 데 노력 중이었다. 김일성은 국내에서의 이러한 상징적 입지와 소련군의 지원 등에 힘입어 북한 공산주의 운동의 지도적 지위를 차지하는 데 그렇게 많은 시간이 소요되지 않았다.

10월 13일에 평양에서는 김일성 주도하에 서북 5도 당 책임자 및 열성자 대회가 열려 마침내 조선공산당의 북부 분국이 창설되었다. 북부 분국은 조선공산당 중앙의 지휘를 받는 기관으로 탄생했지만 사실상 독립적인 당 창당이었다. 남과 북은 통치주체가 다른데다가 미군 주둔의 남한 지역에 본거지를 둔 조선공산당 중앙에 의존하는 것은 한계가 있었기 때문이다. 일부 국내 공산주의자들이 1국1당주의 원칙을 들어 반발하기도 했으나 명분과 대세를 거스르기는 어려웠다. 김일성은 분국 창설을 주도했음에도 실제로 책임비서 자리는 김용범에게 양보했다. 자신이 특정 정파의 수뇌라는 인상보다는 범민족적 지도자라는 이미지를 부각시킬 필요가 있었던 시점이었다.[52]

분국 창설의 다음날인 10월 14일에 평양 공설운동장에서는 해방 후 최대의 군중집회가 열렸다. 행사장에 태극기가 걸려 있는 게 인상적이었다. '김일성 대장(?)의 지도하에 조선인민 혁명군에 의한 한반도 해방'을 기념하는 대형 개선아치도 설치되었다. 이날 집회의 정확한 명칭은 「김일성장군 환영 평양 군중대회」였다. 대위가 졸지에 장군으로 특진한 셈이다. '항일투쟁의 전설적 영웅'으로 알려진 김일성 장군을 환영하기 위한 것이었다. 조선공산당 북조선 분국의 책임비서였던 이용범이 사회를 맡았고, 주석단에는 25군 사령관 치스차코프 대장, 정치사령관 레베제프, 민정사령관 로마넨코 등 소련군 장성들과 환영대회 준비위원장인 조만식, 그리고 국내 공산주의 운동의 지도급 인사들이 자리잡고 있었다.

레베제프가 먼저 등단했고 다음으로 조만식이 환영사를 했다. 김일성이 세 번째로 연단에 서자 우레와 같은 박수로 환영했다. 소련 적기무공훈장을 가슴에 달고 나온 '젊은 지도자'는 25군 정치과에서 작성해준 연설문을 큰소리로 읽어 나갔다. 사실 대회 전날밤에 레베제프는 김일성이 양복의 왼쪽 가슴에 소련 훈장을 달고 있는 것을 발견하고 '군중들에게 나쁜 인상을 줄 수 있으니까 떼라'고 지시했다. 그러나 김일성은 이 대회에서뿐만 아니라 연설 후 만경대 생가를 방문할 때도 소련 훈장을 착용하는 등 한참 동안 달고 다녔다. 대위가 소장의 지시를 묵살한 하극상(?)이 일어난 것이다.

레베제프는 김일성의 이러한 돌출행동을 '스탈린에 대한 충성심을 과시하려는 소영웅심리로 이해했다'고 나중에 회술했다. 김일성은 원래 소련군 대위 정복 차림으로 평양 시민 앞에 나서기를 원했으나 소련군 장교들이 장교복을 벗기고 양복으로 갈아 입히느라 애를 먹었다 한다. 김일성이 입은 양복과 구두 모두가 강미하일 소좌의 것이었다. 훗날 북한 정권은 김일성 우상화를 위해 이러한 역사적 사실을 철저하게 왜곡했다. 즉 태극기와 함께 소련군 지도부가 앉아 있는 모

1947년 가을, 김일성(앞줄 왼쪽에서 세 번째)과 김정숙(앞줄 오른쪽 두 번째)
부부가 소련군정 정치사령관 레베제프 소장 부인(앞줄 왼쪽에서 두 번째)과
평양시내 인민위원장 관저에서 모여 기념촬영을 했다

습과 김일성 가슴에 단 소련 무공훈장까지 지워버린 변조사진을 제작
하여 각종 기록에 게재했다.[53] 오늘날 유행하는 포토샵이 반세기 전
에 북한에서 이미 시작되었던 것 같다.

 김일성의 연설 주제는 '새 조선의 건설'이었다. 북한의 공식 문건
은 연설 제목을 '모든 힘을 새 민주조선 건설을 위하여'라고 밝히고
있다. 그때 김일성은 해방된 나라에서 가장 중요한 과제는 '민주주의
적 자주독립국 건설'이며, 이를 위해 '인민대중의 이익을 옹호하고
나라의 발전을 담보할 수 있는 참다운 인민정권을 세워야 한다'고 주
장했다. 그리고 이 문제를 해결하는 방도로 각계각층을 망라한 민족
통일전선을 제시했다. 김일성은 "힘 있는 사람은 힘으로, 돈 있는 사
람은 돈으로 건국 사업에 적극 이바지해야 하며, 참으로 나라를 사랑
하고 민족을 사랑하고 민주를 사랑하는 전 민족이 굳게 단결하여 민
주주의 자주독립 국가를 건설해 나가자"고 역설했다.

환영대회에서는 약간의 소란도 있었다. 그것은 군중들의 예상과는 달리 김일성이 너무 젊어 일부 사람들 사이에서 가짜일 수도 있다는 의문이 제기된 것이다. 사실 일반 사람들은 '항일투쟁의 전설적 영웅'으로 알려진 김일성 장군이 나이 많은 노인일 것이라고 생각했던 것이다. 김일성의 빨치산 투쟁이 사람들에게 널리 전파되면서 '김일성 장군은 흰 수염을 휘날리며 말을 타고 만주벌판을 달리면서 일본군을 쓰러뜨리고 축지법을 쓴다'는 식으로 신비화되었기 때문이다. 그러나 이런 생각은 터무니없는 것이다. 생각해 보라. 만주지역은 겨울이면 섭씨 영하 40도를 넘나드는 혹한의 땅이다. 그런 곳에서 추위와 굶주림을 견디며 야수 같은 일본군과 싸운다는 것은 젊은 청년이 아니고는 불가능하다. 그 당시 유격투쟁에서는 40세만 되어도 노인 취급을 받았고, 실제로 거의 견디지 못했다. 그런 곳에서 흰 수염을 휘날리는 노인 빨치산 대장이 활약을 펼쳤다? 그건 그 옛날 신화에나 나오는 이야기일 뿐 역사적 사실은 아니다.

이런 소동을 잠재우기 위해 소련군은 대회 종료 후 기자들을 김일성의 만경대 생가로 데리고 가서 조부모, 숙부와 숙모 등 친인척을 소개하기도 했다. 그 후 남한에서는 반공이데올로기와 결합해 '가짜 김일성론'이 유포되기도 했다. 그런데 여기서 눈여겨 보아야 할 것은 김일성 환영대회 준비위원장이 조만식이라는 점이다. 조만식은 일제 당시의 물산장려운동으로 대표되는 개량적이지만 일제와 비타협 노선을 견지한 항일운동가였다. 그는 평안도 지역 기독교계 민족주의자의 대부로 명망이 높고 영향력이 컸던 인물이다. 신탁통치 문제가 불거졌을 때 그는 끝까지 소련군의 협조를 거부하다 비운의 생을 마쳤다. 그런 인물이 김일성 환영대회 준비위원장이었다는 사실은 어쩌면 의외로 여겨질 수도 있다.

그러나 조만식은 신탁통치 문제로 갈라서기 전까지는 김일성 및 소련군과 우호적인 협조관계를 유지하고 있었다. 그것은 그가 당수로 있던 조선민주당이 소련군과 김일성의 적극적인 지원으로 조직되었다는 데서도 쉽게 확인할 수 있다. 그러면 조만식은 어떤 인연으로 김일성 환영대회의 준비위원장을 맡게 됐을까? 두 사람의 첫 대면은 1945년 9월 30일 저녁에 평양의 일본식 요정 '화방(花房)'에서였다. 민주개혁을 위해 민족주의자와 공산주의자의 연합이 필요하다고 판단한 소련군의 중재에 의한 것이었다. 조만식도 항일 빨치산 투쟁으로 이름을 날린 김일성에 관심이 없지 않았고, 김일성 또한 민족통일전선을 위해서는 민족주의자의 대부인 조만식과의 협조관계가 필수적이라 판단했다. 63세의 민족주의자 조만식과 33세의 빨치산 대장 김일성의 운명적 첫 만남에서, 조만식은 김일성 환영대회 준비위원장을 흔쾌히 승낙했다.

두 사람은 신탁통치 문제로 갈라서기 전 까지 원만한 관계를 유지했던 것은 좌우연합이라는 정치적 목적 외에도 개인적 관계도 작용했다. 조만식은 김일성의 아버지 김형직의 숭실학교 5년 선배로서 서로 알던 사이였고, 김일성의 외가는 조만식과 같은 기독교 신자로 가까운 사이였다. 김일성의 외할아버지 강돈욱은 딸의 이름을 반석으로 지을 정도로 독실한 기독교인이었고, 외삼촌 강보석은 조만식이 다니던 교회의 교인이면서도 몇 살 위의 선배였다. 그러니 두 사람은 직접 만나기 전부터 서로에 대해 잘 알고 있었다고 할 수 있다.

김일성은 민족주의 세력의 정당 결성을 조만식에게 권유했고, 조만식은 이를 받아들여 11월 3일 조선민주당을 창당했다. 김일성 동료인 최용건과 김책이 직접 창당에 관여했다. 특히 최용건은 일부 민족주의자들의 반대에도 불구하고 부당수를 맡기까지 했다. 당내 일부세력의 반대 움직임을 그의 오산학교 스승이었던 조만식 자신이 직접 무마했다. 그 당시 조선민주당은 '김일성 주도에 의해 창당됐다'고 공공연하게 선언할 만큼 친(親)김일성 입장을 견지했다. 시간이 지나면서 민족진영과 공산진영 간 협력 분위기는 기본적인 정치 견해와 각종 정책에 대한 입장 차이로 인해 점차 간극이 생기게 되었다.[54]

1946년 4월에 평양에서 빨치산파, 국내파 및 소련파의 대표들이 모여 북조선 공산당을 창당했다. 이로써 북조선 분국의 형식적인 종속 관계가 타파되었다. 연안파는 처음에는 북조선 노동당에 가입하지 않고 그해 2월에 신민당을 창당했으나 오래 존속시키지 못했다. 이어 8월에 노동당과 공산당이 합당하여 북조선 노동당이 탄생했다. 외형적인 지도자는 김두봉이었으나 실질적인 권력은 김일성이 장악하고 있었다. 주로 소련에 의해 주도된 분당과 합당의 목적은 매우 명백했다. 첫째로, 한반도 전역을 대상으로 하는 단일 공산당을 창건하며 둘째로, 여러 측면에서 소련에게 가장 적합한 인물인 김일성에게 공산당의 지도자 자리를 맡기려는 것이었다.[55]

스탈린이 분단국가로서 북한을 건국하기로 최종 결단한 시점은 1948년 4월 24일이었다. 북한의 국가체제나 헌법은 4월 말에 스탈린의 별장에서 모로토프 외상과 지다노프 서기가 기초하고 정치장교 스티코프(초대 주북 대사)가 실무작업을 맡아 준비되었다. 스탈린은 북한 헌법의 초안에도 일부 손질을 가했다. 헌법 초안에 있던 '임시헌법'이란 단어에서 '임시'를 삭제한 것도 스탈린 자신이었다. 9월 2일에 평양에서 572명의 대의원들이 참가한 최고인민회의 제1차 회의가 개최됐고 9월 8일에는 헌법을 최종적으로 채택했다. 그 다음날인 9월 9일 조선민주주의인민공화국 창건을 공식적으로 선포했다. 레베제프가 「조선인민공화국」이라는 북한 측의 제안을 거부하고 「조선민주주의인민

1948년 9월 9일 조선민주주의인민공화국 창건일을 맞아
평양시내 각급 학교 학생들이 '조선민주주의인민공화국'이라고 쓴
피켓을 들고 시가행진을 하고 있다

공화국」이라는 국가명칭으로 변경·확정했다.[56]

　북한정권 수립 후 최소 1년간 김일성은 소련 당국에 의해 철저하게 통제받고 있었다. 북한의 당정 및 군 인사까지도 평양 주재 소련 대사관의 합의를 거쳐야 했다. 김일성의 조선노동당 중앙위원회 총회 연설문과 제1차 당대회 연설문조차도 주북 소련 대사관을 통해 준비시켰다. 북한의 건국 신화는 이렇게 단계적 과정을 거쳐 완성되었다. 물론 제25군 정치과장이었던 레베제프 소장이 김일성을 북한 지도자로 심는데 주도적 역할을 했다. 그는 김일성이 상당히 명민하고 정치 지도력의 기초를 매우 빨리 소화시킨 것으로 평가했다. 김일성은 소련 스승의 입장에서 보면 '우등생'이었다. 아니 이후 일련의 사건에서 보여 주었듯이 자신의 스승을 월등히 능가한 청출어람(靑出於藍)이었다.

　정권을 창출하는 과정에서 조선노동당 중앙위원회는 소련 공산당과 평양 주둔 소련 군대의 원조에 감사하고 충성을 맹세하는 결정서

1948년 12월 26일 북한 주둔 소련군이 철수할 때,
김일성이 자신을 북한 최고 권좌에 앉힌 주역인
레베제프 소련군정 정치사령관의 가슴에
조선민주주의인민공화국 정부훈장을 달아주고 있다

를 중요 대목마다 채택했다. 이는 북한정권이 이들의 각본과 연출 속
에서 창출됐고 인민공화국이 소련의 위성국임을 반증해 주는 증거였
다.57) 마침내 10월 12일에 소련은 최초로 북한과 외교관계를 수립했
다. 만경대에서 태어나 만주 일대에서 청소년 시절을 보내고 소련 극
동에서 연단과정을 거쳐 고국으로 돌아온 김일성은 젊은 나이에 명실
상부한 북한의 1인자로 등극했다. 이것은 소련 지도층에 의해 사전에
치밀하게 준비된 김일성의 예정된 권력 실크로드였다.

▌주

1) 와다 하루키(이종석 옮김), 『김일성과 민족항일 전쟁』(서울: 창작과비평사, 1992),
26쪽.

2) 이종석, 『새로 쓴 현대북한의 이해』(서울: 역사비평사, 2000), 398쪽.

3) 서대숙·이완범 공편, 『김일성 연구자료집(1945-1948년 문건)』(서울: 경남대 출
판부, 2001), 28-30쪽.

4) 안도현은 중국 10대 명산 중의 하나인 백두산 아래 있는 제1현으로 산수가 아름
답기로 유명하고 특히 이도백하진은 백두산 아래 첫 동네로 해발 500m 지점에
자리 잡은 작은 도시이다.

5) 이종석, 『새로 쓴 현대북한의 이해』(2000), 399-400쪽.

6) АВПРФ, Фонд:Сектор по Корее, Опись:37, Папка:78, Пор:11, Лист:1-10, Год:
1977.2.2-12.20.

7) 서대숙·이완범 공편(2001), 11-13쪽.

8) АВПРФ, Фонд:Референтура по Японии, Опись:20, Папка:182, Дело:64, Лист:
1-582, Год:1937, 『조선일보』(1937.6.7일자) 보도내용.

9) 이종석, 『새로 쓴 현대북한의 이해』(2000), 401쪽.

10) 이종석, 『새로 쓴 현대북한의 이해』(2000), 402쪽.

11) Панин, А. & Альтов, В., Северная Корея:Эпоха Ким Чен Ира на закате (Москва:
ОЛАМА-ПРЕСС, 2004), 9쪽.

12) 이종석, 『새로 쓴 현대북한의 이해』(2000), 399쪽.

13) 이종석, 『북한-중국관계 1945-2000』(서울: 중심출판사, 2000), 17쪽.

14) 기광서, "1940년대 전반 소련군 88독립보병여단내 김일성 그룹의 동향," 『역사
와 현실 28호』(한국역사연구회, 1998), 268쪽.

15) Панин А. & Альтов В.(2004), 8쪽.

16) 기광서, "1940년대 전반 소련군 88독립보병여단내 김일성 그룹의 동향,"(1998년), 271-274쪽.

17) 김국후, 『평양의 소련군정』(서울: 한울 아카데미, 2008), 84쪽.

18) 시모토마이 노부오(이혁재 옮김), 『북한정권 탄생의 진실』(서울: 기파랑, 2000), 26-28쪽.

19) MBC, '이제는 말할 수 있다,' 분단의 기원(방송일시: 2004년 3월 14일(일), 23:30-00:30), "소련, 처음엔 조만식 주목!"(2004).

20) 시모토마이 노부오(이혁재 옮김)(2000), 79쪽.

21) АВПРФ, Фонд:102, Опись:2, Папка:5, Дело:34, Лист:1-112, Год:1945-1946.

22) 기광서, "1940년대 전반 소련군 88독립보병여단내 김일성 그룹의 동향"(1998), 276쪽.

23) 박종수, 『러시아와 한국 — 잃어버린 백년의 기억을 찾아』(서울: 백의, 2002), 207-209쪽.

24) 본 내용은 필자의 저서 『러시아와 한국 — 잃어버린 백년의 기억을 찾아』(서울: 백의, 2002)의 "해방직후 북한에 진주한 소련 군인들(196-202쪽)"을 중심으로 재구성한 것이다.

25) 바실리예프스키 А.М 외 11人, 『레닌그라드부터 평양까지』(서울: 함성, 1989), 69쪽.

26) 오영진, 『소군정하의 북한 — 하나의 증언』(부산: 중앙문화원, 1952).

27) 『조선일보』, 2005년 8월 11일자, 소련군 환영밴드 출신 신인섭 교수의 '北생활 5년': 이명원 기자(mwlee@chosun.com).

28) 김국후, 『평양의 소련군정』(2008), 138-139쪽.

29) АВПРФ, Фонд:102 Опись:9, Папка:9, Дело:20, Лист:1-30, Год: 1949.1.6-12.21.

30) 민정국은 1945년 10월 7~11일 평양에서 북한 전역을 총괄할 중앙정권기관의 필요성이 강하게 제기됨에 따라 북조선 5도인민위원회 연합회의를 개최했다. 소련 군정과 북한 지도부는 11월 19일 각도 인민위원회 연합회의를 재소집하여 북조선 5도행정을 총괄할 행정10국을 설치키로 결정했다. 행정10국은 1946년 2월 본격적인 의미의 중앙행정기구인 북조선임시인민위원회로 재편되었다. 1947년 2월 21일 북조선임시인민회의는 제2차 회의를 소집하여 김두봉을 인민회의상임위원장으로 선출했고 이어 새로운 중앙정권기관인 북조선인민위원회를 조직하였다. 인민위원회는 임시인민위원회를 대체하는 프롤레타리아 독재정권이었다.

31) 1945년 3월 5일 토지개혁에 관한 법령을 시발로 6월에는 노동 법령, 7월에는 남녀평등권에 관한 법령, 8월에는 중요산업 국유화 법령 등을 연이어 발표되었다. 지주들의 토지는 평균 14.5 정보에서 2.1 정보로 축소되었다. 토지를 몰수당

한 지주의 약 87%인 2만 6천 가구가 분계선을 넘어 월남했다.

32) 대표적으로 각종 전람회 개최, 영화관람회, 문화교류사업 등을 꼽을 수 있다. 1946년 7월 1일 조소문화협회 주최로 평양에서 소련전람회가 개최된 것을 시발로 하여 각 지방에서 소련에 대한 이해와 학습이 시작되었다. 이 협회가 이러한 사업에 얼마나 많은 노력을 기울였는가 하는 점은 군중 동원수에서도 알 수 있다. 1948년 6월 말 현재 이 협회에는 756,252명의 회원이 있었으며, 거의 3백만이 관람하였다는 소련문화 전람전을 3,688개소에서 4,880회나 개최했다고 기록하고 있다. 소련문화 관람전은 북한의 모든 주민 대상으로 광범위하게 전개했다.

33) 1946년부터 1955년까지 소련으로부터 임차해온 1,026종의 영화필름이 548,000회 상영되었으며, 총 167,754,000명의 청중이 관람했다. 소련영화의 보급은 사회주의적 애국주의를 고취시키는 대중교화의 효과를 지니고 있었다. 북한에서는 46년부터 48년까지 총 1,000만 권의 장서가 출판되었다. 3년간 북한에서는 교과서를 제외하고 다양한 22종의 소련작품 총 4,170,000권을 번역하여 출간하였다. 3년간 출판된 총 문헌 중에서 맑스-레닌주의 작가의 작품 42종 약 100만 권과 사회경제적 작품 170종 250만 권을 합한 총 350만 권이 정치 선전적 색채가 강한 소련 문헌이었다. 그리고 교과서를 제외하고 3년간 북한에서 발행된 소련작품의 총 권수는 417만 권이었다. 이 수치는 북한 및 소련 작가의 저서 총 1,000만 권에서 거의 절반을 차지한다.

34) 1945년 9월부터 11월 사이에만 128명의 소련계 한인들이 북한에 파견되었고 1946년까지 200여 명이 들어왔다. 소련군정기 3년을 총괄하는 소련의 문건에는 '소련계 한인' 약 200여 명을 선발하여 네 그룹으로 나누어 파견했다고 정리하고 있다. 1) 첫 번째 그룹 약 30여 명은 인민 경제의 책임직에 기용되었다. 2) 두 번째 그룹은 약 130명으로 상당수가 통역병으로 구성, 그중 64명이 정당과 사회단체의 책임직에서 일했다. 3) 세 번째. 네 번째 그룹의 구성원은 54명으로 고등교육기관에서 노어강사로 일했다.

35) 1946년 8월부터 10월까지 북한을 방문했던 소련인 저널리스트 기토비치와 부르소프에 의해 자세히 기술되고 있다. "북한의 산업체에서만 16,000명의 전문가를 필요로 하고 있으나 현재 북한에는 547명만을 보유하고 있다. 이들 중 자신의 전문분야가 아닌 곳에서 근무한 자가 80%나 되었다. 이들 외에 950명의 일본인 기사와 기술자들이 북한에 남아 근무하고 있다. 만일 이 두 숫자 547명과 950명을 합하여 총계인 16,000명에서 빼 보면 북한에는 현재 약 14,500명의 전문가가 부족한 셈이다."

36) Ткаченко В.П., Корейский полуостров и интересы России (Москва: ИДВ РАН, 2000), 18쪽.

37) 김국후, 『평양의 소련군정』(2008년), 41쪽.

38) 란코프(김광린 역), 『북한 현대정치사』(서울: 오름, 1995), 68쪽.

39) MBC '이제는 말할 수 있다,' "분단의 기원"(2004년 3월 14일 23:30~00:30).

40) Ванин Ю.В., Война в Корее 1950-1953 гг.: Взгляд через 50 лет (М., 2001), 73쪽.

41) Панин А. & Альтов В(2004), 9쪽.

42) 김국후, 『평양의 소련군정』(2008), 70-75쪽.

43) 『동아일보』, 2004.10.24. 18:08 광복 5년사 쟁점 재조명〈1부〉⑩1차 전문가 좌담 〈下〉의 전현수 경북대 사학과 교수, 이정식 미국 펜실베이니아대 명예교수, 안 드레이 란코프 국민대 초빙교수의 좌담회.

44) 김국후, 『평양의 소련군정』(2008), 208-213쪽.

45) 시모토마이 노부오(이혁재 옮김)(2000), 18쪽.

46) 란코프(김광린 역), 『북한 현대정치사』(1995), 29쪽, 77쪽.

47) 김국후, 『평양의 소련군정』(2008), 143쪽.

48) 김국후, 『평양의 소련군정』(2008), 126-127쪽, 143-145쪽, 156-157쪽.

49) 기광서, "1940년대 전반 소련군 88독립보병여단 내 김일성 그룹의 동향"(1998), 286-287쪽.

50) 『동아일보』(2008.6.24)가 연합뉴스의 알마티 인터뷰 내용을 인용 보도.

51) 김국후, 『평양의 소련군정』(2008), 76-77쪽.

52) 기광서, "해방과 김일성"(webzine@kornet.net, 2004/05/06 등록).

53) А.Панин & В.Альтов(2004), 8-12쪽.

54) 기광서, "해방과 김일성"(webzine@kornet.net, 2004/05/06 등록).

55) 란코프(김광린 역), 『북한 현대정치사』(1995), 108쪽.

56) 시모토마이 노부오(이혁재 옮김), 『북한정권 탄생의 진실』(2000), 85쪽.

57) 김국후, 『평양의 소련군정』(2008), 347쪽.

【제2부】

애증의 비사(秘史)

I

김일성 정권의 탄생과 스탈린

스탈린이 사망하던 1953년 3월 5일! 북한 전역은 통곡의 울음바다로 변했다. 김일성이 오열했고 시골 아낙네도 슬피 울었다. 전국 방방곡곡에 설치된 빈소에는 조문객들의 행렬이 끊이질 않았다. 김일성의 심복 박정애가 공식 조문사절단으로 모스크바에 급파되었다. 조선 왕조의 국왕 장례식을 방불케 했다.[1]

아버지를 잃고 효도를 다하지 못한 슬픔을 풍수지탄(風樹之嘆)이라고 한다. 기독교에서는 하나님을 아버지라 부른다. 육친의 아버지 외에 영적인 아버지를 의미한다. 김일성에게도 스탈린의 존재는 육친의 아버지 이상이었다고나 할까. 어쩌면 그는 스탈린의 빈소 앞에서 풍수지탄에 버금가는 비통함을 느꼈을지 모른다. 국경과 민족과 연령을 초월해서 무엇이 두 사람의 관계를 그토록 견고케 했는가? 그리고 스탈린의 존재가 북한의 김일성 정권에 던지는 함의는 무엇이었는가?

스탈린은 김일성을 북한 지도자로 점지한 후 사적인 자리에서 '아들'이라고까지 호칭했고 김일성도 이렇게 불러준 데 대해 평생 동안 흡족해 했다. 하기야 두 사람의 연령만도 무려 33세의 차이가 날 정도면 태생학적 관점에서도 부자연스러울 것이 없다. 장례식 때 김일성이 직접 낭독한 조사(弔辭) 내용만 보아도 스탈린에 대한 그의 절대적 존경을 짐작하고도 남는다.

"스탈린은 서거하시었다. 진보적 인류의 위대한 수령의 열렬한 심장은 고동을 멈추었다······ 위대한 레닌·스탈린당의 풍부한 경험을 창조적으로 적용하는 조선로동당은 조국통일 민주주의 전선을 결성하고 자기의 기치하에 조선 인민을 결속시켰다······ 조선로동당은 소련의 경험과 레닌과 스탈린의 천재적 노작에 근거하여 인민군대를 제 때에 창건하였고 그를 최신 군사기술로 무장시켰고 소련 무력의 선진경험을 참작하여 그를 훈련시켰고 그의 부대 내에서 스탈린적 정치교양을 실시하였다."[2]

김일성은 중학교 시절부터 공산주의 사상에 심취했다. 중국 공산당에 입당하고 스탈린식 마르크스–레닌주의를 항일 무장투쟁의 행동강령으로 삼았다. 그는 레닌과 스탈린의 저작을 학습했고 아울러 이 저작으로 다른 공산주의자들을 학습시켰다. 그는 1940년 88여단에서 소련 장교들로부터 정치·군사 교육을 받는 과정에서 스탈린식 공산주의 체제의 작동을 직접 관찰했다. 2차 대전 후 출범한 사회주의 국가들은 무조건적으로 소련을 지지했다. 아울러 소련의 모범을 답습

스탈린

하는 것이 이들 국가들의 관례가 되었고 북한도 예외는 아니었다.[3] 특히 청년 김일성의 이러한 경험은 그의 지적 성숙과 북한 내 권력투쟁 과정에서 적지 않은 영향을 주었다. 더욱이 스탈린에 의해 북한 지도자로 간택된 김일성은 적어도 스탈린 사망 시까지 스탈린주의의 영향에서 벗어나지를 못했다. 처음에는 북한 주둔 소련군 사령부를 통했고 소련군 철수 후에는 주북 대사관과 소련계 한인들을 매개로 지속되었다. 한국전쟁 도발조차도 전쟁 개시부터 종전 시까지 스탈린의 지시에 충실했다.

김일성은 1949년 3월~4월 초 약 1개월간 소련을 최초로 공식 방문했다. 대표단이 3월 3일 모스크바 야로슬라브역에 도착했을 때는 늦겨울의 스산함으로 몸을 움츠리게 했다. 김일성은 도착 성명서를 발표했다. 물론 이것은 박헌영이 작성한 것이다.

> "조선인민은 우리민족이 경제·문화 복구 그리고 독립 민주국가 건설사업에 소련 인민이 보여준 후원을 결코 잊지 않고 있다. 소련은 조선에서 군대를 철수하고 조선과 전 세계에 진심으로 조선이 단일(통일) 독립국가가 되기를 바라고 있다. 따라서 소련인민의 그와 같은 우정은 조선인민의 자유 독립국가 건설을 보장해 주는 것으로 생각하고 있다. 조선 대표단의 소련 방문은 앞으로 국제평화와 안전에는 물론 소련사회주의연방공화국과 조선민주주의인민공화국 간에 정치·문화·경제 관계의 확대와 강화에 기여하리라고 확신한다."[4]

3월 5일 크렘린에서 스탈린과 김일성 간 공식회담이 열렸다. 매우 우호적인 분위기속에서 1시간 15분간 진행되었다. 소련 측 배석자는 비신스키(Вышинский Ф.Я.) 외상, 스티코프(Штыков Т.Ф.) 주북 대사 등이며 북 측에서는 박헌영 부수상 겸 외상, 홍명희 부수상, 전준택 국가계획위 위원장, 장시우 무역상, 백남운 교육상, 김동주 체신상, 주영하 주소 대사, 문일 통역 등이었다. 스탈린은 김일성의 요청사항을 대부분 수용했다. 이는 경제발전 2개년 계획 수행을 위한 경제원조 요청으로 기술 지원, 차관 4~5천만 달러 공여, 전문가 파견, 아오지-크라스키노 간 58km 철도부설, 조·소 간 항공노선 운행, 대학교수 및 교사 파견, 조·소 간 제반 분야 협정 체결 등이었다.

스탈린은 회담 과정에서 몇 가지 특이한 반응을 보였다. 차관공여는 더 많이 주고 싶지만 2억 루블(4천만 달러)을 줄 수 있다고 단정했다. '달러가 아닌 루블($1=5루블)로 3년에 걸쳐 제공하고 북한은 차후 3년간 상환한다. 이자는 경제사정이 좋은 국가는 2%, 나쁜 나라는 1%를 받고 있다'고 설명했다. 이것은 소련이 전적으로 무상으로만 북한을 지원하지 않았음을 의미한다. 그 후 1950년대에도 소련은 대북 지원에 대한 반대급부로 북한으로부터 우라늄 함유의 2,600만 톤 사암을 반입해 갔고 이 사암에서 1만 5천 톤의 우라늄을 추출해 핵개발에 사용했다.[5]

이 외에도 스탈린은 '남조선군을 두려워하는가, 북조선 사람을 남조선 군부에 침투시키고 있는가, 38선에서는 어떤 일이 있었는가, 중국 이외에 어떤 나라와 무역하는가, 조선에 민간 무역회사가 있는가' 등에 대해 관심을 갖고 질문했다. 박헌영이 "남한 군부에 침투를 시켰으나 아직 노출시키지 않고 있다"고 답변하자, "그래! 지금 노출시킬 필요가 없다. 남조선 사람도 역시 북조선 군대에 첩자를 잠입시킬 수 있으므로 방심해서는 안 된다"고 강조했다. 또한 지난번 방문(1946년 비공식 방문)을 상기시키면서 박헌영을 향해 "그때 왔던 사람이 아닌가?"라고 물었고 김일성과 박헌영이 모두 전번보다 살이 많이 쪄서 알아보기가 힘들다고 말했다.[6]

공식 방문에서 제반 분야에 걸쳐 소북 간 경제·문화적 협력협정이 체결되었다. 다만, 스탈린은 김일성이 제기한 대남 무장통일이나 이를 위한 군사동맹에 대해서는 유보적 입장을 견지했다. 김일성은 3월 29일 옴스크에 도착했고 키로프와 스베르들롭스크역에서 이비인후과 의사를 초청해 목을 치료했다. 4월 6일 보로실로프(현재의 우수리스크)에서 항공편을 이용해 평양으로 귀환했다.[7]

1949년 12월 21일은 스탈린의 70회 생일이었다. 축하행사가 소련뿐만 아니라 북한에서도 대대적으로 거행되었다. 북한 측은 김일성 수상의 축하전문은 말할 나위도 없고 최고인민회의 중앙위 상임위원장 김두봉을 단장으로 하는 축하사절단을 소련에 파견했다. 이미 12월 8일 제7차 중앙위 회의에서 김두봉 위원장의 보고로 70회 생일을 전 민족적 축제로 개최키로 결의하고 김일성을 위원장으로 하는 정부, 당, 사회단체 등을 총망라하는 특별준비위원회를 결성했다. 노동당 중앙위에서도 11월 15일부터 12월 21일까지 준비를 진행시켰다. 스탈린에 관한 강의, 스탈린 노작의 출판·보급·전시 및 영화 상영회를 가졌으며, 모든 기업소와 전국 방방곡곡에서 인민경제계획 수행에 관한 노동경쟁이 전개되었다.[8]

북한에서는 스탈린 생존 시에는 말할 나위도 없고 오늘날까지도 소련을 비난했어도 스탈린에 대해서는 관대했다. 모택동은 1950년대 말 대약진 운동을 전개하면서 스탈린 사상을 부분적으로 비판하기 시작했지만, 김일성은 단 한 번도 스탈린을 공개적으로 비난하지 않았다. 오히려 스탈린 사망 후 탈스탈린화를 지향하는 흐루시초프의 새 지도노선에 대해 일정한 거리를 두기 시작했다. 김일성은 1955년 12월 '사상사업에서 교조주의와 형식주의를 퇴치하고 주체를 확립할 데 대하여' 제하의 연설에서 스탈린주의를 고수하면서도 이를 북한의 실정에 맞게 창조적으로 적용하려는 의지를 명확하게 드러냈다. 소련공산당 제20차 당대회에서 스탈린에 대한 비판이 노골화되자, 김일성은 스탈린 시대의 관행으로 굳어진 개인독재를 시정하고 '당내 민주주의'와 '집체적 지도'를 어느 정도 수용하는 듯한 입장으로 선회했다. 그러나 그해 8월 소련파와 연안파가 김일성에 대한 비판을 가하자 오히려 개인독재를 강화하는 방향으로 돌변했다.[9]

북한이 스탈린주의를 여전히 정통적 마르크스-레닌주의로 간주하고 있다는 사실은 1985년 평양에서 출판된 철학사전에서도 확인되었다. 즉, 탈스탈린화를 경험한 사회주의 국가들은 스탈린이 레닌의 사상을 왜곡했다고 지적했으나 북한 철학사전에서는 그를 레닌의 계승자로 묘사했다.

"레닌의 충직한 계승자이며 견결한 마르크스-레닌주의자이며 국제공산주의 운동과 로동운동의 탁월한 활동가이며 소비에트 국가의 령도자 … 스탈린은 수령에 대한 끝없는 충실성, 로동계급의 혁명위업에 대한 무한한 헌신성, 온갖 기회주의와 계급적 원수들에 대한 비타협성, 불굴의 의지와 강인성으로 충만된 견결한 혁명가요 공산주의자였다. 그는 국제공산주의 운동과 로동운동을 발전시키는 데 크게 공헌했다. 스탈린은 조소 두 나라 인민들 사이의 친선협조 관계를 발전시키는 데 커다란 기여를 했으며 우리 인민의 정의의 위업을 성심성의로 지지하기를 원했다."[10]

김정일도 아버지 김일성의 입장을 답습하여 스탈린 신봉주의자가 되었다. 그는 1987년 10월 소련 사회주의혁명 70돌 경축행사 참석차 모스크바로 떠나는 김영남 외교부장에게 이렇게 언급했다.

"이번에 고르바초프가 자기의 개혁노선을 논문으로 내놓을 것이다. 틀림없이 위대한 소련 공산당과 인민이 70년간 쌓아 올린 그 거대한 업적과 스탈린 대원수가 이룩한 세계사적인 공적을 깎아 내릴 것이다. 흐루시초프는 그래도 스탈린과 같이 소독 전쟁에도 참가하여 싸웠고 스탈린에 대해 잘 아는 사람이었다. 그런데 고르바초프는 무엇인가. 고생도 해보지 못했고 스탈린을 한번도 보지 못한 주제에 스탈린을 헐뜯고 있다. 고르바초프는 미국놈들에게 팔리고 있다. 자기 혼자만 팔리는 것이 아니라 소련공산당을 팔고 있다." 11)

미국 국무부의 북한 담당 키노네스 박사는 1993년 10월 하원 동아시아태평양소위원회 애거먼 위원장의 수행원 자격으로 방북했다. 미국 국무부 관리로서는 최초로 81세의 김일성을 면담한 것이다. 대표단 중 한 명은 스탈린이 1950년 남침을 부추겼느냐고 묻자, 김일성은 질문자를 뚫어지게 바라보다가 한참 후에 노회한 미소를 띠며 대답했다. "스탈린은 내 친구요. 그는 죽었소. 그가 편안하게 쉬도록 놔둡시다." 12)

스탈린의 소련보다도 스탈린주의적 성격이 더 강한 나라가 바로 북한이다. 감시와 탄압이 극에 달했던 1940년대 말에도 소련에는 북한의 인민반과 같은 제도는 없었으며, 농민이 아닌 도시 주민들은 국내에서 자유롭게 여행할 수 있었고 외국 방송을 청취할 수 있는 라디오도 일반 가게에서 구입할 수 있었다. 소련에서 1950년대 개혁으로 이미 사라진 지 오래된 고전적 스탈린주의 정치문화를 간직하고 있는 나라가 바로 북한이다. 북한의 정치범 통제정책은 원래 소련으로부터 들어온 '강제 수입품'이었으나 이 수입된 씨앗은 북한 땅에 뿌리를 깊게 내렸다.13) 북한의 정치범 통제제도는 원래 소련제도의 복사판이지만 세월이 갈수록 소련과 달라졌다. 1970년대 수용소에 갇힌 정치범 수는 소련의 경우 6백~9백 명 정도밖에 되지 않았으나 북한의 경우는 약 15만 명이었다. 인구 비율로 보면 북한이 소련보다 2천 배 정도가 많은 편이었다. 왜 그럴까. 소련 체제를 만든 사람들은 대부분 사회민주운동 출신의 지식인들이었지만, 북한 창건의 주역들은 무력투쟁에 익숙한 빨치산 출신들이었다.

소련의 초기 공산주의자들은 사회주의 건설과 민주주의를 위해 투쟁했던 경험 때문에 민주주의 원칙은 위반했지만 법 존중사상을 완전히 버리지는 못했다. 또한 소련 지식인들은 공산주의 비판에 대해 어용언론에서 접할 수 없는 정보와 이념, 사상을 배우려고 다양한 비공식 채널을 이용했다. 대표적인 것이 바로 1960~80년 '사미즈다트(сам издат)'라는 국가의 승인없이 비밀리에 자가 출판하는 비합법 출판물이었다.[14] 북한에서는 관제언론 이외에는 철저하게 통제되었다.[14] 북한의 고위간부들은 국내외 사정과 진실을 잘 알고 있지만 중국이나 소련 간부들과는 달리 개혁을 지지할 이유도 없었다. 자칫 남한에 의한 흡수통일을 초래할 수 있기 때문이다. 반면 지방농민과 근로계층은 오직 생존을 위해 싸우고 있기 때문에 정치에 대한 관심도 없고 필요한 정보에 접근할 수도 없다.

결론적으로, 북한은 스탈린의 총감독하에 스탈린주의를 기초로 설계되고 건설된 정권이었다. 김일성은 스탈린이 여러 검증단계를 거쳐 심사숙고 끝에 간택한 인물이었다. 때문에 그는 스탈린 생존 시에 스탈린 노선을 그대로 북한정권에 이식시켰고 스탈린의 지시를 충실하게 이행했다. 스탈린 사후에도 그는 소련 지도층의 노선변화와 무관하게 스탈린주의를 그대로 답습했으며, 이러한 통치노선은 김정일에게 권력이 이양된 후에도 지속되어 오늘에 이르고 있다. 오늘날의 북한 정권에는 스탈린의 순기능적 유산보다는 역기능적 잔재가 더 많이 남아있다. 아니 '형보다도 더 고약한 아우가 태어났다'고 할 것이다.

II

흐루시초프 노선과의 갈등

스탈린의 갑작스런 사망은 북한 정권에도, 그리고 김일성 개인에게도 적지 않은 충격이었다.

게다가 6·25전쟁의 후유증과 흐루시초프의 등장은 북한 정권 출범 후 김일성에게는 최대의 정치적 위기였다. 특히 흐루시초프의 스탈린 격하연설이 소련과 북한 관계를 근본적으로 흔들어 놓았다. 흐루시초프 등장 이후 급변하는 국제정세, 소북 관계, 흐루시초프와 김일성 간 사적 관계 및 북한의 권력암투 실상을 살펴보자.

스탈린 사후에 소련은 집단지도체제로 들어가고 북한은 전후 복구에 총력을 기울이고 있었다. 이러한 상황에서 1954년 4월 17일 흐루시초프는 60회 생일을 맞았다. 북한에서는 소련 주재 임해 대사가 외무성을 통해 대사관 직원 일동의 생일축하 메시지만을 전달했다. 스탈린의 70세 생일과 비교해 보면 너무 썰렁했다. 물론 흐루시초프가

제2부 애증의 비사(秘史) | 87

당 제1서기일 뿐 내각을 장악하는 수상직에 오르지 못한 위상도 작용했을 것이다. 그렇지만 이것은 소련 지도층의 교체가 북소 관계에 근본적인 변화를 예고하는 신호탄이었다.

그리고 이듬해 1월에 소련 당중앙 각료회의는 북한 문제를 논의하는 과정에서 김일성의 독자적이고 특이한 동향을 눈치챘다. 김일성은 중공업과 군수산업에 대한 투자를 아끼지 않은 반면, 소비나 복구를 뒤로 미루었다. 북한에 기근이 발생한 것은 정부가 농민으로부터 곡물의 5할을 강탈했기 때문인 것으로 알려졌다.[15]

이어 1956년 2월에 모스크바에서 제20차 소련 공산당대회가 열렸다. 이 대회에서 흐루시초프는 '스탈린 격하' 연설을 실시함으로써 참석자들을 경악케 했으며, 이는 사회주의 국가뿐만 아니라 서방세계에 적지 않은 파문을 던졌다. 이 대회는 스탈린 사후 처음으로 열려 새 시대의 개막을 알리는 상징성을 갖고 있었다. 그러나 회의 첫날에 참석자들은 레닌의 조각상만 보이고 스탈린의 조각상은 물론 사진조차도 붙어있지 않는 것을 보고 의아하게 생각했다.

당대회 마지막 날에 흐루시초프가 상기된 얼굴로 단상에 올랐다. 뭔가 비장한 각오를 한 듯한 태도였다. 긴장감마저 감도는 회의 분위기였다. 그는 단 한 번 짧게 휴식을 취했을 뿐 자그마치 4시간 동안이나 마라톤 연설을 실시했다. 스탈린의 잔인성·비인간성과 그의 전제정권에 대해 신랄하게 공격을 가했다. 독재자 스탈린이 1939년 이후 1951년까지 전당대회를 한 번도 소집하지 않았고, 중앙위원회에 무관심했고, 정치국원을 독단적으로 임명했으며, 인민과 동지에 대해 폭력·억압·테러·처형 등 야수적 방법을 사용함으로써 1인 숭배사상을 내세웠다고 비판했다. 그에 대한 강요된 숭배와 신격화는 마르크스-레닌주의와 부합될 수 없는 것이라고 단죄하고, 당 지도를 1인 지도체제에서 다시 집단 지도체제로 환원하며, 국민생활 전반에 다시 레닌식 민주주의가 깃들 수 있도록 혁명적 사회주의의 법률을 되찾아야만 한다고 주장했다.

> "무고한 사람들이 고문으로 의식을 잃었고 판단력을 상실했으며, 인간으로서의 권위를 빼앗겼다…… 이 모든 것에 대한 책임자가 바로 스탈린이다. 그는 직접 수사관을 불러 신문하는 방법까지 지시했다. 그 방법은 간단했다. 때려라! 때려라! 또 때려라! 였다."

흐루시초프는 스탈린의 2차 대전 지도방식에 대해서도 가차 없이 비판했다. "스탈린이야말로 비겁자다. 그는 겁쟁이였다. 그는 전쟁 중에 한 번도 전선에 가지 않았다."

이것은 마치 황장엽이 김정일을 비판한 것과 유사했다.

> "국방위원장이라는 호칭을 달고 장군 행세를 하고 있지만 군대도 안 갔다온 놈이 무슨 장군은 장군이야."

미국의 타우브맨 교수(W. Taubman, 앰허스트대)는 이렇게 기록했다.

흐루시초프

> "흐루시초프의 연설이 끝났을 때 처음에는 죽음과 같은 침묵이 흘렀다. 파리가 날아가는 소리가 들릴 정도였다. 그리고 웅성웅성거리는 소리가 났다. 걱정과 기쁨이 교차했다. 그리

고 그가 어떻게 이런 연설을 청중 앞에서 할 수 있는가 하는 경이로움이 퍼져갔다. 스탈린 격하 연설은 그의 생애에서 가장 용감한 행동이자 가장 무모한 도전이었다. 소련 체제는 그것으로 인해 영원히 회복 불가능한 타격을 입었고, 그 또한 그러했다."[16)

흐루시초프의 비밀연설은 국내뿐만 아니라 전 세계 사회주의권에게까지 확산되면서 자유화 운동을 촉진시켰다. 이 자유화 물결은 흐루시초프의 당내 지위를 위태롭게 했으나 대중들 사이에서의 그의 개인적 인기는 높아갔다. 반면 김일성의 입장에서는 이것은 경천동지(驚天動地)할 사건이었다. 스탈린주의를 모태로 탄생한 북한 정권을 근본적으로 부정한 연설이었다. 6·25전쟁의 후유증으로 약화된 김일성의 통치기반을 더욱 약화시킬 수 있었다. 그렇다고 소련과의 관계를 단절할 수도 없는 진퇴양난(進退兩難)의 상황에 처했다. 마침내 김일성은 흐루시초프의 이념적 악영향을 차단하면서도 대소 관계를 유지시키는 이중전략을 구사했다. 이것이 바로 1955년경부터 스탈린적 마르크스-레닌주의를 '조선 현실에 창조적으로 적용'하는 구호를 내걸기 시작한 배경이었다.

그러나 외형상으로 소북 관계는 순탄해 보였다. 김일성이 1956년 7월 6일~16일간 소련을 공식 방문해 불가닌 수상을 예방하고 핵발전소와 지하철을 시찰하는 일정을 마친 후 특별기편으로 귀북했다. 7월 6일 모스크바 브누코보 공항에 도착했을 때는 불가닌 수상, 흐루시초프 공산당 제1서기, 브레즈네프 정치국원, 세필로프 외상 등 고위인사들이 김일성 일행을 영접했다.[17)

또한 1957년 4월 12일 소련연방 최고회의 간부회의 부의장 겸 러시아공화국 최고회의 간부회의 의장인 타라소프(Тарасов М.П) 일행이 북한을 방문했을 때 융숭한 대접을 받았다. 비행장에서 평양 중앙광장의 군중대회장으로 이동하는 도로연변에는 양국 국기가 게양되고 환영 현수막이 설치되었다. 거리 양편에 수만 명의 군중이 한복차림으로 양손에 꽃다발과 기를 들고 열렬히 환영했다. 군중대회장에는 10만 명 이상이 모여 있었고 중앙 광장에는 레닌, 흐루시초프, 불가닌, 보로실로프와 김일성, 김두봉의 대형 초상화가 곳곳에 전시되어 있었다. 그러나 스탈린의 초상화는 그 어디에도 없었다.[18] 소련 대표단을 의식한 것이었다.

김일성의 노력에도 불구하고, 흐루시초프의 반(反)스탈린 노선은 북한 사회에서는 반(反)김일성 분위기로 확산되었다. 그 중심부에 김일성의 독주를 견제코자 하는 소련파가 있었다. 북한 정권을 수립하는 데 주도적 역할을 했던 소련파는 중국 출신의 연안파와 합세하여 반김 운동을 본격화했다. 그것이 바로 1957년 8월 조선노동당 전원회의에서 소련파와 연안파가 김일성을 공개적으로 비판한 소위 '종파사건'이다. 김일성은 동구권 순방 중에 급히 귀국하는 순발력을 발휘했다. 그 후 그는 반김 세력을 제거하는 데 성공함으로써 '주체'라는 이름으로 자신의 권력을 공고화했다. 이 과정에서 연안파와 함께 소련파가 대거 숙청됨으로써, 소북 관계는 더욱 악화되었다. 소련 주재 이상조 대사와 허진 등 유학생들이 망명했다. 그해 12월 총회에서 김일성은 중국과 소련을 '대국주의, 배외주의'라고 비판했다.

중국계 연안파가 종파사건에 주도적으로 참여하고, 펑더화이(彭德懷)가 미코얀과 함께 김일성을 축출·체포하라는 훈령을 갖고 방북했다는 사실이 나중에 밝혀지면서 북중 관계도 악화되었다. 이에 김일성은 소련과의 관계개선을 간절히 요청했다. 북한은 1957년에 흐루시초프의 방북을 초청하고 1959년 가을 영접준비까지 완료했지만 성사되지 못했다. 1960년 여름에 흐루시초프의 방북을 다시 거론했지만 그가 매우 바쁘다는 것을 이해하고 김일성 자신이 직접 방소할 것임을 밝혔다.[19] 소련도 미국을 견제하는 차원에서 대북 관계를 그냥 방치해둘 수는 없어 직접적인 관계 개선에 나섰다. 흐루시초프는 1958년 3월 31일부터 원자 및 수소폭탄 실험을 일방적으로 중지할 것임을 결정했다. 그리고 김일성에게 친서를 보내 지지를 요청했으며 김일성도 이에 화답했다.[20] 이어 김일성은 1960년 6월 비공식으로 방소하여 흐루시초프와 5시간 이상 회담(6월 16일)을 가졌다. 두 정상은 경제원조, 상호원조 조약, 평화통일과 유학생 문제 등 다양한 분야를 논의했다. 김일성은 방소 결과에 만족했다.[21]

그러나 1960년 10월 모스크바에서 열린 81개국 공산당·노동당 회의 때부터 북한의 태도는 반소·친중으로 선회하고 있었다. 이 회의는 레닌이 집무를 보던 방에서 진행되었으며 흐루시초프와 류사오치(劉少奇)를 축으로 양편으로 갈라진 논쟁이 꼬박 한 달간 계속되었다. 북한노동당에서는 김일이 단장으로 참석했는데, 북한·베트남·알바니아는 중국을 지지하고 나머지 국가들은 모두 소련 편이었다. 김일성은 국제전화로 회의결과에 대한 김일의 보고를 받자 "우리는 백두산에 다시 들어가 감자를 캐먹으면서 유격투쟁을 할지언정 소련의 대국주의적 압력에는 절대로 굴하지 말라"고 지시했다. 당시 사회주의 국가들 간 국제전화는 소련 교환수들이 관리한다는 점에 착안하여 김일성은 자신의 말이 소련 공산당 측에 전달되도록 더욱 큰 목소리로 말했다.[22]

흐루시초프의 방북이 계속 연기됨에 따라 소북 간 동맹조약 서명도 지연되었다. 김일성은 무작정 기다릴 수 없어 1961년 7월 직접 소련을 방문해 「조소우호협력상호원조조약」을 체결했다. 이 조약은 독일을 가상적으로 삼은 소련-동구권 국가들 간 동맹조약과는 달리 상대국을 특정하지 않았고, 공격과 동시에 동맹상의 의무가 발생하는 '자동 군사개입'을 규정했다. 더 기이한 점은, 중소 간 대립이 정점에 이른 상황에서 김일성은 소련과 조약을 체결한지 5일 만에 중국과도 동일 조약을 체결했다. 겉으로 보면 소북 간, 중북 간 동맹관계가 동시에 완성된 것처럼 보였다. 그러나 그 당시 케네디 정권과 교섭 중이던 흐루시초프는 '미국과의 평화공존이 달성되면, 소북 간 동맹조약은 무효가 된다'고 김일성에게 말했다. 결론적으로 신뢰할 수 없는 동맹조약이었다.[23] 김일성은 소련 측에 알리지 않은 채 곧바로 중국으로 달려가 화해하고 동맹조약을 체결했다. 그 후 김일성은 소련 극동에서 단 한 번 브레즈네프와 만났을 뿐, 23년간 모스크바를 방문하지 않았다.[24]

　1961년부터 착수된 북한의 7개년 계획은 소련과 중국의 원조없이는 수행이 불가능했다. 그러나 소련으로서는 처음부터 경제원조나 협력할 의향이 없었고, 게다가 북한의 중화학공업 육성계획이 자국의 이익에 부합되지 않는다고 판단했다. 이 같은 전략적 이념 차이로 인해 소련으로부터 충분한 지원을 받을 수 없게 된 것은 북한에게는 치명적이었다. 평양 방직공장과 흥남 비료공장을 복구할 때도 소련은 국제기준에 비해 월등히 높은 가격으로 재료를 공급했고, 반대로 수십 톤의 금과 대량의 비철금속을 싼 값으로 가져갔다. 소련에 대한 북한의 불만은 적지 않았다. 1961년 10월 소련 공산당 제22차 대회에서 「알바니아 추방」 문제로 흐루시초프와 주은래가 정면으로 충돌했다. 중국 대표단은 즉시 철수했고 김일성 일행도 중국에 동조하여 귀국해 버렸다. 북한이 소련과의 관계를 단절하고 중국 편을 든 최초의 행동이었다.

그 후 중소분쟁 과정에서 북한은 분명하게 친중·반소 입장을 견지했다. 1962년 봄에 로동신문은 '수정주의를 철저히 비판하자' '반제투쟁의 기치를 높이 들자' 등 레닌의 논문들을 게재함으로써 소련을 간접적으로 비판했다. 여름에는 상호경제원조회의(COMECON)를 사회주의 정치경제의 중심체로 재편하려는 소련의 시도에 대해 자립적 민족경제를 내세우며 반대했다. 나아가 그해 말에는 로동신문 사설을 통해 '한 나라가 다른 나라의 내정에 간섭하며 그 나라에 자기의 의사를 강요하는 일은 있을 수 없다'고 강조하면서 북한의 내정에 간섭하려 했던 소련의 태도를 비난했다. 이러한 간접화법식의 비판은 1963년부터 직접적인 비판으로 바뀌었다.[25]

중소분쟁이 격화되고 흐루시초프의 수정주의가 확산되는 상황에서 김일성은 군사·안보적으로도, 경제협력 차원에서도 더 이상 소련을 신뢰할 수 없다는 결론을 내렸다. 특히 쿠바사태에서 보인 소련의 태도는 북한의 탈(脫) 소련화를 더욱 가속화시켰다.

1962년 10월 쿠바사태가 발발했다. 미국이 전쟁불사의 각오로 대처하자 소련은 쿠바와의 약속을 깨고 후퇴했다. 이 사태에서 보인 미국의 강경노선은 북한으로 하여금 국방력 강화를 절감케 했고, 부득이 소련에 군사원조를 요청했다. 그러나 거절당했다. 김일성은 더 이상 소련을 믿을 수 없다는 판단하에 자주방위의 군사 강경노선을 채택했다. 전인민의 무장화, 전국토의 요새화, 인민군대의 간부화, 인민군 장비의 현대화가 그 목표였다. 7개년 경제계획 추진은 일단 뒷전으로 물러가고, '자력 갱생, 민족경제 건설'이라는 경제의 주체사상이 등장했다. 그해 가을부터 약 2년간 단 한 차례의 정부 대표단 교환방문이 없을 정도로 북소 관계는 극도로 악화되었다. 특히, 1963~64년 북한은 노골적으로 소련을 비판했다. 비판의 초점은 소련 지도부의 수정주의적 경향과 분열주의적 책동, 그리고 여전히 코민테른식의 헤게모니를 행사하려는 고압적 자세, 내정에 간섭한 대국주의적 태도, 사회주의적 국제분업의 일방적 강요행위 등에 맞추어졌다.[26]

1963년 8월 김일성은 루마니아 대사에게 "소련은 북한에 원조를 전면 중단했고 그간 제공한 원조품은 모두 일본에서 싸게 구입할 수 있는 물건"이라며 소련을 비난했다. 루마니아 대사의 지적에 따르면, "소련 지도층이 김일성을 미성년 때 회초리로 교육을 시켜야 했는데 그를 칭찬만 하고 정치적 미숙아에게 왕관을 씌워주어 15년간이나 지원해 주었다"는 것이다. 또한 체코 대사의 제보에 의하면, "김일성은 1956년 미코얀과 펑더화이(彭德懷)가 자신을 축출하고 체포하라는 훈령을 갖고 있었음을 상기시키면서 그런 모욕을 참고 흐루시초프를 두 번이나 초청했으나 오지 않아 소련과 진정한 우호 관계는 더 이상 없다는 결론을 내렸다."[27]

김일성은 1963년 9월 평양에서 열린 류샤오치(劉少奇) 중국 주석과의 회담에서 "흐루시초프 등장 이후 소련이 조선 노동당에 압력과 간섭을 행사하며 전복을 시도하고 있다. 조선 노동당은 사상적으로 이미 흐루시초프와 갈라섰다 … 조선은 작은 나라이기 때문에 독자적으로 반(反) 소련 노선을 취하기에는 역량이 부족하다. 중국이 흐루시초프와의 관계가 틀어진다면 조선은 한결같이 중국의 입장에 설 것이다"고 말하면서 친중국 입장을 표명했다.[28]

흐루시초프는 중국 지도층과도 갈등을 빚었다. 그는 소련이 중국에 핵을 제공하면 미국도 서독에 제공할 것이라는 이유로 처음에는 거절했다. 결국 1957년 10월 소련 지도부는 중국의 핵무기 개발에 협력키로 결정하고 150여 명의 기술자를 파견했다. 대만문제도 양국 지도부 간 상호 불신을 증폭시켰다. 중국이 대만문제에 핵을 이용할 낌새를 보이자, 흐루시초프는 중·미 대결에 소련이 말려 들어갈 가능성을 우려했다. 소련 내에서조차도 흐루시초프가 대미 협조를 중시하여 중국과 갈등관계를 야기하는 것에 대해 부정적이었다. 중국은 1964년 10월 16일 핵실험에 성공했다. 바로 그 전날에 흐루시초프는 제1서기직에서 해임되었다. 중국은 자국의 핵실험 성공이 흐루시초프의 해임에 대한 축포라며 기뻐했다.[29]

국제사회의 평화 공존을 표방하고 사회주의의 다양한 길을 인정하면서 스탈린식 전제정치를 부인한 흐루시초프의 등장은 공산주의사뿐만 아니라 세계사에 있어서 가장 중대한 사건의 하나였다. 흐루시초프의 스탈린 격하 및 평화공존 노선은 소북 관계에 있어서는 동맹조약 체결이라는 외형과는 달리 내면적으로는 첨예한 갈등관계를 가져왔다. 게다가 중소 이념분쟁의 틈바구니 속에서 김일성은 '줄타기 외교'를 통해 소련뿐만 아니라 중국과도 동맹조약을 체결하는 등 외교적 실리를 확보해 나갔다.

또한 김일성은 '종파사건'이라는 정치적 위기를 자신의 권력기반을 강화시키는 전화위복(轉禍爲福)의 기회로 활용했다. 특히 흐루시초프의 노선은 김일성-김정일의 부자세습 체제를 정당화시키는 구실로 이용되었다. '레닌과 스탈린을 공격한 흐루시초프를 통해서 혁명위업 계승을 잘못하면 혁명을 망친다. 그래서 김일성의 혁명위업을 훌륭히 계승할 사람은 김정일이다'라는 논리였다. 결과적으로 북한의 입장에서는 내우외환(內憂外患)을 슬기롭게 극복함으로써 오히려 독자적인 주체사상을 확립하는 전기를 확보해 나갔다. 김일성에게 개인숭배 비판을 강요했던 흐루시초프는 결국 실각하고 수교 이후 최저점을 달리던 북소 관계는 새로운 기회를 맞이했다.

III

브레즈네프의 이중성

국교 단절의 위기까지 맞았던 소북 관계는 브레즈네프의 등장과 함께 복원의 전기를 마련해 갔다. 양국 관계가 바닥을 쳤기 때문에 이젠 부상하는 것만 남아 있었다. 국가관계의 경기 사이클도 증권가와 다를 바 없었다. 그러나 복원된 양국 관계는 1950년대와는 질적으로 다른 것이었다. 풍상의 세월을 경험한 김일성으로서는 어느덧 노련한 지도자로 성장해 있었다. 소련으로서는 대북 관계를 정상화하면서도 긴장감을 풀 수 없는 입장이었다. 왜냐하면 북한 정권은 경제적으로는 소련에 의존적이었으나 정치적으로는 보다 자주적인 입장을 견지했기 때문이다. 그러면 브레즈네프 시절에 소북 간 경제협력은 어떻게 이루어졌으며, 정치관계의 친밀도는 어느 정도였는가. 더 나아가 이는 북한이 남한과 미국을 상대로 자행한 도발사례를 통해서도 유추해 볼 수 있다.

1964년 11월 북한은 사회주의혁명 47주년 기념행사에 내각 제1부상 김일을 단장으로 하는 대표단을 소련에 파견했다. 김일은 새로 집권한 브레즈네프 당 제1서기와 코시긴(Косыгин Ф.Н) 내각수상을 면담했다. 다음 해 2월에는 코시긴 수상 일행이 군사·경제 분야의 고위관계자들을 대동하고 북한을 전격 방문했다. 김일성에게 줄 선물도 꼼꼼하게 챙겼다. 마니젤(Манизер)이 제작한 호두나무 상자에 든 레닌 메달 컬렉션, TV(Темп-6м) 1대, 코냑 6병들이 1상자, 연어알 캐비어 6통 등이었다. 4월 15일 김일성의 53세 생일에는 브레즈네프와 코시긴이 축하 메시지를 보내는 것도 잊지 않았다.

1966년 5월에 블라디보스토크에서 김일성-브레즈네프 간 정상회담이 열리면서 양국 간 관계가 급격히 개선됐다. 이 회담에서 극동지역에 북한 벌목노동자를 1만 5천~2만 명 규모로 파견키로 합의한 것도 주목된다. 이듬해 3월에는 북소경제기술협력협정에 대한 시행협정이 체결됐다. 1960년에 체결된 이 협정은 7년 만에 비로소 실효를 거둘 수 있게 되었다. 1966년 6월부터는 소련의 대북 경제원조가 재개되었다. 이듬해에 소련정권 창설 50주년을 기념하여 조소 간 문화학술협력 계획을 광범위하게 준비했다. 주북 소련 대사관에서 작성한 1967년 문화협력 초안은 문화·예술, 학술·교육, 출판물·창작, 보건·스포츠 등 제반 분야를 망라했다.

한편 북한은 흐루시초프 말기부터 소련과의 관계가 악화된 틈을 이용해서 대남 무력통일을 향한 집념을 불태웠다. 1966년 10월부터는 군사력 강화에 박차를 가했다. 정부예산의 절반 이상을 군사 부문에 할애했다. 1965~69년간 북한의 군사비 지출은 3배나 증가했다. 이는 미국의 한국관련 예산지출이 늘어난 데 따른 반작용이었다. 비무장지대의 무력 충돌도 빈발했다.[30]

특히, 김일성은 60회 생일인 1972년 4월까지 한반도 통일을 이룩하겠다는 야욕을 불태웠다. 평화통일을 포기하고 무력통일을 공언함으로써 일촉즉발(一觸卽發)의 전쟁 직전 상황이었다. 동맹조약에 따라 소련은 북한에 대해 핵우산을 보장하고 있었기 때문에 사소한 도발이 소련을 무력분쟁에 휘말리게 하고 초강대국 간 핵전쟁으로 발전할 위험이 있었다. 이를 우려한 브레즈네프 지도부는 1967년 말 동맹조약을 보다 한정적으로 재(再)정의하기 위해 대북 교섭에 착수했다.

북한의 무력통일 기도는 대남 및 대미 도발에서 여실히 증명되었다. 1968년 1월 21일 김신조 일당의 무장공비를 남파하여 청와대 기습공격을 시도했다. 무장공비 31명이 군사분계선을 넘어 청와대 뒷산까지 저항 없이 밀고 들어온 것이다. 이틀 뒤인 1월 23일에는 원산 앞바다에서 미국의 푸에블로호를 나포했다. 한국전쟁 이후 최대 위기가 도래했다.

푸에블로호 사건을 진두 지휘한 인물은 김정일었다. 김일성은 동맹조약에 근거하여 전쟁이 발발할 경우 군사원조를 해달라고 소련에 요구했다. 1월 27일 주소 대리대사 강철근은 그로미코(Громько А.А.) 외상에게 푸에블로호 억류관련 소련 정부의 지지를 요청했다. 그로미코는 이미 북한을 지지하는 여러 조치들을 취했으며 미국의 어떤 압력도 용인할 수 없다는 강경한 성명을 발표했음을 확인했다. 1월 31일에는 김일성이 코시긴 수상에게 비밀친서를 보내 "존슨 도당은 한반도에서 호시탐탐 군사적 모험을 감행하려 하고 있다. 만약 미국이 공화국을 공격해 온다면 평양은 동맹조약에 따라 소련의 지원을 기대할 것이다"라는 입장을 전달했다. 그러면 북한 지도부는 어떻게 행동했는가. 첫째로, 동맹조약상 사전 통보해야 할 의무가 있음에도 불구, 김일성은 소련 측에 신뢰할 만한 정보를 제공하지 않았다. 둘째로, 미국이 선박과 선원을 반환할 것을 요구하자, 북한은 만약 미국이 대북 군사행동을 감행할 경우에 선원을 전원 몰살할 것이라고 협박했다.[31]

한편 미국도 대북 군사작전을 실시할 준비태세를 갖추었다. 존슨은 약 1만 5천 명의 공군·해군 예비병력 일부를 동원할 것임을 선포했다. 미국 항공모함과 호위함이 북한 근해를 향해 이동했으며 오키나와와 남한으로부터 수십 대의 전투기가 출격했다. 남한 주둔 한미합동군은 사실상의 전투태세에 돌입했다. 당시 소련은 핵미사일 충돌위기에 이른 것으로 판단했다.[32]

김정일은 푸에블로호 납치가 북한의 주권을 유린하는 미국 제국주의 침략자에 대한 정당한 자위적 조치라고 주장했다. 아울러 "푸에블로호는 우리의 전리품으로 놈(미국)들이 항복서를 낸다 해도 돌려주지 않겠다"는 입장을 견지했다. 당시 외교권한을 갖고 있던 코시긴 수상이 존슨 정권과 협상에 착수했다. 미국 정부도 소련의 중재하에 북한과 직접·비밀 교섭을 하기로 결정했다. 브레즈네프는 '북한 군부는 극단적인 입장을 고수하고 있으며 사태 해결을 위한 어떠한 의향도 내비치지 않고 있다'며 북한의 강경한 태도를 비판했다.[33]

1968년 2월 2일 코지레프(Козырев С.П.) 부외상은 미국에 통보할 소련 측의 입장을 다음과 같이 정리했다. 첫째로, 미국은 감정에 호소해서는 안 되며 실무적 자세로 조용히 검토해야 한다. 둘째로, 미국은 사건 해결을 목적으로 무력을 행사하겠다는 모험을 해서는 안 된다. 셋째로, 미국은 북한과 직접 교섭해야 한다. 넷째로, 미국은 유엔 안보리에서 이 문제를 논의하며 소동과 선전을 일삼아서는 안 된다.

2월 26일 주소 미국 대사 톰슨(Tomson)은 그로미코 외상에게 '미국 정부는 신중하게 문제를 해결하려고 노력 중이며 소련 측의 권고에 따라 무력 전개 계획을 변경했다'고 말했다. 5월 5일 톰슨은 푸에블로호 승무원을 북한과 우호적인 국가에 인도해 주기를 희망하면서 소련이 그중 한나라가 될 수 있음을 시사했다. 그로미코는 영해침범 사실을 시인하고 불법행위에 사과하는 것이 미국의 현명한 해결방법이라고 조언했다.[34] 마침내 82명의 미군 승조원이 그해 12월에 석방되었다. 선박은 현재도 대동강변에 정박되어 '미 제국주의자를 증오하는 교육용'의 북한 선전물로 이용되고 있다. 푸에블로호 위기는 소련의 끈질긴 중재에 의해 미·북 군사대표들 간 협상을 통해 마무리되었다. 김정일은 '어느 국가(소련 의미)의 지도부가 억류 중인 푸에블로호를 조용히 풀어줄 것을 조언했다'면서 소련의 중재를 간접 시인했다. 그러나 이러한 위기사태가 북소 관계를 악화시키는 요인으로 작용했다.[35]

1968년을 전후하여 소련과 북한은 한반도 정책을 각각 독자적으로 검토하기 시작했다. 북한이 처음으로 대남 관계 개선을 고려한 것은 1970년 소련과 동맹 10주년을 앞둔 시점이었다. 1971년 9월 김일성은 일본 아사히 신문사 간부에게 "남북 동시에 동맹조약을 무효화할 것"을 주장했다. 10월에 소련을 비공식 방문한 북한 간부는 브레즈네프에게 '전술적으로' 동맹조약을 무효로 하자고 제안했다.[36] 그리고 1972년 남북 7·4공동성명도 소련에 통고 없이 이루어졌다. 그해에 북한은 비동맹운동 참가를 표방하고 동맹관계를 일방적으로 파기한다고 주장했다. 1975년 베트남 통일을 목격하면서 북한은 자신의 힘에 의한 한반도 통일을 과신했다. 이로 인해 소련과 관계는 난관에 봉착했다. 이것이 소북동맹조약의 숨겨진 진실이었다. 경제분야에서는 우대조치를 받았지만 양국 간 동맹조약은 사실상 이름뿐이며 사문화된 것이나 다름없었다. 미소 냉전만이 유명무실한 조약의 사망선고를 연기시키고 있었다.[37]

1973년 12월 소련 외무성 극동1과에서 지적한 소북 관계의 문제점

브레즈네프

은 이렇다. 첫째로, 북한은 소북어업협정을 수시로 위반하고 있다. 소련 외무성 그리고 국경수비대가 경고했는데도 북한 어선은 소련 영해에서 어로행위를 계속하고 있다. 둘째로, 극동에 거주 중인 북한인 3만 5천여 명 중에 1만 7,500명이 북한 국적을 갖고 있다. 북한으로 귀국하기를 원하면 갈 수 있다. 그러나 대다수 북한인들은 귀국을 바라지 않는다. 셋째로, 1970년부터 평양에서 중국 잡지 『훈치』를 한국어로 번역하여 판매하고 있다. 내용은 주로 반소적인 것이다. 최근에도 북한에서는 소련을 비방하는 중국의 여러 자료를 공개했다. 넷째로, 북한 정부는 최근 수년간 안드로포프 KGB 의장, 그로미코 외상, 그레츠코 국방상 등 고위인사를 공식 초청했으나 구체적인 방문일자와 준비내용을 회답하지 않고 있다.[38]

소련은 당시 데탕트 정책과 상충되는 북한의 대남 및 대미 도발행위를 엄중히 경고했고, 이는 양측 모두에게 민감한 정치적 문제로 비화되었다. 사실 브레즈네프도 외교정책의 기본 목표를 혁명기지로서의 소련의 국익 보호와 확대에 두었다. 그는 집권 기간 중 열세였던 대륙간 탄도탄과 해·공군력을 대폭 증강시킴으로써 대미 군사력 균형을 가져 왔다. 아울러 아프리카와 중남미에 대해서도 영향력을 지속 확대하고 다원화되는 공산세계 속에서 종주권을 고수했다. 그는 전 세계의 관심을 끌었던 전략무기제한협정(SALT 1·2)을 타결함으로써 미국과의 협력관계를 더욱 다졌다.

그러나 그는 데탕트의 흐름 속에서도 프롤레타리아 국제주의를 고수했고 소련의 국가이익을 추구했다. 국내의 반체제운동을 탄압하는 데 있어서는 기득권 보장과 체제보위를 위해 일보도 물러서지 않는 단호함을 보였다. 1968년에 제한주권론을 방패삼아 독자적인 사회주의의 길을 추구하려는 체코를 무력으로 침공했다. 프라우다 지는 「브레즈네프 독트린」으로 알려진 제한주권론으로 그 침공을 정당화하려고 했다. 제한주권론은 중국과의 관계를 더욱 악화시켰다. 사회주의 체제가 붕괴 또는 위험에 처할 때 개입할 수 있다는 브레즈네프 독트린은 사실상 그 목표가 중국에 있었기 때문이다. 중국은 체코 침공 당시에 유고의 소련에 대한 저항정신을 찬양했고 유고 지도자 티토와 친밀하게 지냈다. 중소 관계 악화는 미중 관계의 개선으로 나타났다.

브레즈네프의 대북 관계 개선도 이러한 대외전략의 연속선상이었다. 소련은 1978년에 아프간을 침공한 데 이어 1980~81년에는 폴란드 사태에 우회적으로 개입하는 등 치열한 대국주의적 이기주의를 보였다. 그러나 동유럽의 자유화 운동과 탈소 노선을 추구하는 유로코뮤니즘의 대두 및 국내의 반체제운동 때문에 적지 않은 곤욕을 겪었다. 18년간의 장기 집권에도 불구하고, 브레즈네프는 개인 숭배형의 독재자라기보다는 체제의 안정화를 구축했던 지도자로 인식되었다.

다시 북소 관계를 보자. 북한 경제의 대소 의존은 1970년대 전반기에 심화되었다. 이 기간 중에 소련은 30개의 공장건설을 지원키로 했으나 20개만 완성했다. 북한 스스로도 7개년 계획이 석탄과 전력만 목표달성을 했다고 발표했다. 당초 계획에는 미치지 못했으나 소련의 대북 지원 규모는 결코 적지 않았다. 소련의 10차 5개년 계획이 시작되는 1976년 1월에 북한의 공진태 부총리가 소련을 방문해 1976~80년간 장기무역협정을 체결했다. 표면적으로 이것은 북소 간 재출발의 신호였다. 소련은 경제적으로 북한을 한층 은밀하게 끌어 당겼다. 1977

년 1월 북한은 박성철 총리를 단장으로 하는 경제대표단을 모스크바로 파견하고 차기 7개년 경제계획(1978~84)을 수행하기 위해 소련의 지원을 요청했다. 소련은 10차 5개년 계획기간 중이지만 북한이 요청하는 16개 공장의 신규 건설 및 확장을 위한 재정지원과 기술원조를 결정했다.[39]

1965~72년간 소련의 대북 군사지원 규모도 다양하고 상당한 수준이었다. 이때 지원된 소련의 군사 장비와 기술이 북한 군사력의 근간이 될 정도로 대규모였다. 그러나 브레즈네프 집권 후반기인 1983년대 초까지 북한 군사력을 현상 유지시키는 선까지 군사지원을 감축했다. 반면 이 시기에 소련은 제3세계와 비동맹국들에 막대한 양의 군사 장비와 기술을 제공했다. 1969년부터 약 10년간 제3세계와 비동맹권에 제공된 소련의 군사원조는 약 300억 달러에 달했지만 대북 군사지원은 5억 달러에 그쳤다. 그 배경은 1960년대 후반 북한의 대남 도발 등으로 인한 괘씸죄 때문이었다.

1976년 4월 4일 김일성은 인민군의 날에 모택동 아들 묘와 중국 의용군 전몰용사 묘에 헌화했다. 중국 정부를 의식한 행보였다. 아울러 그해 9월 7일 주소 신임대사 김재봉이 신임장 제정차 그로미코 외상을 예방한 자리에서 북한 지도층의 입장을 전달했다. 즉, "김일성은 항일 투쟁과정에서 '조선인민이 소련을 방어하자'라는 구호하에 싸웠으며 소련군은 조선혁명전사와 함께 일본 제국주의를 분쇄하고 조선해방을 도와주었다고 말했다"한다.[40] 이러한 북한의 입장은 철저하게 계산된 것이었다.

1980년 12월 소련 외상 그로미코와 조선 외교부 부부장 이종목은 브레즈네프-김일성의 베오그라드 회담을 화제로 삼았다. 그로미코는 최근 양국 지도자 간 접촉이 자주 없었지만 짧은 시간이나마 유고 수도에서의 정상회동은 큰 의미가 있다고 말했다. 이종목은 공감을 표시하면서 양국 수뇌의 베오그라드 회담을 북소 관계의 중요한 분기점으로 생각한다고 했다. 김일성도 조선노동당 제6기 대회에 참석한 소련 대표단을 접견한 자리에서 이 회담을 상기시키며 양국 관계 발전을 강조했다. 김일성과 김정일은 소련대표단이 불편이 없는 지 큰 관심을 보였고 양국의 우호관계를 어느 나라도 방해하지 못할 것이며 방해 받아서도 안 된다고 화답했다.[41]

1982년 11월 10일 브레즈네프가 사망했다. 1970년대 중반부터 질병을 앓아온 브레즈네프는 그해 3월에 뇌졸중을 일으켰다. 정치국에 수차례 사임 의사를 밝혔으나 고령의 지도층 인사들은 브레즈네프 사임이 자신들의 해임으로 연결될 것을 우려해 거부했다. 또한 미국과의 체제 경쟁이 진행되는 과정에서 그의 건강상태는 사망할 때까지 국가 최고 기밀이었다. 철의 장막이라는 이름에 걸맞게 소련의 관영 매체는 지도자의 건강상태를 보도하지 않았다. 미국은 브레즈네프의 건강 정보 획득에 필사적이었다. 그가 해외 방문 시 볼일 보고 나서 물을 내린 화장실에 스파이를 침투시켜 소변 성분을 채취해 분석했다는 일화도 있다.

흐루시초프 말기에 국교 단절의 위기까지 맞았던 소북 관계가 브레즈네프의 등장으로 복원의 전기를 마련해 갔다. 답보상태에 있었던 양국 간 현안이 전반적으로 활력을 찾아갔다. 그러나 복원된 양국 관계는 1950년대와는 질적으로 다른 것이었다. 소련은 대북 관계의 정상화에는 성공했지만 그 대가로 북한의 자주성을 인정해야 했다. 아울러 '마르크스·레닌주의를 조선혁명에 창조적으로 적용해 오면서 성립되었다'는 주체노선도 인정해야 했다. 북한은 소련과 사전 조율 없이 남한에 무장공비도 침투시키고 미국 정찰함도 나포하는 대담성을 보였다. 북한정권 창건 이후 종속관계였던 북소 관계가 적어도 외형적으로는 동등관계로 재정립되었다. 브레즈네프의 입장에서는 국제사회에서 좌충우돌(左衝右突)하는 북한에 대해 '당근과 채찍'을 적절히 구사하는 외교수완을 발휘해야만 했다.

IV

체르넨코와의 동거

브레즈네프가 사망하자, 반(反) 브레즈네프 세력인 안드로포프가 서기장에 취임했다. 그러나 1984년 안드로포프는 집권 1년 만에 사망하고 체르넨코가 권력을 승계했다. 김일성은 브레즈네프-안드로포프-체르넨코 체제로 이어지는 숨가쁜 권력교체기를 최대한 활용하여 소련과 우호관계를 회복하는데 주력했다. 냉전주의자인 체르넨코도 대서방 강경노선을 추구하면서 사회주의 동맹국인 북한과의 관계를 심화시키는 데 적극적이었다. 이 시기의 소북 관계는 스탈린 시대를 방불케 할 만큼 최상의 관계로 격상되고 있었다. 양국 간 교류·협력의 구체적 사례를 보자.

안드로포프는 KGB 의장 출신의 강경 냉전주의자로서 장막 너머로는 미국과 체제경쟁을, 장막 뒤에선 자신의 건강과 씨름하고 있었다. 그는 짧은 재임기간 중에 서방과의 군사대결에 열을 올렸다. 1983년

9월 대한항공 007기가 소련 전투기에 의해 격추되었던 것도 이와 무관치 않았다. 미국 레이건은 이러한 안드로포프에 대해 '악의 제국' 이라는 딱지를 붙이고, 국방 예산을 두 배로 늘려 소련의 핵미사일을 우주공간에서 파괴하는 전략방위구상(SDI)을 추진했다. 그러나 안드로포프는 집권 후 얼마 지나지 않아 병상에 누웠다. 그가 113일이나 공식석상에 나타나지 않았지만 공식적인 당국의 설명은 감기를 앓고 있다는 것이 전부였다.

안드로포프가 단명으로 끝나고, 그와 동년배인 체르넨코가 서기장에 선출되었다. 체르넨코는 냉전주의자로서 흔들림 없는 대서방 강경 입장을 견지했다. 이것은 역으로 북한을 비롯한 사회주의 동맹국들과의 관계를 강화시키는 계기가 되었다. 김일성으로서는 체르넨코의 등장을 쌍수를 들고 환영하는 입장이었다. 북한의 언론매체도 소련 국민들의 위대한 사회주의 건설의 위업을 찬양하는 내용을 대대적으로 방송했다.[42]

1984년 5월 23일 김일성은 전용열차 편으로 300여 명의 대규모 수행원을 대동하고 모스크바 야로슬라브역에 도착했다. 1961년 10월 소련공산당 23차 전당대회에 참석한 이래 23년 만이다. 브레즈네프가 집권한 18년간 그는 여러 차례 모스크바 방문을 시도했으나 번번히 거절당했다. 브레즈네프가 사망하고 안드로포프에 이어 체르넨코가 서기장에 취임하자 김일성을 곧바로 모스크바로 초청한 것이다. 특별 열차편으로 청진을 떠나 중국을 거쳐 모스크바를 향했다. 5월 16일~7월 1일 47일간 소련과 동유럽 7개국을 연쇄 방문한 장기간의 해외순방이었다. 폴란드, 동독, 체코, 헝가리, 유고, 불가리아, 루마니아 등 동유럽 7개국을 국빈자격으로 방문했다. 이 방문은 오랫동안 치밀하게 계획됐고 일정은 매우 빡빡하게 짰였다.[43]

김일성의 모스크바 방문은 만 하루였지만 소련 지도부는 김일성을 최고의 예우를 갖추어 접대했다. 크렘린 광장에서 환영식과 전별식을 거행한 것도 이례적이었다. 체르넨코와는 환영만찬을 포함해서 3차례나 정상회담을 가졌다. 양 정상 간 만남에서는 요청사항도 많았고 합의사항도 적지 않았다. 그간 얼어붙었던 양국 관계가 해빙기를 맞이한 것이다.

체르넨코

김일성은 특유의 스타일로 양국 국민사이의 전통적 우의에 대해 수차례 강조했다. '인민의 형제들이요 피를 나눈 전쟁 동지들이며 공동 이념하에 투쟁했던 긴긴 세월' 등 언어의 성찬을 늘어 놓았다. 소련이 국제적 긴장을 해소하고 3차 세계대전의 위험을 차단하기 위해 부단히 노력하고 있음을 상기시키는 것도 잊지 않았다.[44] 체르넨코는 북소 동맹조약이 양국 관계 발전에 있어서 주춧돌 역할을 할 것이며 극동의 평화와 안전에 중요한 요소임을 강조했다. 김일성에게는 이러한 칭찬이 별로 달갑지 않았다. 북한에서는 철저하게 자신의 자립(주체)을 선언했기 때문에 동맹조약을 상기시키는 것은 유쾌한 일이 아니었다. 아울러 그는 북 측이 제안한 미북 간 휴전협정의 평화협정 대체, 한반도 비핵화 및 남북한 간 불가침선언 서명 등에 대해서도 적극적인 지지입장을 표명했다.

김일성의 소련 방문 중에 장관급 회담으로서 내각대표 티호노프-강성산, 외무장관 그로미코-김영남, 국방장관 우스티노프-오진우 간 회담도 동시다발적으로 열렸다. 북한의 7차 경제개발계획(1985~91년)

을 위한 소련의 지원을 보장하는 경제협력협정이 체결되었다. 한·미·일 군사협력에 대항하기 위한 소북 간 상호 군사지원 협정도 맺었다. 더 나아가 1970년대 이래 소련에게 꾸준히 요구해온 「원자력발전소 건설을 위한 기술 및 설비지원 협정」 체결문제도 합의되었다.[45]

가장 주목할 만한 것은 소련이 북한의 끈질긴 요구에도 불구하고 응하지 않았던 신예기 MIG-29을 제공했다는 사실이다. MIG-29는 수출용으로서는 소련 보유형에 가장 가까운 최신형 모델이었다. MIG-29 공여조건은 대부분 무상원조였다.[46] 스탈린 집권기를 연상시키는 소련의 대북 지원이었다.

무기 지원보다 더 주목할 만한 것은 북한이 소련에 군사기지를 제공한 것이었다. 소련은 자국 함정이 정박할 수 있는 항구 제공과 베트남으로의 비행이 용이한 영공 개방을 북한에 지속적으로 요구해 왔다. 마침내 소련 함정은 북한의 청진, 나진, 웅기, 원산에 이르는 거의 모든 항구에 자유롭게 기항할 수 있게 되었다. 북한은 소련의 캄란만 기지 활성화를 위해 북한영공을 통과하는 비행루트를 제공했다. 소련 공군의 정보비행과 공격훈련을 위한 북한영공 통과도 허용했다. 극동 군사기지와 캄란만을 직선으로 연결함으로써 비행 거리와 시간을 단축시키고 연료 소모량을 절약하는 등 소련 공군의 작전능력을 대폭 향상시켰다.

이처럼 북한이 소련의 군사개입을 허용한 것은 매우 적극적인 입장 전환이었다. 장기적으로 중국과의 관계 악화에도 아랑곳하지 않겠다는 의미를 내포하고 있었다. 이는 소련 항공기가 북한 영공을 통해 중국 지역에 대한 정찰비행을 허용한 것이나 마찬가지였다. 중국으로서는 참기 어려운 고통이며 소련으로서는 중국에 대해 전략적 우위를 누릴 수 있는 조건을 확보한 셈이다. 북한과 소련의 이러한 군사적 밀착은 고르바초프의 개혁이 본격적으로 추진되기 시작했던 1980년 대 중후반까지 지속되었다.

김일성 자신에게 있어서 모스크바 방문은 또 다른 감회를 갖게 했다. 우선 23년 만의 소련 나들이가 고향에 온 기분이었다고나 할까. 동유럽 순방을 마치고 다시 소련의 국경도시인 브레스트에 도착했다. 브레스트역 플랫폼으로 나와 그의 특유의 포즈인 두손을 허리에 기대는 자세를 취하면서 입에 미소를 머금은 채 "마침내 다시 집에 왔구나"라고 중얼거렸다. 양국 수행원들은 김일성이 소련을 북한으로 착각한 것이 아닌가 의아했다.[47]

또한 김일성은 체르넨코와의 비공식 대화 자리에서 "이번이 자신의 마지막 외국방문이며, 앞으로 아들 김정일과 강성산 총리가 자신의 위임을 받아 외국을 방문할 것이다"라며 양해를 구했다. 김일성의 방문이 김정일을 소련 측에 공식 소개시키려는 목적이 있었음을 짐작케 하는 대목이다. 그것은 김일성의 모스크바 일정에서도 잘 나타나 있었다. 그의 모스크바 방문일정은 단 하루였고 체르넨코와의 정상회담이 체류일정의 전부나 다름없었다. 김일성은 방소길에 오르기 전에 모든 권력을 아들에게 이양하고 제2선 퇴진을 구상하고 있었던 것 같다. 사실 김정일은 1974년에 후계자의 위치를 확고하게 굳혔고 1980년 이후 그의 권위는 아버지를 능가하는 수준에 이르렀다.

김정일은 하늘을 찌를 듯이 솟아오르는 새로운 권력의 상징이었고 아버지 김일성은 노쇠하여 서산으로 지는 태양과 같은 대우를 받았다. 모든 간부들은 김일성 앞에서는 마치 불상을 대하듯 최고의 존경을 바쳤지만, 실제로는 김정일의 지시에 따라 움직였다. 김정일의 세상이 된 것이다. 이를 반증하는 사례가 있다. 1982년 1월 김정일은 노동당 핵심 멤버인 황장엽, 허담, 오진우, 김철만 등과 함께 김일성의 방중계획 중지를 요청하는 보고서를 연명으로 작성하여 부친에게 올렸다. 원래 중국 정부에서는 그해 4월에 김일성을 초청해서 70회 생일을 성대하게 치러 준다는 계획을 갖고 있었다. 그러나 김일성이 중국 방문을 취소했고 그 이유가 아들의 반대 때문이라는 사실에 중국 지도부조차도 깜짝 놀랐다.[48]

김일성 방소 이후 양국 관계는 제반 분야에서 급진전되고 있었다. 1985년 12월에 모스크바에 북한 내각수상 강성산이 방문했다. 강성산과 티호노프는 김일성 방소 시 양국 지도자 간 서명했던 협정을 발전시키는 후속조치를 실시했다. 경제과학기술협력협정, 북한의 원자력발전소 건설협정 및 1986~90년간 경제무역 협력발전 협상결과에 대한 의정서 체결 등이다. 소련은 산업시설에 대한 차관을 공여했다. 북한에게 특히 중요한 것은 원자력발전소 건설협정이었다. 평양은 오래전에 소련으로부터 원자력발전소 설비를 도입했다. 소련 측은 그간 원자력발전소 건립을 거부해 왔다. 가장 중요한 이유로는 북한이 핵확산금지조약(NPT) 회원국이 아니었기 때문이다. 북한은 1985년 12월에 NPT에 가입했다. 이것은 원자력의 평화적 이용분야에서의 협력을 확대할 수 있는 가능성을 열어 놓았다. 소련이 북한에 제공하는 경제·군사 원조의 규모도 적지 않았고 소련도 북한을 긴밀한 동맹으로 우대했다.[49]

소련이 북한을 품안으로 급히 끌어들인 배경은 다양하다. 1979년 12월 말 소련의 아프간 침공을 계기로 레이건의 대소 강경노선이 지속되었고 미·일·중 사이에 반소 연합전선이 형성되기 시작했다. 미국을 비롯한 서방진영 국가들이 1980년 모스크바 올림픽에 불참했다. 이에 대한 보복으로 소련을 위시한 동구권이 1984년 LA올림픽을 보이코트했다. 미중 간 군사교류가 확대되고 한중 간 경제교류도 대폭 신장되었다. 한미 간 군사협력이 지속 발전되고 남한의 대북한 외교적 우세도 심화되었다. 김일성 입장에서는 남한의 부상을 좌시할 수는 없었고 중국 지도자들에게도 크게 실망하고 불안감마저 느꼈던 것이다. 무엇보다도 중국이 개방화 정책을 가속화하면서 체제와 이념적으로 사회주의권을 이탈하여 자본주의 국가들과 손잡는 것을 수수방관만 할 수는 없었다.[50] 소북 관계가 긴밀화되는 이면에는 이처럼 양국 간 '공통의 이해영역'이 확대되고 있었던 것이다.

체르넨코는 1984년 2월에 공산당 서기장에 취임하여 이듬해 3월에 사망함으로써 1여 년 만에 단명으로 끝났다. 소련 역사상 잠시 거쳐가는 지도자로 기록되고 있으나 북한과의 관계에서는 적지 않은 족적을 남긴 인물이었다. 무엇보다도 한반도를 중심으로 한·미·중의 협력관계가 심화되는 상황에서 북한이 의지할 수 있는 나라는 소련뿐이었다. 때문에 소북 양 측은 전례 없는 군사적 밀착관계를 구축할 수 있었다. 또한 소련의 전폭적인 지지로 북한은 원자력발전소 건설을 비롯해서 제반 분야의 경협을 강화시킬 수 있었다. 특히 간과해서는 안될 사항은 김일성이 소련 방문을 통해 김정일의 권력승계를 공식화했다는 점이다.

V

고르바초프와의 악연

    1985년 3월 체르넨코의 갑작스런 사망으로 고르바초프는 소련 최고의 지도자로 급부상했다. 50대 초반의 고르바초프는 20세 이상 고령이었던 전임자들과는 확연히 달랐다. 개혁(перестройка)과 개방(гласность)의 기치를 높이 들면서 철의 장막을 걷어내고 국제 무대에 등장한 고르바초프는 서방의 이목을 집중시킬 만했다. 그는 흐루시초프의 정신적 제자였다. 당대회의 날짜를 잡을 때도 1956년 흐루시초프가 스탈린 격하 연설을 했던 20차 당대회 날짜와 같은 날을 택했다. 스탈린 격하는 페레스트로이카의 등장을 예언한 제1차 개혁이었다. 고르바초프는 흐루시초프의 개혁이 수구파의 반격으로 실패해 실각한 것으로 평가했다. 미국과 군비경쟁을 계속한다면 소련은 살아남을 수 없을 것이라는 인식이었다. 서방에서는 그에 대한 찬사를 아끼지 않았다.

    미국 레이건 대통령은 '이제야 대화가 가능한 소련 지도자를 만났다' 면서 고르바초프의 등장을 열렬히 환영했다. 안드로포프와 체르넨코 재임 시 소련을 '악의 제국'으로 규정하고 대화를 단절했던 레이건이 취임 직전에 '가장 빠르고 편리한 시일에 워싱턴에 초대하고 싶다'는 친서를 고르바초프에게 보냈다. 그해 11월 아이슬란드에서 역사적인 미·소 정상회담이 이루어졌다. 양 지도자는 획기적인 전략무기감축협정을 타결하는 등 냉전 종식의 금자탑을 쌓았다.

그러면, 고르바초프의 등장이 북한에 던지는 함의는 무엇이었는가. 서방이 열광하면 할수록 북한 정권의 입장에서는 긴장하지 않을 수 없었다. 흐루시초프의 정신적 제자로 자처하는 것만으로도 흐루시초프 당시의 악몽을 연상시키기에 충분했다. 게다가 김일성에게는 개인적인 악연까지 있었다. 체르넨코 때 다졌던 양국 간 우의가 하루아침에 물거품이 될 수도 있었다. 김일성도, 고르바초프도 살얼음을 밟는 기분으로 상대를 향해 한 걸음씩 다가갔다.

고르바초프의 개혁·개방 정책에 대해 사회주의 형제국들은 크게 환영하는 입장이 아니었다. 특히 김일성은 소련과의 관계를 어렵사리 회복한 지도 1년이 채 안 된 상태였다. 설상가상(雪上加霜)으로 고르바초프의 공산당 중앙위 정치국 후보위원 시절에 불미스러운 사건까지 있었다. 김일성은 1980년 10월에 개최되는 제6차 조선노동당 회의에 소련공산당 대표단을 초청했다. 소련 측은 대표단장으로 고르바초프를 임명했다. 고르바초프는 설레는 마음으로 북한 방문을 준비하고 있었다. 농업문제를 관장하고 있는 정치국 후보위원이 대표단장으로 간택된 것만으로도 영광이었다. 더군다나 처음으로 가보게 될 북한에 대한 기대감도 적지 않았다. 그러나 김일성은 소련 측에 대표단장을 교체해 줄 것을 요구했다. 대표단장의 격을 최소한 정치국 정 위원으로 격상시켜 달라는 것이다. 최악의 경우에는 소련 대표단을 접수하지 않을 수도 있다는 강경한 입장을 고수했다. 중국 대표단장도 공산당 중앙위 정치국 정위원이라는 것이다. 북한 측의 집요한 요구로 소련 공산당 지도부는 당 중앙위 결정을 번복하지 않을 수 없었다. 정치국 정위원이며 모스크바시 제1서기인 그리신으로 대표단장을 교체 파견했다. 이렇게 해서 고르바초프의 방북 꿈은 무산되었고 그의 뇌리 속에 김일성은 괘씸한 존재로 각인되어 있었다.[51]

고르바초프는 1986년 1월에 세바르드나제 외상을 특사자격으로 북한에 보냈다. 소련 외상으로서는 최초의 북한 방문이었다. 외형적으로는 지난해 가을에 있었던 김영남 외교부장의 소련 방문에 대한 답방형식이었다. 소련 측은 사실상 북한의 모든 제안을 지지했다. 즉, 한반도 비핵화, 남북한-미국 3자 간 정치군사회담 개최, 북미 간 평화협정 체결, 남북 간 정당·사회단체의 합동회의 소집, 남북 간 불가침선언 서명 등이었다. 김일성과 측근들은 사회주의 국가들에 의한 남한 인정이 북한의 대외관계를 약화시킬 뿐만 아니라 정치·경제적으로 사회주의 국가들에 전적으로 의존하고 있는 북한정권의 기초가 흔들릴 것을 우려했다. 왜냐하면 1980년대 많은 국가들이 남북한 양측과의 외교관계 설정을 지지하는 분위기였다. 다만 두 개의 사회주의 동맹국인 소련과 중국만이 아직 남한을 인정하는 것을 보류하고 있었다.[52]

그러나 세바르드나제의 실질적인 방북 목적은 강성산 총리가 지난해 12월 모스크바 방문 시 제기했던 김정일의 방러 문제에 대한 입장을 전달하기 위한 것이었다. 소련 외상은 1월 21일 김일성을 예방하여 양국 지도자 간 상호 교환방문 초청을 제의했고 '김정일의 소련방문을 공식 초청한다'는 고르바초프의 친서를 전달했다. 이것은 고르바초프가 세바르드나제를 통해 최고지도자로서 김정일의 지위를 공식 인정한 것이다. 다른 한편으로는 김일성을 배제하겠다는 무언의 메시

지도 담겨 있었다. 물론 김일성 입장에서도 반길 수밖에 없는 상황이었다. 소련뿐만 아니라 다른 사회주의권에서도 김정일의 지도력과 위상을 인정하는 파급효과가 예상됐기 때문이다. 나아가 미래의 김정일 체제와 북한의 정치안정을 위해서도 더할 나위 없이 확실한 안전장치인 셈이었다.53)

1986년 10월 김일성의 소련 방문은 김주석 자신의 주도하에 이루어졌다. 23년 만에 있었던 2년 전 방문이 마지막이 될 것으로만 생각했는데 예기치 않게 또 한 번의, 그것도 고르바초프의 초청으로 전격 이루어진 것이다. 감격스러운 일이 아닐 수 없었다. 주로 열차를 이용했던 관례에서 벗어나 이번에는 항공편으로 방문했다. 10월 24~26일간 방문일정은 비록 실무방문 성격이었으나 전반적으로 공식방문의 의전에 준해 준비되었다. 김일성과 고르바초프 사이에 두 차례의 정상회동이 있었다. 고르바초프는 환영만찬 연설에서 김일성의 개인적 능력을 극찬하면서 '국제무대에서 경륜을 갖춘 활동가이며 탁월한 공산주의 운동가'로 소개했다. '불멸의 장군, 민족의 태양' 등의 존칭에 익숙해 있던 김일성을 위압하지 않을 수 없었다. 이 회담에 참여한 메드베데프 보좌관은 '김일성은 보통인간이었으며 러시아어도 이해하고 자유롭게 사고하는 데 놀랐다'고 회고했다.

고르바초프는 비록 첫 회동이었지만 김일성의 의중을 훤히 꿰뚫고 있었다. 2년 전 김일성이 체르넨코와의 회담에서 제기한 경제·군사 원조에 대한 약속을 재확인했고 체르넨코가 약속한 것보다

고르바초프

도 더 우수한 첨단무기를 제공하겠다는 호의를 보였다. 또한 소련은 한국과의 교역을 결코 추진하지 않을 것임을 밝혔고 서울올림픽에 참가할 것인지는 아직 결정되지 않았다고 말했다. 모두 계산된 발언이었다. 김일성은 고르바초프에게 미·중 접근과 페레스트로이카의 추진 속에서 한반도 문제를 방치하는 것이 아니냐는 우려를 전했다. 그러나 귀국한 김일성은 교조적인 반응을 보일 뿐이었다. 개혁을 한다는 것은 자신의 정치적 입장을 근본적으로 바꾸는 것이 되기 때문이었다. 마찬가지로 김일성을 대하는 고르바초프의 태도에도 양면성이 있었다. 그 양면성의 이면에는 현격한 차이를 보이는 남한의 경제력이 유혹하고 있었다. 특히 남한의 북방정책을 흥미롭게 주시하면서 내면적으로는 새로운 관계정립의 시기와 형식을 저울질하고 있었다.[54]

소련은 1984년 8월부터 이미 남한과 비공식 교류를 개시했고 소련 공산당 중앙위원회도 이듬해 5월에 한소 관계를 대폭 격상시키는 결의안을 채택했다. 1986년 4월에는 서울에서 개최된 제5회 올림픽국가평의회에 소련 대표가 참석했고 비공식 채널을 통해 소련의 서울올림픽 참가의사를 밝힌 상태였다. 1980년 모스크바 올림픽에 이어 1984년 LA 올림픽도 반쪽 경기였기 때문에 소련으로서도 서울올림픽을 보이콧할 입장이 아니었다. 소련의 서울올림픽 참가가 기정사실화된 상태에서도 세바르드나제 외상은 어떤 경우든 남한정권과 공식적인 관계를 설정하지 않겠다는 확고한(?) 태도를 보여야만 했다. 그는 어눌한 그루지야 사투리로 "나는 공산주의자로서 맹세컨데 그러한 불상사는 일어나지 않을 것이다"라고 단호한 어조로 선언했다.[55]

1988년 5월 김영남 외교부장은 서울올림픽 보이콧을 설득하기 위해 모스크바를 방문했다. 소련은 서울올림픽에 참가하는 동시에 북한의 체면을 세워주기 위해 평양 세계청년학생 축전에도 참가키로 결정했다. 세바르드나제 외상은 '한국을 승인할 계획이 없다'는 기존의 입장을 번복했고 이러한 언행 불일치는 북한 지도자를 격분시켰다. 세바르드나제의 예방을 거절한 김일성은 NPT 탈퇴를 밝히면서 "소련의 행동은 사회주의 체제를 붕괴시키는 문을 열게 될 것이라고 비난했다. 또 소련이 한국과 관계개선에 나선다면 북한은 얄타협정 내용 중 쿠릴 열도를 문제삼아 이 섬의 일본 반환을 지지할 수 있다고 협박했다.56)

고르바초프가 추구하는 아태정책의 골간은 역내 긴장완화를 통해 중국·일본과의 관계를 개선하고 소련이 아시아의 실세로 부상하는 것이었다. 이러한 고르바초프의 구상과 정책은 김일성의 생각과는 전혀 다른 것이었다. 김일성은 고르바초프의 구상을 블록외교의 부활이라는 고식적인 눈으로 읽고 있었다. 소련의 입장 변화를 제대로 판단하지 못하고 있었던 것이다. 고르바초프가 군사적으로 북한을 지원하고 김일성을 모스크바로 초청하는 배경은 소련이 미·일·중 중심의 아태지역 세력판도 속에 또 하나의 세력으로 부상하기 위한 지렛대로서 북한을 이용하자는 의도였다.57)

고르바초프가 권력을 장악했을 때 소련경제는 이미 어두운 침체의 늪으로 빠져들고 있었다. 브레즈네프 시대에 힘겨운 대미 경쟁을 계속하면서 군사력만이 기형적으로 돌출된 군수산업형 국가로 전락하고 말았다. 1987년 블라디보스토크와 1988년 크라스노야르스크에서 연설할 때 그가 소련의 내적 변화를 강조했던 것도 이런 이유였다. 1987년 11월 그는 사회주의혁명 70주년 기념 연설에서 동맹국에 대한 불간섭 정책을 선언했다. 이제까지 동유럽 국가들의 독자적인 정책을 제한해 온 이른바 브레즈네프의 '주권제한론'을 포기한 것이다. 이듬해는 보다 구체적으로 '모든 사회주의 국가들은 자국의 정치·경제·사회적 실정에 적합한 발전노선을 독자적으로 채택할 권리를 가지며 소련은 이를 간섭하지 않는다'고 발표했다. 소위 신베오그라드 선언이었다. 이러한 분위기속에 소련과 동유럽 국가들 사이에 존재했던 집단적 협력관계는 와해되기 시작했다.[58]

김정일은 "소련은 더 이상 우방이 아니고 돈 몇 푼에 정보를 팔아넘기는 너절한 달러 거지다"라고 맹비난을 했다. 아들 정남과 처조카 이남옥의 유학 장소도 모스크바에서 스위스 제네바로 옮기라고 지시했다.[59] 또한 그는 1987년 11월 박성철 부주석과 김영남 외교부장의 모스크바 방문을 앞두고 고르바초프를 노골적으로 비난했다. "이번에 고르바초프는 자기의 개혁노선을 논문으로 내놓을 것이다. 위대한 소련 공산당과 인민이 70년 동안 쌓아 올린 그 거대한 업적과 스탈린 대원수가 이룩한 세계사적인 공적을 깎아 내릴 것이다. 고르바초프는 미국놈들에게 팔리고 있다. 자기 혼자만 팔리는 것이 아니라 소련공산당을 팔고 있다 … 알바니아 같은 나라도 봉쇄 속에서 30년 이상을 견디었는데, 주체사상으로 잘 무장되고 김일성 수령의 영도를 받고 있는 우리는 그 이상도 얼마든지 견뎌낼 수 있다"고 호언장담했다.[60]

한소 수교 당시 소련 최고회의 대의원이었던 극동연구소 김영웅 박사는 "고르바초프는 먼저 한국과 경제관계를 진전시킨 후에 수교하려 했으나 최고회의에서 외교관계 수립이 먼저 이뤄져야 한다는 입장을 견지함에 따라 수교가 앞당겨졌다. 특히 1990년 초 북한의 반발을 이유로 한국과의 수교를 반대하던 세바르드나제 외상은 최고회의 국제위원회 회의에서 조속한 수교를 주장하는 대의원들의 강한 비판에 직면했다"고 회고했다.

1990년 6월 4일 샌프란시스코에서 고르바초프와 노태우 간 역사적 한소 정상회담이 열리면서 양국 간 수교는 초읽기에 들어갔다. 북한은 대남 흑색방송인 '구국의 소리'를 통해 '두 개의 한국을 합법화하기 위한 사대매국 행위이요 분열행각'이라고 거칠게 비난했다. 세바르드나제는 그해 9월 한소 수교 사실을 북한 측에 통고해야 하는 무거운 임무를 띠고 평양을 방문했다. 김영남 외교부장과의 단독회담 자리에서 '소련이 한국과 외교관계를 수립하지 않을 수 없는 단계에 왔음'을 설명했다. 김영남은 '말도 안 되는 소리'라면서 "소련과 남조선이 외교관계를 설정하는 것은 조선의 통일에 결정적 방해가 되기 때문에 허용할 수 없다"고 결연하게 반대의사를 표명했다. 사실 김영남은 북한의 한소 수교를 반대하는 이유를 이미 비망록 형태로 준비해 놓은 상태에서 여섯 개 항목을 조목조목 읽어 내려갔고 회담종료 후 소련 측에 전달했다. 세바르드나제는 김일성과의 면담을 수차 요청했지만 '평양에 없다'는 이유로 여지없이 거절당했다. 북한은 한소 수교를 저돌적으로 반대했고 소련과는 마치 모든 것이 끝난 것처럼 행동했다. 북한 측은 고르바초프가 한소 수교를 결정했을 때 이미 '평양을 버릴 각오'가 되어 있는 것으로 해석했다. 세바르드나제는 북한 방문 때 푸대접을 받았고 북한 언론의 비난기사에 격분하여 예정보다 3개월이나 앞당겨 수교 협정에 서명해 버렸다.[61]

한소 수교로 인한 북한 내부의 충격은 한동안 지속되었다. 이념적으로 소련은 북한인들에게 정신적 고향과도 같은 나라였다. 경제적으로도 비교적 선진화된 북한의 생산시설은 모두 소련이 제공한 것이었다. 북한의 최첨단 무기들은 원천적으로 소련이 지원한 것이었고 한국과 미국의 군사력에 대항하기 위해서는 소련이라는 보호자가 절대 필요했다. 그 위대한 나라―소련이 남한과 손을 잡는다는 것은 북한에게는 도저히 이해할 수 없는 일이었다.

한소 수교 이후 소련의 대북 원조 규모는 대폭 축소되어 갔다. 특히 소련은 그동안 우호가격으로 공급하던 원유를 두 배나 비싼 국제가격으로 인상하고 그것도 달러나 마르크로 지불할 것을 요구했다. 소련으로부터 원유를 도입할 수 없게 되자 함경·강원도 일대의 공장들이 일시에 가동 중단 상태로 들어갔다. 북한의 최대 정유공장인 승리화학까지도 멈추었다. 더 나아가 소련은 1991년 4월 「소련·북한 간 통상 및 경제협력에 관한 협정」을 체결하고 대북한 교역 전반에 걸쳐 경화결재를 정착시켜 나갔다. 이어 영변 핵발전소 건설현장에 파견했던 원자력 기술고문단을 철수시키고 MIG-29 등 첨단무기의 부품공급과 기술이전도 중지했다. 소북 관계는 거의 모든 분야에서 단절되었다. 언제 깨어날지도 모르는 긴긴 동면상태로 돌입했다.[62]

1991년 8월에 모스크바에서 쿠데타가 발발했을 때 북한 도처에서는 자동차 경적을 울리면서 '배신자 고르바초프의 퇴위를 환영한다'는 환호의 외침이 북한 창공에 메아리쳤다.[63] 이어 1992년 한중 수교가 발표되자 김정일은 "러시아도, 중국도 기대할 수 없게 되었다. 이제 우리 자신만을 의지할 수밖에 없다. 우리들의 정신적 원자탄이라고 할 수 있는 주체사상과 제조과정에 있는 물질적 원자탄과 노동 3호 미사일에 의지할 수밖에 없다. 국제공산주의 운동은 이미 두 사람의 손에 장례를 치렀다. 하나는 소련의 고르바초프이고, 다른 하나는 중국의 고르바초프(등소평 지칭)다."[64] 결국 그는 흑해 연안에서 여름 휴가를 즐기다가 측근들에 의한 친위 쿠데타를 맞게 되었고, 소련의 최초이자 마지막 대통령이라는 영광과 비애를 안고서 권좌를 떠나야 했다.

고르바초프의 등장은 소련과 북한 모두에게 최악의 시나리오를 가져왔다. 사회주의 블록이 지구상에서 영원히 사라지면서 소북 간 형제 관계는 사실상 회복 불가능한 상황에 이르렀다. 한소 수교에 이어 그

여파가 한중 수교로 귀결되면서 북한으로서는 두 개의 우방국을 한꺼번에 잃은 연쇄타격을 입게 되었다. 우연찮게도 고르바초프와 김일성 간 개인적 악연이 결과적으로 양국 관계의 악화로까지 비화된 셈이다. 문득 정치학자 라스웰의 '사적 동기의 공적 전위' 이론이 뇌리를 스쳐간다.

VI

옐친의 분노에 함몰된 러북 관계

옐친의 집권이 러북 관계 개선의 청신호가 될 것이라는 기대는 애초부터 무리였다. 옐친은 고르바초프보다 더 자유주의적 성향이 강한 인물이었다. 게다가 급진 성향의 낭만주의와 함께 권위주의로 가득찬 정치인이었다. 사실상 소련연방을 문서상으로 공식 해체시킨 장본인임을 감안할 때, 구사회주의권에 대한 그의 기본인식은 예단이 가능했다. 더군다나 김일성으로부터 자존심 상처까지 당한 인물이다. 그렇다면 옐친이 취한 대북 태도는? 그리고 신생 러시아와 옐친에 대한 북한 지도층의 입장은? 러북 관계를 고르바초프 집권기의 연장선상에서 고찰해 보고자 한다.

우랄 지방 출신의 옐친은 고르바초프의 천거로 중앙 정치무대에 진출했지만 정작 고르바초프의 강력한 라이벌로 부상했다. 그의 카리스마적 리더십은 고르바초프에게서는 찾아볼 수 없는 강점이었다. 러시아 국민들은 고르바초프의 '신중론적 합리주의' 보다는 옐친의 '충동적 낭만주의' 에 더 큰 매력을 느끼고 있었다. 그는 민주적 절차에 따라 국민에 의해 선출된 대통령임에는 틀림없었다. 1991년 8월 탱크 위에 올라가서 맨주먹으로 쿠데타 세력과 맞섰던 민주 투사라는 이미지로 서방언론에 각인되었다.

그러나 그는 삼권분립의 원칙에 따라 행정부를 총괄하는 수장일 뿐인데도 나중에는 삼권의 통합 위에 군림하는 황제가 되었다. 그는 법 위에, 때로는 법 없이 통치했다. 최측근 비서실장 얼굴에 술잔을 뿌리는 폭행도 서슴지 않았고, 아일랜드 수상과 면담일정을 잡아 놓고도 술에 곯아 떨어져 얼굴조차 내밀지 않는 외교적 무례도 범했다. 국제적 체면이나 외교적 관행도 옐친 앞에서는 무의미했다.

그러한 성향의 옐친이 북한 김일성으로부터 적지 않은 자존심 상처를 받은 경험이 있었다면 그 뒷이야기가 궁금하지 않은가. 1984년 5월 우랄지방에도 봄이 왔다. 당시 스베르들롭스크주 제1서기였던 옐친은 아버지뻘 되는 김일성을 극진히 맞이했다. 김일성은 23년 만의 모스크바 방문을 위해 시베리아를 경유하면서 중간 기착지인 이곳에 하룻밤을 머문 것이다. 옐친은 참석자들의 입이 벌어질 정도로 성대한 연회를 베풀었다. 그야말로 '북한의 위대한 지도자 김일성 수령을 진심으로 영접' 한 몇몇 안 되는 러시아인 중의 하나였다. 연회 분위기도 한껏 고조되었다. 낭만파 정치가로 정평이 나있는 옐친은 이 여흥을 러시아의 전통사우나인 바냐(баня)로 연장하고 싶었다. 원래 옐친은 바냐에 가는 것을 무척 즐겼고 특히 젊은 시절에는 마니아 수준이었다. 유감스럽게도 김일성은 이러한 옐친의 호의를 거절했다. 아들뻘 되는 옐친과 발가벗고 노는 것이 별로 마음에 내키지 않았을 것이다. 옐친으로서는 여간 자존심이 상한 것이 아니었다. 김일성과 옐친의 악연은

이렇게 시작되었고 1994년 김일성 사망 시까지 지속되었다.[65]

옐친은 소련 붕괴 후 초대 러시아연방 대통령이 되었다. 자유민주주의와 시장경제체제를 도입하면서 대한반도 정책도 대북에서 대남으로 시계추를 옮겨갔다. 「조소 우호협력 및 상호 원조조약」의 개정 문제와 핵문제를 둘러싸고 북한에 대해 일방적으로 압박을 가했다. 1992년 1월 로가체프 외무차관을 대통령 특사로 북한에 파견해 조소 동맹조약의 개정문제를 제기했다. 이어 1993년 1~2월에는 쿠나제 외무차관을 특사로 보내 이 조약의 제1조 '군사공격은 타국으로부터 공격을 받았거나 유엔헌장에 부합되는 경우에만 가능하다'고 주장하면서 이 조항에 대한 축소해석 의사를 북 측에 통보했다. 이러한 러시아의 일방적 통보와 한국과의 관계 증진은 상대적으로 북한의 불만을 누적시키고 있었다.

특히 1993년 3월 북한이 NPT 탈퇴의사를 발표하면서 북핵 문제가 전면으로 부상했다. 러시아가 국제사회의 대북 공조체제에 동참하자 양국 간 관계는 더욱 악화되었다. 러시아는 소련 당시부터 북한의 NPT 가입을 종용했고 1992년 로가체프 외무차관 방북 시 IAEA 핵안전 협정 서명과 사찰 수락 등 구체적인 의무 이행을 요구해 왔다. 또한 1992년 6월 러미 공동성명과 1993년 쿠나제 외무차관의 방북을 통해 북한의 성실한 핵사찰 이행을 촉구하는 등 한반도 비핵화를 지속 주장했다. 북한의 NPT 탈퇴 직후인 4월에 옐친은 클린턴과의 밴쿠버 정상회담에서 IAEA 사찰의무 이행과 NPT 탈퇴선언 철회를 강력히 요구하고 북한에 파견된 소련 핵과학자들을 소환해 버렸다. 1992년에는 북한 측이 러시아 미사일과학자 20여 명을 은밀히 북한으로 데려 가려다가 정보당국에 의해 공항에서 저지당했다. 구소련의 도움으로 건설된 8MW 연구용 원자로에 사용할 연료봉 연료를 수송하는 것도 중단했

1994년 6월 김영삼 대통령 방러 시의 옐친

다. 이에 대한 한국 정부의 공조요청을 수용함으로써 러북 관계는 더욱 악화되었다. 게다가 북한의 경제와 정치도 심각한 위기를 맞게 된다. 제3차 7개년 계획(1987~93년)은 야심찬 목표와는 달리, 곡물은 목표치의 45%, 전력은 35% 밖에 달성하지 못했다.[66]

옐친은 1994년 6월 크렘린궁에서 한러 정상회담을 마친 후 김영삼 대통령에게 검은 서류 상자 하나를 건넸다. 한국전쟁 전후 김일성의 남침계획 등을 담은 고문서 사본이었다. 300여 종의 문서에는 1949년 1월~1953년 8월간 북소 외무성에 오간 전문과 소련 공산당중앙위원회 회의록 등 한국전쟁의 진실을 규명할 수 있는 극비 자료가 포함돼 있었다. 김일성이 스탈린과 모택동으로부터 남침 계획을 승인받고 남침 시기에 대해 이들과 긴밀히 협의한 고문서도 있었다.

특히 한국전쟁이 발발하기 직전인 5월 29일 김일성은 스티코프 주북 소련 대사를 면담한 자리에서 '소련이 지원한 무기와 장비가 이미 대부분 북한에 도착했고 6월까지 완전한 전투준비 태세를 갖추게 됐다'고 통보한 내용도 수록되어 있었다. 북한의 남침이 김일성의 기획과 소련의 지원으로 이뤄진 것임을 명백히 보여주는 자료였다. 친북 성향의 인사들이 강하게 주장해 온 북침설이나 수정주의가 허구였음을 명백히 입증하는 결정적인 단서였다. 옐친은 6·25전쟁에 관한 사료를 중국 정부에도 건넸다. 이로 인해 한국전쟁에 대한 스탈린, 마오쩌둥, 김일성 등 관련 지도자들의 인식과 전쟁에서의 역할이 보다 명확해졌다. 김일성은 이러한 옐친의 행동에 대해 분노를 금치 못했다.[67]

옐친은 한국과의 경제·사회 분야뿐만 아니라 군사 분야의 협력 증진에도 적극적인 의지를 가졌다. 탈북자들의 한국 귀순을 방조하고 북한의 대러 채무를 조속 상환할 것을 요구함으로써 러북 관계는 더욱 악화되었다. 북한 측은 당장 자신들에게 필요한 경제적 지원이 러시아로부터는 불가능한 것으로 판단하고 미국이나 일본과의 관계개선에 심혈을 기울였다. 러시아는 1994년에 북한핵 등 한반도 문제의 포괄적 논의를 위해 8자회담을 제안했으나 관련국들의 소극적 자세로 실현되지 못했다. 나아가 1996년 4자회담에서도 제외됐고 북핵문제 처리과정에서 착수된 경수로(KEDO) 사업에서도 배제됐다. 이러한 외교적 실패는 전통우방인 북한으로부터 배척당하고 새로 수교한 남한으로부터 적극적인 지원을 받지 못한 데 연유했다.

1990년대 초 러시아와 북한은 상호간 비방만을 일삼았다. 제반 분야에서 양국 간 관계가 한꺼번에 붕괴되었다. 러시아는 북한과의 관계를 정상화할 수도 없었고 정상화하고 싶어 하지도 않았다. 러시아가 참여하는 대북 투자 프로젝트도 전면 중단되었다. 양국 무역액은 급격히 하락하여 7천5백만 달러 수준에 이르렀다. 북한은 대러 채무를 상환할 능력도 의지도 없었다. 러한 간 군사협력 증진은 상대적으로 러북 관계를 악화시켰다. 북한 측은 '러시아 무기를 남한의 꼭두각시 군대에 공여하는 것은 한반도에서의 군사균형을 파괴하고 긴장을 조성하는 것'이라고 강하게 비판했다. 또한 북 측은 러시아가 고려연방제 지지를 거절하고 남한에 주둔한 미군철수 요구에 동조하지 않는 것을 매우 부정적으로 받아들였다.

1992년 11월 옐친 대통령이 방한한 것에 대해서도 대남 흑색방송을 통해 '경제원조를 얻어 보려는 구걸외교'라고 비난했다. 민민전 방송은 "옐친이 한국전쟁에 대해 유감의 뜻을 표하고 한러 양국 간 우호협력을 다짐한 것은 대국의 대통령으로서 미국 식민지인 한국에 구걸 행각을 한 것이며, 세인의 경악을 자아내게 했다"고 비방했다. 또한 1993년 10월 옐친이 일본 방문 때 호소카와 총리와 가진 정상회담에서 북한 핵문제에 대해 우려를 표명하자, 북한 외무성 대변인은 "핵 폐기물을 동해에 버려 방사능 피해의 위험을 조성함으로써 연안지역 인민들로부터 커다란 항의와 비난을 받고 있는 러시아가 우리의 핵문제를 거론하는 것은 어울리지 않으며 건전한 사고를 상실한 행위로밖에 볼 수 없다"며 노골적으로 반발했다.

러북 간 갈등의 요인이 되었던 것은 시베리아 벌목장에서 이탈하는 북한 노동자 문제도 있었다. 북한은 1987년 소련과 체결한「임업분야 협조확대에 대한 의정서」에 따라 시베리아 지역에 약 2만 명의 북한 노동자를 동원하여 삼림벌채를 하고 있었다. 이들은 북한 기관원들의 가혹한 인권유린에 견디다 못해 벌목장을 탈출하는 과정에서 강제송환 당하는 경우도 빈번하여 국제적 물의를 빚어 왔다. 코발료프 인권위원장은 1992년 2월 제네바 유엔인권회의에서 시베리아 북한 벌목장 내 인권유린이 자행되는 비밀감옥의 존재를 폭로하고 러시아 법률이 적용되지 않는 유일한 성역이라고 규탄하면서 국제 이슈화했다. 가뜩이나 악화된 러북 관계를 더욱 어렵게 만든 요인이 되었다.

이러한 양국 관계는 북한에 거주하는 러시아인들에게 직접적인 악

영향을 주었다. 평양 주재 러시아 대사관과 청진 총영사관 직원들에게 비우호적인 태도를 보였다. 전기와 수도가 수시로 단절되곤 했다. 북한 관공서에서 러시아인들을 대하는 태도가 매우 냉랭했고 가게점원조차도 러시아인들에게는 희귀상품을 팔지 않았으며 심지어 속이는 사례도 적지 않았다.

1993년 7월에는 평양 인근 50km에 위치한 남포 휴양지에서 러시아인에 대한 구타사건이 발생했다. 북한인 무리들이 러시아인들을 집중 구타하여 심각한 정도로 상처를 입혔다. 피해자 중에는 여성과 아이들도 포함되어 있었다. 북한의 현실을 조금이라도 접해 본 사람들이라면 이러한 외국인 구타가 당국의 허락이나 지시 없이는 불가능하다는 것을 쉽게 이해할 수 있을 것이다. 물론 러시아 대사관 측은 북한 외무성에 강력히 항의했고 공식 사과와 향후 유사행위 재발방지를 요구했다. 그러나 북한 측은 특유의 '주체' 적 태도(?)로 러 측에 책임을 전가하면서 러시아인들이 북한 내 외국인 행동규칙을 위반했다고 비난하는 적반하장(賊反荷杖)의 태도를 보였다.[68] 1994년 7월 옐친과 불편한 관계였던 김일성이 마침내 사망했다. 그러나 양국 관계가 개선될 기미는 여전히 보이지 않았다. "러시아로서는 한반도에서 아직 2개의 정부가 존재하는 한 균형을 유지해야만 한다. 러시아가 북한에서 남한으로 기울었을 때 무엇을 얻었느냐? 러시아는 그 어떤 이익도 얻지 못했다. 우리가 한반도에서 평등하고 균형 있는 노선을 견지했을 때 결과는 전혀 달랐다. 이것은 당장 현재의 이익이 아니라 장기적인 이익에 부합되는 올바른 정책을 의미한다." 이처럼 러시아의 조야에서는 자성의 목소리가 높아지고 있었다.[69]

이런 식의 양국 관계 지속은 서로가 득이 되지 않는다는 인식이었다. 러시아는 1994년 9월 파노프 외무차관의 방북을 계기로 관계회복에 나섰다. 옐친 정부의 입장과는 달리, 보수성향이 강한 하원 차원에서는 노골적으로 친북성향을 보였다. 1994년 10월 지리놉스키 자민당 당수에 이어 러 의회대표단이 이듬해에 방북했다. 1995년부터 러시아는 북한과 외교관계 개선에 나섰다. 그러한 배경 중의 하나는 반미 입장이 대내적으로 인기를 얻었고 그 대표적인 나라가 바로 북한이기 때문이다.

특히 1996년 1월 프리마코프가 외무장관으로 취임한 이후에는 이그나텐코 부총리, 셀레즈뇨프 하원의장 등 고위급 인사들의 방북이 늘어났다. 아울러 4월에는 6년 동안 중단되었던 「북러 경제·과학·기술 공동위원회」가 재개됨으로써 정치·경제적 측면에서 양국 관계를 복원시키려는 움직임이 보다 가시화되기 시작했다. 1999년 3월에는 카라신 외무차관이 북한을 방문해 그간 사문화되었던 「조러 우호협력 및 상호 원조조약」을 대체하는 새로운 「우호·선린·협력조약」에 가조인함으로써 양국 관계 정상화의 기틀을 마련하게 된다. 이어 2000년 2월 이바노프 외무장관이 백남순 외무상과 신조약에 서명함으로써 양국 관계를 법적·공식적으로 복원했다.

20세기 마지막날인 1999년 12월 31일에 옐친 대통령은 임기 6개월을 남겨둔 상태에서 전격 사임했다. 북한의 조선중앙방송은 이 사실을 이타르타스를 인용해 아무런 논평 없이 짤막하게 보도했을 뿐이다. '움직이는 병동'으로 회자된 옐친 전(前) 대통령은 퇴임 후 건강을 회복한 듯했다. 그러나 2007년 4월 25일 사망하여 흐루시초프와 고르바초프의 부인 라이사 여사가 묻혀 있는 노보데비치 수도원에 안장되었다. 공교롭게도 이들은 북한과 악연이 있는 지도자이거나 지도자의 배우자였다. 우리 정부가 대통령 명의의 조전과 조문사절단을 보내 위로의 뜻을 전했으나 북한 측의 조문관련 뉴스는 없었다.[70]

결론적으로, 옐친 집권기에 러북 간 외교관계는 사실상 유명무실한 상태였다. 양국은 사사건건 상호 비방을 일삼았다. 러시아는 구소련 당시의 군사동맹 조약을 서둘러 파기하려 했고, 한국 측에 6·25 남침설을 입증하는 고문서를 전달함으로써 북 측을 자극했다. 시베리아 북한 벌목공들의 인권문제를 놓고도 러북 간 갈등은 증폭되었다. 북한은 NPT 탈퇴로 핵개발 문제를 국제 이슈화함으로써 자구책을 모색했다. 이 과정에서 러시아가 미국을 비롯한 서방입장에 적극 동조했으며, 그 결과 4자회담과 북한 경수로 건설에서도 배제되었다. 정치·군사·경제 등 제반 분야에서 양국 관계는 사실상 중단된 것이나 다름없었다. 이러한 양국 관계의 악화는 옐친의 김일성에 대한 개인적 악감정도 작용한 측면이 있었다.

VII

구세주 푸틴

옐친 집권 말기에 태동한 러북 간 관계개선 분위기는 푸틴 집권기로 접어들면서 봇물 터지듯 했다. 푸틴이 최고지도자로서는 처음으로 북한을 전격 방문하고, 이어서 김정일이 2차에 걸쳐 러시아를 답방함으로써 양국 관계는 해빙기를 맞았다. 이러한 변화는 미국의 독주를 견제하고 한반도에서의 영향력 확대를 꾀하는 푸틴과 외교적 고립에서 탈피해 자주외교와 경제재건의 실리를 챙기겠다는 김정일의 이해가 일치함으로써 가능했다고나 할까. 여기에 푸틴의 개인적 통치스타일이 순기능적으로 작용했던 것으로 판단된다. 푸틴-김정일의 사적 친분도는 어느 정도이며, 3차에 걸친 정상회담에서 무엇이 논의되었고 그 후 러북 관계는 어떻게 진행되었는지 살펴보자.

두만강 사이에 두고 펼쳐진 두 나라

오가는 친선의 정 깊고도 뜨겁다
새세기 평화친선 넓은 길 열어주신
김정일-푸틴, 푸틴-김정일(후렴 8번)

평양과 모스크바 멀리에 있어도
서로의 마음 속엔 가까이 있어라
친근한 상봉속에 손과 손 굳게 잡은
김정일-푸틴, 푸틴-김정일(후렴 8번)

역사의 전통 이어 맺어진 우정은
두 나라 강산 우에 영원히 꽃피리
친선의 노래되어 그 이름 울려가는
김정일-푸틴, 푸틴-김정일(후렴 8번)

푸틴과 김정일의 우정을 노래한 '우리 친선 영원하리'이다. 러시아 대통령악단의 수석지휘자 옵샤니코프가 2001년 여름 김정일의 러시아 방문을 기념하기 위해 작곡한 것이다. 이어 이듬해 김정일의 극동지역 방문을 계기로 북한에서 대대적으로 보급되었다. 그 후 러북 간 주요 행사가 있을 때마다 소개되었고, 특히 2005년 5월 2차 대전 60주년 전승기념일에는 조선중앙 TV을 통해 북한 전역에 방송됐다.[71]

중국 춘추시대에 관중(管仲)과 포숙아(鮑淑牙)의 우정을 관포지교(管鮑之交)라고 한다. 김정일-푸틴 관계를 현대판 관포지교라고나 할까. 아니면 아예 '김푸지교'라고 해둘까. 두 나라 정상 간 우정을 찬양하는 노래는 전대미문(前代未聞)의 일이다. 그러나 그럴만한 사연이 있었다.

2000년 7월에 푸틴 대통령의 전격적인 북한 방문은 전 세계를 놀라게 했다. 혈맹의 구소련 당시에도 최고 지도자가 북한을 방문한 것은 단 한 번도 없었다. 그런데 양국 관계가 최저점에 이른 상황에서 푸틴이 북한을 찾은 것이다. 더군다나 북한은 국제사회로 부터 외면받고 있는 천덕꾸러기요 골칫덩어리인데 … 누구도 가까이 하고 싶어하지 않는 기피 대상의 독재국가다. 푸틴 대통령이 취임 후 한국을 먼저 방문할 것으로 예상했으나 정반대의 상황이 전개된 것이다.

국제사회에서 고립된 김정일이 구원투수 푸틴을 맞이하는 기분은 이루 형언할 수 없는 흥분된 순간이었다. 푸틴 자신으로서도 그렇게 성대한 영접을 과거에도 경험하지 못했고 앞으로도 갖지 못할 것이다. 김정일 자신이 순안공항에 나와 대통령 전용기 트랩 밑에서 푸틴을 직접 영접했고 사회주의식 전통에 따라 포옹환영을 했다. 1백만 명의 인파가 평양시내로 들어가는 연도에 도열하여 푸틴을 열렬히 환영했다. 심지어는 방문 마지막날인 7월 20일 오전에는 김정일 위원장이 푸틴 대통령의 숙소를 직접 방문했다. 출국 때에도 승용차에 동승하여 공항으로 향했고 도착 때와 마찬가지로 비행기 트랩 밑에서 포옹의 전송을 했다. 푸틴은 '역사적 평양 방문' 이라는 일종의 외교적 충격요법을 통해 북러 간 존재했던 냉기류를 일거에 제거해 버렸다. 마침내 양국 간 전면적인 관계강화를 천명한 평양공동성명을 채택하기에 이르렀다.[72]

푸틴은 방북 후 김정일에 대한 첫 인상을 소개했다. '국제상황을 객관적으로 이해하는 완전한 현대인으로 보였으며, 그에 대한 좋은 인상을 갖고 있다.' '주권국가의 이해와 국방문제 등 어떤 문제에 대해서도 함께 논의할 수 있는 해박한 인물' 로 평가했다. 김정일도 이에 화답이라도 하듯이, "흐루시초프·브레즈네프·옐친은 그 자신들이 나약하여 러시아를 강국으로 만들 수 없었으나 푸틴 대통령은 강인한 지도자이기 때문에 강한 러시아를 건설할 수 있을 것이다"고 격찬했다.[73] 이듬해 김정일의 방러 목적은 러시아 개혁 10년 후 국민들의 삶과 사회·정치적 개혁방향을 이해하는 것이었다. 소련 공산당 지도자들이 방북했을 때 김정일에게 '러시아는 미 제국주의 무릎 아래서 있고 거지가 우글거린다'고 말했기 때문에 진위 여부를 직접 확인할 필요가 있었다 한다.[74]

푸틴의 방북은 러시아 측이 먼저 제안하여 전격 추진되었다. 불과 2개월밖에 남지 않는 촉박한 방문 준비였다. 러시아로서는 나름대로의 절박한 사정이 있었다. 무엇보다도 미국이 추진 중인 국가미사일 방어체제(NMD) 구축계획에 대한 명분을 없애야 했다. 미국은 북한의 미사일 개발을 NMD 구축의 구실로 삼았기 때문에 이를 포기시키는 것이 시급한 과제였다. 그럴 경우에 적지 않은 부수효과가 기대되었다. 우선 미국의 NMD를 저지하여 미·러 핵전략의 안정성을 확보할 수 있었다. 유럽국가들조차도 NMD를 반대하는 상황에서 러시아가 좌시할 입장이 아니었다. 아울러 북한의 미사일 보유 가능성을 두려워하는 일본과 한국을 안심시키면서 반대급부를 기대해 볼 수 있었다. 경제적으로 G-7에는 못 미치나 외교·안보적으로는 여전히 국제사회 내 영향력을 과시하는 기회로도 활용할 수 있었다.[75]

그러나 미국을 견제하는 것 못지않게 중요한 것은 10여 년간 상실한 한반도에서의 영향력을 회복하는 것이었다. 푸틴은 집권 후 러시아의 대남북한 외교적 불균형을 시정하는 것이 급선무라고 판단했다. 옐친 대통령과 코지레프 외무장관의 대북 갈등노선이 실수였음을 인정했다. 러북 관계에 있어서 최초의 대규모 정치적 행보는 2000년 2월 이바노프 외무장관이 북한을 방문하여 「우호·선린·협력조약」을 서명한 것이었다. 1961년에 체결한 「조소 우호협력 및 상호 원조조약」을 대체한 신조약을 체결함으로써 소연방 붕괴 후 10여 년간 단절됐던 양국 관계 복원의 법적 기초를 마련했다. 뿐만 아니라 신조약에 과거의 '자동군사 개입조항'을 연상시키는 유사한 안보조항을 삽입함으로써 대북 군사·안보적 연결고리를 복구했다. 10년 만에 개최된 러북 간 외무장관 회담은 비교적 성공적이었다. 그럼에도 불구하고 김정일은 이바노프 장관을 접견하지 않았다. 북 측은 '위대한 지도자 동지가 러시아의 장관을 맞이할 수준에는 이르지 못했다'고 판단했다. 양국 외무장관들은 러북 관계 전반에 걸쳐 회복기가 도래했음을 확인한 것뿐이다.

2000년 대통령직에 취임한 푸틴은 5월 15일 '한반도는 역사적으로나 지정학적으로 러시아의 국익에 포함된다'고 선언한 후에 취임 직후인 6월 「러시아연방 대외정책개념」을 발표했다. 한반도정책 방향에 대해 "러시아의 외교적 노력은 한반도문제 해결에서 러시아의 동등한 참여보장과 모두와의 등거리관계를 유지하는 데 집중할 것이다"로 간결하게 요약했다. 푸틴의 실용적 신등거리 노선은 남한 공략의 한계성과 북한의 전략적 가치에 대한 명료한 인식에 기초하고 국익 스펙트럼 확대의 실사구시적(實事求是的) 관점에서 출발했다. 러북 신조약을 토대로 북한과는 정치·안보적 유대를 가일층 강화하고 한국과도 다차원적 경제협력을 증진시켜 한반도에서 정치적 역할을 확대한다는 명분과 함께 경제적 실익을 확보하는 것이었다.[76]

그러면 북한에서는 푸틴의 등장을 어떻게 바라보고 있었는가. 적어도 외형적으로 냉담한 입장을 견지했다. 푸틴이 옐친의 후계자임에 비추어 대북 정책에도 큰 변화는 없을 것이라는 판단 때문이었다. 북한 언론에서는 간간히 러시아에 대한 중립적 성격의 보도내용이 등장했다. 평양에서는 1972년의 ABM조약을 유지하고 나토의 동진정책을 반대한다는 푸틴의 연설에 공감을 표시했다. 미국의 NMD 구축을 반대하는 러시아 대외정책에 대한 지지도 있었다. 그동안 비판적 내지 중립적인 논조의 북한 언론들은 푸틴의 대외정책에 대해 점차 우호적으로 변했다.

　모스크바와 관계 정상화로 선회하는 것은 북한 정권, 무엇보다도 김정일 개인 입장에서도 불가피한 선택이었다. 왜냐하면 미국을 비롯한 국제사회로부터 핵미사일 개발과 인권유린 문제 등을 놓고 강한 압력을 받고 있었기 때문이다. 더군다나 심각한 경제적 곤경이 지속되고 있었다. 중국조차도 북한에 대한 전폭적인 지지를 회피하면서 오히려 내부의 경제개혁을 요구했다. 김정일은 러시아와 관계개선을 도모하면서 어느 정도 경제·군사적 원조와 정치적 후원도 기대했었다. 아울러 미국 측에도 러시아 카드라는 으뜸패가 등장했음을 환기시킬 필요가 있었다. 중국 측에도 러시아가 한반도 문제에 있어서 북한을 위해 적극적으로 나설 수 있음을 경고하고 싶었다.

　다시 푸틴의 방북 이야기로 돌아가자. 7월 19일 평양 백화원에서 약 2시간 동안 개최된 북러 단독정상회담의 최대 산물은 북한이 미사일 개발을 포기한다는 것이었다. 푸틴은 회담 후 기자회견을 통해 북한이 인공위성을 다른 나라의 미사일 운반체로 발사할 준비가 되어 있음을 언급했다고 발표했다. 북한은 장거리 탄도미사일 자체 생산을 포기한다는 것으로 결론을 내렸다. 푸틴은 방북 후 곧바로 오키나와 G-8정상회의에 참석하여 '북한 미사일 문제 해결'이라는 자신의 외교적 성과를 한껏 과시했다. 국제사회 내 푸틴의 주가는 상종가를 달렸다. 그러나 한 달 후인 8월에 김정일이 남한 언론인들을 접견한 자리에서 북한 미사일 문제에 대해 푸틴에게 '농담을 했다'고 언급했다. 북 측은 통역이 잘못하여 김정일의 발언을 왜곡한 것이라고 변명했다. '미사일 농담' 스캔들로 인해 '김정일을 신뢰할 수 있는가'라는 질문이 제기되었다.[77]

푸틴 방북 이후에 전반적인 북러 정치관계는 '김정일의 농담' 스캔들에도 불구하고 급속히 회복되어 갔다. 크렘린의 강도 높은 대북 우호정책에 평양이 적극 호응하면서 양국 간 전략적 밀착은 한층 가속도가 붙었다. 푸틴은 방북 시 김정일을 방러 초청했고 김정일도 이를 흔쾌히 수락했다. 러시아 측에서는 푸틴 대통령의 전용기를 제공해 주겠다고 제의했으나 김정일은 부친처럼 열차로 시베리아를 경유하여 모스크바에 도착하는 방문형식을 희망했다. '시베리아를 모르는 자는 러시아를 모른다'는 그의 지론 때문이다.

마침내 2001년 여름에 23박 24일간 특별열차편으로 러시아를 방문했다. 김정일에게 최초의 해외 방문국은 중국이었지만, 당시는 아직 공산당 체제하의 중국 시장경제 시찰이었다. 2001년 8월 러시아 방문은 포스트 공산주의 국가를 최초로 방문했다는 점에서 의미 있고 주목할 만한 일이었다. '고립된 요새'의 지도자가 외국에 거의 한 달간 외유했다는 것은, 미약하기는 하지만 국제사회와 협조하는 방향으로 나선 것이었다. 이는 러시아의 외교력과 한반도에 대한 러시아의 영향력을 과시하는 계기로 작용했다.

3차례의 러북 정상회담 시
친근하게 포옹하는 푸틴-김정일

모스크바의 공식일정(8.4~5)은 크렘린 녹색접견실에서 푸틴과 포옹 인사 후 시작되었다. 외교안보 수석과 통역만 배석하는 단독 정상회담 을 개최하고 양측에서 각각 20명씩 참석하는 확대정상회담으로 이어 졌다. 확대회담에서 TSR-TKR 연결, 군사협력, 나진항 이용 등 제반 현안들이 논의된 후에 8개항으로 이루어진 「모스크바 선언문」이 채택 되었다. 김정일은 이 선언문에 대해 언급하면서 '동반자 관계', '전 략적 동반자 관계' 등이 흔해빠진 외교적 수사에 불과함을 지적했다. 푸틴도 이에 동감을 표했다. 그는 "진실이 필요하다. 나는 '파트너'가 되고 싶지 않다. 친구 사이에는 '파트너' 운운하지 않는다"고 강조했 다. 환영만찬에서 푸틴은 어느 일방의 이익이 아닌 남북한 모두와의 경제협력 및 한민족 전체의 번영·평화·화합을 지지했고 김정일은 답 례연설을 통해 새로운 세기의 첫해에 양국 정상 간 만남이 중요한 의미 를 갖는다고 강조했다.[78] 1992년 4월 25일 군창건 기념 열병식장에 '영 웅적 조선인민군 장병들에게 영광 있으라'가 북한 대중 앞에서 실시 한 그의 처음이자 마지막 연설이었다. 2000년 5월 중국 방문 때는 김 용순이, 6·15남북정상회담에서는 김영남이 대신했고, 2001년 1월 중 국 상해 방문 때 처음으로 자신이 연설을 했다.

　　푸틴은 8월 8일 상트페테르부르크에서 모스크바로 귀환한 김정일 을 크렘린 대통령 관저로 오찬 초대했다. 이것은 의전에 없었던 것이 지만, 김정일은 관광일정을 취소하고 기꺼이 응했다. 오찬은 가정식 으로 매우 간단했다. 김정일은 공식석상에서 자신의 감정을 전혀 드 러내지 않은 완고한 모습을 보였으나, 관저 오찬에서는 사뭇 다른 태 도를 취했다. 보다 개방적이고 호의적이며 부드러운 인물로 변했다. 김정일은 핫산역을 떠나는 순간까지도 푸틴의 예기치 않았던 점심 초 대를 회상하면서 흡족해 했다. "만일 나를 외교적 차원에서 대한다면

나는 외교관이 될 것이었지만, 푸틴이 마음을 열고 대했기에 나 역시 그에게 속내를 열어 보인 거요"라고 폴리콥스키 대통령 전권대표에게 설명했다.[79]

김정일은 푸틴의 모든 정책과 결정에 대해 지대한 관심을 보였다. 그는 러시아 지도층의 중앙권력 강화조치를 높이 평가하면서 "연방관구를 창설한 푸틴 대통령의 결정은 탁월한 것입니다. 아울러 중앙권력을 강화하는 데도 기여하고요. 주지사들이 너무 독자적이었어요"라고 말했다. 푸틴이 평양을 방문했을 때 김정일은 그에게 흠뻑 매료되었다고 고백했다. 그는 약 1개월간의 러시아 방문을 마치고 8월 18일 러북 국경을 넘어 귀환하기 직전에 푸틴에게 감사 메시지를 보냈다.

'세기와 세대를 넘어 이어져 온 두 나라 사이의 전통적인 친선협조 관계는 이번 우리들 사이에 합의된 정신에 따라 앞으로 더욱 강화 발전되리라고 확신한다 ⋯ 새 세기의 첫해에 진행된 우리들의 이번 만남은 조러 두 나라 사이의 협조관계를 가일층 발전시키고 아시아를 비롯한 세계 평화와 안전을 보장하는 데 역사적 계기가 되었다'

그리고 공식적이고 엄격한 의전의 범위를 넘어서 자신의 진심을 전하는 문장을 추가했다. 즉, "나는 푸틴 대통령이 러시아에서 공산주의자들이 할 수 없었던 것을 이룩하시기를 바랍니다"라고. 이에 수행원들은 크게 놀랐다.[80]

김정일은 귀환하자마자 6년 만에 처음으로 러시아 대사관 간부 7~8명을 오찬에 공식 초대했다. 이 오찬은 김영춘 총참모장, 강석주 외교부 제1부부장 등 군과 정무원의 고위급 인사들이 참석한 가운데 수시간 동안 진행되었다. 2002년 3월 라선시 두만강역 지구에 조로친선각이 개관되었다. 친선각의 중앙홀에는 김정일과 푸틴이 상봉하는 사진을 전시했다. 북한에서는 '러북 간 친선관계 발전에 불멸의 공헌을 이룩한 김일성 수령과 김정일 령도자의 업적을 후손만대에 길이 전하는 기념비적 건축물'이라고 소개했다. 3월 17에는 김정일이 노동당 중앙위원들을 대거 대동한 채 카를로프 대사가 마련한 마슬레니차 (масленица, 민속명절) 행사에 참석했다. 하와이 아태안보연구센터의 만수로프 박사는 '최근 카를로프 대사가 1주일에 거의 한 번꼴로 김정일을 만난다'면서 '냉전시절로 회귀한 미국의 대북정책 변화가 북러 관계를 더 부채질하고 있다'고 지적했다.

이어 8월에도 극동지역을 방문하여 블라디보스토크에서 비공식 정상회담(8.23)을 가졌다. 푸틴은 집권하자마자 3차례의 연쇄 북러정상회담을 통해 북한과 정치·안보적 결속력을 강화했다. 이로써 러시아는 과거와는 달리 보다 안정된 균형자적 입장에서 남북한을 대상으로 정치적 운신의 폭을 확대할 수 있는 계기를 마련했다. 원래 푸틴은 극동지역에서 제2차 남북한 정상회담을 제안했으나 남한 측에서 호응하지 않아 무산되었다. 7박 8일간 극동지역 일대를 순방하면서 아무르강 유람선에서 러시아 여기자와 왈츠를 추기도 하고 러시아정교 성당도 방문했다. 하바로프스크 성당을 들러본 후에는 북한에 러시아정교 성당을 짓도록 지시했다. 러시아와 정신세계까지 공유코자 하는 바램 때문이었을까. 김정일을 수행한 풀리콥스키 전권대표는 "주체사상으로 무장된 김정일이 강인한 의지의 푸틴 대통령을 자신과 동일시하고 싶어했고 강한 지도자가 통치하는 강대국을 방문하고 있다는 일종의 우월감을 표출하고자 하는 태도를 엿볼 수 있었다"고 회술했다.

아울러 러시아는 북한의 적극적인 요청으로 2003년 북핵 6자회담의 정식멤버로 참여했다. 그 당시에 회담 구성국 문제를 놓고 치열한 공방전이 전개되었다. 무엇보다도 러시아를 포함시키냐 마느냐의 문제가 논란의 대상이었다. 그해 8월에는 북핵 다자회담 성사를 위해 적극적으로 중재하던 중국을 놔둔 채 북한이 러시아를 통해 '6자회담 수용' 의사를 전달하기도 했다. 제1차 북핵 위기 때 4자회담과 KEDO 건설 프로젝트에서 배제당했던 설움을 만회한 것이다. 그 후 러시아와 북한은 외형상 미미한 무역규모에도 불구하고 견고했던 기존의 동맹관계를 복원해 가고 있었다.

한편 2005년 5월의 2차 대전 승전 60주년 기념행사에 주요 정상들이 모스크바로 초청되었다. 남북한 양국 정상들도 초청받았다. 남북 정상 간 회동 기회를 마련하겠다는 러시아 측의 의도가 작용한 것이다. 김정일에게 수여될 전승기념 메달도 준비되어 있었다. 우리 측에서도 김정일의 참석을 무척 갈망했다. 그러나 그는 끝내 나타나지 않았다.

푸틴 대통령이 김정일에게 수여하는 2차 대전 승전 60돌 기념 메달은 5월 9일 주북 러 대사관에서 전달되었다. 세계 각국 정상 중에서 김정일에게만 기념메달이 수여된 배경은 부친 김일성이 2차 대전 참전용사로 인정받았기 때문이다. 동맹국의 참전용사와 그 후손도 수여 대상이었다. 김정일에게 수여된 메달은 지름 32mm의 구리로 만든 것으로, 앞뒤 면에 '승리(победа)'라는 단어와 '1941-1945'라는 연도가 새겨져 있다. 푸틴의 특별지시로 약 10만여 개가 제작되었는데, 단가는 20달러(약 2만 원) 정도였다. 그렇지만 메달이 담고 있는 의미는 말로써 설명할 수 없을 정도로 컸다. 기념메달 전달 의식은 박봉주 내각 총리, 김영춘 인민군 총참모장, 연형묵 국방위 부위원장과 강석주 외무성 제1부상 등이 참석한 가운데 성대히 거행되었다. 김정일 위원장은 메달 수여식 후 러시아 대사가 주최한 연회에 참석했다. 김정일의 이러한 행보는 러시아와의 친선·우호관계를 대내외에 과시해 보려는 의도로 보였다.

김정일과 푸틴 사이에는 유사점도 적지 않다. 두 지도자는 사회주의 전통을 가진 국가에서 막강한 권력을 행사하고 있다는 점이 같다. 김정일은 북한에서 무소불위의 권력을 행사하고 있으며 푸틴도 '차르'라고 불릴 정도로 막강한 권력을 장악하고 있다. 각각 김일성 주석과 옐친 대통령에 의해 후계자로 지명되었다는 점도 닮았다. 깜짝쇼에 능하다는 점도 비슷하다. 두 권력자가 깜짝쇼에 능하다는 것은 '감동'을 통치 수단으로 사용해온 사회주의 통치기법과 밀접한 상관관계가 있다는 게 전문가들의 분석이다. 두 사람 모두 두뇌회전은 빠르지만 성격은 대조적이라는 게 일반적인 평가이다. 김정일이 영화와 예술을 좋아하며 포도주를 즐기는 감성적 성격이라면, 푸틴은 유도와 사격 등으로 건강관리를 하며 평상시에는 술을 거의 입에 대지 않는 이성적 성격이다.[81] 그러나 푸틴의 주량은 만만치 않다. 2004년 9월 푸틴 대통령은 모스크바 근교 영빈관 노보오가료보(Ново-Огарёво)에서 노무현 대통령과의 비공식 만찬 때 보드카 반병을 거뜬히 비우는 술실력을 과시했다.

푸틴의 등장은 답보상태에 있는 러북 관계를 획기적으로 변화시키는 계기가 되었다. 양국 지도자 간 우정의 노래까지 등장한 것은 전대미문의 일이었다. 특히 신조약을 체결함으로써 양국 관계 복원의 법적 기초를 마련했고 푸틴이 북한을 전격 방문해 북한 미사일 문제를 해결하는 순발력을 발휘했다. 김정일은 두 차례나 연속 러시아를 방문해 양국 간 현안 전반에 대해 심도 있게 의견을 조율했다. 이어 제2차 북한 핵위기가 도래하자 러시아는 북한의 협조를 받아 북핵 6자회담의 정식멤버로 참여했다. 그 후 북한의 핵실험 단행 및 미국의 BDA 자금 동결조치 등 현안이 발생할 때마다, 러시아는 중재자의 역할을 성공적으로 수행했다. 미국의 독주를 견제하고 한반도에서의 영향력

2011년 8월 24일 울란우데에서 개최된
메드베데프-김정일 정상회담

확대를 꾀하는 푸틴과 외교적 고립에서 탈피해 자주외교와 경제재건
의 실리를 도모하는 김정일 사이에 새로운 밀월기를 맞이했다. 그러
나 이것은 수교 이후 양국 관계발전 과정에서 익혀온 고도의 외교전
략이다. 메드베데프 집권 이후에도 양국 관계는 궤도수정 없이 지속
되고 있다. 지난 8월 24일에 러시아 시베리아 울란우데에서 김정일-
메드베데프 간 정상회담이 9년 만에 개최됐다. 러북 간 관계발전은
2012년에 푸틴의 대통령직 복귀여부와 상관없이 지속될 것으로 전망
된다.

▌주

1) 러시아 연방 외무성 제작, 김일성·김정일 러시아 방문 비디오 자료(모스크바: 러시아 외무성, 2001).

2) 김준엽 외 공편, 『북한연구자료집 제2집』(서울: 고려대학교 아세아문제연구소, 1974), 345-350쪽.

3) 황장엽, 『나는 역사의 진리를 보았다』(서울: 한울아카데미, 1999), 380쪽.

4) 박종효, 『러시아외무성 대한정책자료 1』(서울: 선인, 2010), 373-374쪽.

5) 시모토마이 노부오(이혁재 옮김), 『북한정권 탄생의 진실』(2000), 42쪽.

6) 박종효, 『러시아외무성 대한정책자료 1』(서울: 선인, 2010), 308-314쪽.

7) АВПРФ, Фонд:102, Опись:9, Папка:9, Дело:9, Лист:1-8, Год:1949.3.1.~4.7.

8) АВПРФ, Фонд:102, Опись:6, Папка:19, Пор:18, Лист:1-17, Год:1950.1.14~3.14 (1950년 2월 3일 주북 대사관 1등서기관 베트호프(Петухов В.)가 외무성에 보낸 보고서, 동 보고서에 의하면, 평양에서는 284회의 강연회에 67,772명이 참가했으며 청진에서는 135회, 함흥-127회, 흥남-109회, 해주-126회, 신의주-113회의 강연이 각각 개최되었다. 평양시 중앙전시장은 12월 16일부터 개장하여 매일 평균 4,500명이 관람했다. 모든 도시에서는 12월 15일부터 24일까지 스탈린의 생애와 활동에 관한 영화가 상영되었다. 스탈린 선집 5권은 특별판으로 각 3만 부씩 출판했고 사진 3만 장도 복사했다. 그리고 북한 작가와 시인이 '스탈린과 소련군'이 출판되었다.

9) 정성장, "스탈린체제와 김일성체제의 비교연구," 북한, 소련 및 남북한관계 연구(발표 논문, 글 모음집), 『국제정치논총』 제37집 2호(2001), 53-77쪽.

10) 북한 사회과학원 철학연구소, 『철학사전(1985)』(서울: 힘, 1988), 417-418쪽.

11) 고영환, 『평양 25시』(서울: 고려원, 1992), 210-211쪽.

12) 『월간조선』(2007.03.06 10:05), "김일성과 스탈린의 회담 - 1949년 3월 5일."

13) 란코프, 『북한 워크아웃』(서울: 시대정신, 2009), 39쪽.

14) 란코프, 『북한 워크아웃』(서울: 시대정신, 2009), 49-50쪽.

15) 시모토마이 노부오(이혁재 옮김), 『북한정권 탄생의 진실』, 103쪽에서 'Cold War International History Project(CWIHP) - No.14/15, W.W.International Center for Scholars, Washington DC, 90쪽' (2000) 재인용.

16) 윌리엄 타우브만, 『흐루시초프 — 인간과 그의 시대』(2004), 876쪽(흐루시초프의 가족들로부터 협조를 받고 구소련 비밀문서 수집 및 관련자들의 증언 녹취).

17) АВПРФ, Фонд:102, Опись:12, Папка:69, дело:10, Лист:1-25, Год:1956.6.21-10.8.

18) АВПРФ, Фонд:102, Опись:17, Папка:26, дело:7, Лист:1-65, Год:1957.7.10-10.12(1957년 7월 10일 주북 푸자노프 대사의 소련 외무성 보고서).

19) 박종효, 『러시아외무성 대한정책자료 2』(서울: 선인, 2010), 178쪽(1960년 5월 16일 외무성 극동과 부과장 크루티코프가 작성한 1959년 조소관계).

20) 박종효, 『러시아외무성 대한정책자료 2』(서울: 선인, 2010), 107-108쪽(1958년 4월 10일 북조선 외무성이 주북 소련 대사관에 보낸 외교문서).

21) АВПРФ, Фонд:102, Опись:16., Папка:86, дело:15, Лист:17, Год:1960.6.13-12.30(분야별 의제로는 1) 경제원조: 제1차 5개년 계획(57~61년) 중간 결산 후 7개년 계획(61~67년) 달성을 위한 경제원조 요청, 2) 소북 상호원조 조약 체결 3) 평화통일: 유엔에서의 소련이 북한 입장 지지하고 평화적으로 통일 달성 4) 소련 유학중인 조선학생이 귀환을 거부하는 학생문제, 북한은 매년 150~200명의 대학원 학생을 유학시켰으나 1959년 19명, 1960~61년 학기에는 1명도 파견 안 함, 5) 양국 무역협정관련 1959년도 북한 측은 물품 납품을 60%만 이행했음을 지적).

22) 황장엽, 『나는 역사의 진리를 보았다』(1999), 129-130쪽.

23) Ткаченко В.П., Корейский полуостров и интересы России (Москва: ИДВ РАН 2000).

24) 시모토마이 노부오(이혁재 옮김), 『북한정권 탄생의 진실』(2000), 144-145쪽.

25) 이종석, 『북한 - 중국관계』(2000년), 225-225쪽.

26) 이종석, 『북한 - 중국관계』(2000년), 226-227쪽.

27) 박종효, 『러시아외무성 대한정책자료 2』(2010), 261쪽(1963년 8월 27일 주북 소련 대사 모스콥스키 일지: 주북 루마니아 대사 보드내라쉬 언급, 8월 28일 주북 대사 일지: 체코대사 모라베츠 제보).

28) 이 외교문서는 류 주석이 1963년 9월 평양을 방문했을 때 김 주석과 3회에 걸친

정상회담에서 나눈 대담 내용을 중국 외교부가 정리한 것이다. 이 문서는 북한이 1960년대 이후 공산권 양강 체제인 소련과 중국의 이념 분쟁 과정에서 어떤 입장을 견지했는지를 명확히 나타내면서 1970년대 들어 주체사상을 통해 독자적 노선을 걷기 전의 외교 전략을 잘 보여주고 있다.

29) 시모토마이 노부오(이혁재 옮김), 『북한정권탄생의 진실』(2000), 128-137쪽.

30) 1966년 50건, 1967년 829건, 1968년에는 761건 발생.

31) Панин А. & Альтов В.(2004), 144쪽.

32) Панин А. & Альтов В.(2004), 143-144쪽.

33) 시모토마이 노부오(이혁재 옮김)(2000), 147쪽.

34) АВПРФ, Фонд:102, Опись:28., Папка:55, Пор:2,Лист:1-55, Год:1968.1.8-10.25.

35) Панин А. & Альтов В.(2004), 145쪽.

36) Ткаченко В.П.(2000), 25쪽.

37) 시모토마이 노부오(이혁재 옮김)(2000), 148쪽.

38) 박종효, 『러시아외무성 대한정책자료 2』(2010), 346-355쪽.

39) 오진용, 『김일성 시대의 중소와 남북한』(2004), 38쪽.

40) 박종효, 『러시아외무성 대한정책자료 2』(2010), 346-355쪽.

41) АВПРФ, Фонд:Сектор по Корее, Опись:40, Папка:88, Пор:3, Лист:1-11, Год: 1980.3.25-11.20.

42) Панин А. & Альтов В.(2004), 78쪽.

43) 김일성은 각종 회담 32건, 친선우호조약 2건, 경제협력협정 5건 체결 및 산업시설 26개 시찰했다.

44) Панин А. & Альтов В.(2004), 79쪽.

45) Панин А. & Альтов В.(2004), 79-80쪽.

46) Панин А. & Альтов В.(2004), 82쪽.

47) Панин А. & Альтов В.(2004), 81쪽.

48) 오진용, 『김일성시대의 중소와 남북한』(2004), 372쪽.

49) Панин А. & Альтов В.(2004), 82쪽.

50) 유영철, "소련과 북한간의 군사협력관계," 『한국과 러시아관계: 평가와 전망』 (경남대 극동문제연구소, 2001), 219-220쪽.

51) Панин А. & Альтов В.(2004), 84-85쪽.

52) Панин А. & Альтов В.(2004), 83쪽.

53) 오진용, 『김일성시대의 중소와 남북한』(2004), 167쪽.

54) Панин А. & Альтов B(2004), 84-88쪽.

55) Панин А. & Альтов B.(2004), 84-88쪽.

56) 시모토마이 노부오(이혁재 옮김)(2000), 436쪽.

57) 오진용, 『김일성시대의 중소와 남북한』(2004), 171쪽.

58) 오진용, 『김일성시대의 중소와 남북한』(2004), 205쪽.

59) 성혜랑, 『등나무집』(지식나라, 2000), 464쪽.

60) 고영환, 『평양25시』(서울: 고려원, 1992), 210-211쪽.

61) 오진용, 『김일성시대의 중소와 남북한』(2004), 258쪽.

62) 오진용, 『김일성시대의 중소와 남북한』(2004), 254쪽.

63) Панин А. & Альтов B.(2004), 84-88쪽.

64) 오진용, 『김일성시대의 중소와 남북한』(2004), 385쪽.

65) Панин А. & Альтов B.(2004), 153-154쪽.

66) Панин А. & Альтов B.(2004), 115쪽.

67) Панин А. & Альтов B.(2004), 156쪽-157쪽.

68) Панин А. & Альтов B.(2004), 161쪽-164쪽.

69) Панин А. & Альтов B.(2004), 162쪽.

70) 『중앙일보』, 2007.04.25, 유철종 기자(cjyou@joongang.co.kr).

71) 『연합뉴스』, 2002.8.22; 2005.3.9.

72) Панин А. & Альтов B.(2004), 225쪽.

73) Панин А. & Альтов B.(2004), 225쪽.

74) 콘스탄틴 풀리콥스키(송종환 역), 『동방특급일차』(서울: 중심, 2003), 35쪽.

75) 정은숙, 『러시아 외교안보정책의 이해』(서울: 세종연구소, 2004).

76) 홍완석, 『현대 러시아 국가체제와 세계전략』(서울: 한울아카데미, 2005), 603-648쪽.

77) Панин А. & Альтов B.(2004), 225쪽.

78) 콘스탄틴 풀리콥스키(송종환 역)(2003), 51-55쪽.

79) 콘스탄틴 풀리콥스키(송종환 역)(2003), 55-56쪽.

80) 콘스탄틴 풀리콥스키(송종환 역)(2003), 37쪽.

81) 『동아일보』, 2000.07.19, 박제균 기자.

【제3부】

미완의 비화(秘話)

I

김정일과 탯자리

북한의 공식자료에 의하면, 김정일은 백두산 밀영의 귀틀집에서 태어났다. 출생지를 기념하기 위해 귀틀집 뒷산 봉우리에 화강석 바위를 옮겨놓고 큰 글자로 '정일봉'이라고 새겨 놓았다. 정말 그가 그곳에서 태어났는가? 이것에 대해 의문을 제기한 학자들이 적지 않다. 당시 부모들의 행적에 비추어 볼 때, 그가 러시아 극동의 하바로프스크에서 태어났다는 주장이 설득력을 얻고 있다. 그의 출생문제는 북한 정권의 실체를 파헤치는 데 중요한 단서가 되며, 하바로프스크 출생설은 러북 관계를 보다 객관적이고 심층적으로 이해할 수 있는 단초가 될 것이다. 사료 및 증언을 통해 김정일의 탯자리와 유년시절을 추적해 보자.

북위 49도에 위치한 하바로프스크의 겨울은 매서웠다. 아무르강 유역의 뱌츠코예 인근에 숙영하고 있는 조선 빨치산 대원들도 긴 동면의 밤을 보내고 있었다. 허름한 막사 안에서 여성대원 한 명이 몇 시간째 진통의 신음소리를 내뱉고 있었다. 그녀가 바로 유격대장 김일성의 아내 김정숙이다. 시간이 갈수록 그녀의 진통은 더욱 심해졌고 한밤중에 시베리아 평원의 눈보라는 그칠 줄을 몰랐다. 산파도 없는 처지여서 동료 여성대원들은 어찌할 바를 몰라 안절부절 못했다. 아기는 쉽게 출산될 것 같지 않았고 난산의 기미는 여전했다. 이렇듯 산통은 자정을 훌쩍 넘겨 다음날 새벽을 맞았다.

동료 여성대원들은 기진맥진한 산모 김정숙을 부대의 위생지도원실로 옮겼다. 그러나 이곳에 근무 중인 소련인 외과 군의관 1명과 위생지도원 2명은 산파경험이 전혀 없는 문외한(門外漢)들이었다. 산모의 목숨은 경각에 달렸고 그렇다고 혹한 속의 눈길을 뚫고 70여km나 떨어져 있는 하바로프스크의 큰 병원으로 갈 처지도 아니었다. 응급수단으로 간다고 할지라도 도중에 맹수들의 습격을 받을지도 모르는 일이었다. 다급한 나머지 뱌츠코예 마을의 러시아인 수의사 왈야(당시 65세)가 눈썰매에 실려왔다. 이 노파의 도움으로 천신만고(千辛萬苦) 끝에 한 아이가 태어났다.[1] 바로 1941년 2월 16일 새벽에 유라가 세상에 나온 것이다. 본명은 '김 유리 일성노비치'였다. 성은 김 씨요 이름은 '유리'이며 부칭은 아버지 '일성'의 이름을 딴 일성노비치이다. '유라'는 애칭이다.[2]

유라가 태어나서부터 유년 시절의 거의 모든 것을 생생하게 기억한다는 러시아인이 있다. 그녀는 김정일 보다 12살 많은 아우구스타 세르게예브나(2002년 당시 73세)라는 뱌츠코예 주민이다. 그녀는 김일성이 88여단 제1대대장으로 재직할 때 인근주민들을 자주 병영으로 초대했고 김정일도 어린 시절에 이곳 아이들과 잘 어울렸다고 회고했다.[3]

'유라' 라는 이름은 하바로프스크에 사는 러시아인이 지어주었다. 그 당시 소련에서는 '초아' 라는 18세 소녀가 독일군의 후방에 파견되어 지하활동을 하다가 체포된 사건이 화제였다. 김일성의 상사이며 88여단 정치위원이었던 이자오린(李兆麟)도 딸이 그 소녀를 닮기를 바란다는 의미에서 '초아' 라는 이름을 지었다. 영웅시된 초아의 남동생이 '유라' 였기 때문에 김일성의 아들

김정일과 생모 김정숙

도 '유라' 로 작명했다. 모친 김정숙은 젖이 부족했기 때문에 유라는 다른 유격대 여대원들의 젖을 많이 먹고 자랐다. 88여단장 저우보중(周保中)의 부인 왕일지가 1946년 북한을 방문했을 때 김정숙이 자신을 대신해서 아들에게 젖을 많이 물려준 조선인 여대원 이재덕의 안부를 물었다고 한다.

당시 유격대 야영에는 아이들이 드물었기 때문에 유라는 여대원들의 많은 귀여움을 받고 자랐다. 그는 뱌츠코예 마을에서 유년시절을 보내고 해방이 되자 북한으로 돌아왔다. 1945년 11월 25일 모친 김정숙의 손을 잡고 다른 여대원들과 함께 함북 웅기항을 통해 북한땅에 첫발을 내딛었다. 약 1개월간 함북 도청 소재지인 청진에 머무르다가 12월 말에 평양으로 왔다.

유라는 한국의 보통아이와 마찬가지로 성장했고 성격이 급하고 자주 변덕을 부렸던 것을 제외하면 특별한 점이 없었다. 1949년 모친

김정숙의 사망은 8세 된 소년에게는 엄청난 충격이었다. 그 후 그는 두문불출했다. 또래 아이들과 쉽게 어울리지 못했지만, 여동생 김경희는 매우 사랑했다. 모친 사망 후부터 그를 돌보았던 허정숙(문교부에 근무하다가 나중에 노동당 중앙위 서기)을 잘 따랐다. 2002년 2월 김정일의 환갑 때 러시아 여기자 말리체바가 '지구상에서 가장 절친하고 가까운 사람이 누구냐'고 질문했을 때, 그는 곧바로 대답했다. "내가 어렸을 때 돌아가신 어머니입니다. 어머니는 혁명전사였습니다. 어머니는 당신의 아들이 올바르게 잘 성장하기를 바라셨습니다. 그러나 어머니는 내가 오늘날의 김정일이 되리라고는 생각하지 못하셨을 겁니다. 나는 어머니의 은혜를 많이 입었습니다."[4]

김현식 전 평양사범대 교수는 1959년 10월 김일성 주석의 지시로 평양 남산고급중학교 3학년이던 김정일을 처음 만나 노어를 가르쳤다. 그때 김정일은 수줍음이 많은 소년이었다 한다. '회화시험을 볼 때에는 얼굴이 빨개졌고 이마에 송글송글 땀까지 맺혔다'고 회상했다.[5] 김정일은 학교성적이 중간 정도의 평범한 학생이었고 소년시절에 소련 라디오 방송을 즐겨 청취했다. 북한관련 프로를 듣고 방송국에 자주 편지를 보내곤 했다. 그리고 편지 말미에는 반드시 '유라 김'이라고 사인을 했다. 방송국 관계자들은 북한의 '유라 김'으로부터 서신을 받았다면 이 소년이 바로 김일성의 아들이라는 사실을 익히 알고 있었다.[6]

1980년대에 와서 김정일의 출생 지역과 연도가 갑자기 바뀌었다. 출생지를 러시아 하바로프스크에서 백두산 밀영으로, 출생연도를 1941년에서 1942년으로 수정했다. 출생지에 대해 황장엽은 이렇게 증언했다.

"이 사실은 기억도 생생하다. 김일성은 어느날 빨치산 출신들을 불러 백두산 밀영자리를 찾아보라는 지시를 내리자 어느 누구도 찾질 못했다. 그러자 김일성이 직접 나서 경치가 좋은 곳을 찾아내 '여기가 밀영지였다'고 지적하고 그 뒷산을 '정일봉'이라고 명명했다. 그 뒤에 거대한 화강석 바위를 구해다가 거기에 엄청나게 큰 글자로 '정일봉'이라고 새기고 그것을 산봉우리에 올려다 붙이는 큰 공사를 진행했다."

북한 당국은 '정일봉'과 '귀틀집' 사이의 고도 차이가 216m라고 말하며 그 기막힌 우연을 김정일 탄생을 신비화하는 데 선전하고 있다.

출생연도의 변경도 신격화 일환이었다는 주장이 지배적이다. 1981년 2월 북한 조선신보와 평양방송은 김정일이 40번째 생일을 맞았다고 보도했다. 불과 1년 후인 1982년 2월 17일에도 노동신문은 김정일의 40회 생일 맞이를 보도했다. 왜 그랬을까. 생일을 한해 늦춘 이유는 김일성의 생일과 '꺾이는 해(5년·10년, 정주년)'를 맞추기 위한 것이었다. 1912년생인 김일성이 70회 생일이라면 김정일은 40회 생일이 되는 셈이다. 이때는 생일 축하 행사가 더 요란해졌다.[7] 김정일의 1941년 출생설을 입증할 수 있는 사실은 적지 않다. 제88여단장 저우보중의 부인 왕일지는 자신의 딸 '갈랴'가 1941년 8월 하바로프스크 병원에서 태어났고 김정일도 같은 해에 그곳에서 출생했다고 증언했다.[8] 또한 1974년 2월에 김정일을 위해 '출생 33주년 축하전보문 발송운동'이 대대적으로 전개되었다. 한국식 나이 계산법에 따랐을 것이라는 주장도 있으나 김일성의 생일계산법을 보면 그렇지 않다는 것을 알 수 있다.

2001년 여름에 김정일이 하바로프스크를 방문했을 때 자신이 태어난 뱌츠코예 마을을 방문할 것인지에 대해 세인들의 관심을 집중시켰다. 그는 하바로프스크 시내 구석구석을 들렀다. 중앙백화점에서도 예상과는 달리 1시간 30분간 머물렀고 아동식품 공장과 참전용사 시설도 방문했다. 집 근처 벤치에 앉아있던 여성들과 이야기도 나누었다. 풀리콥스키 전권대표 관저의 맨 윗 층에서 바라보이는 시가지 건축물이 너무 아름답다고 감탄했다. 유람선 '모스크바-75' 호를 타고 아무르강을 2시간 동안이나 투어했다. 그는 하바로프스크에서 보낸 시간이 가장 마음에 들었다고 말했다. 또 한 번 러시아를 방문하여 하바로프스크 등 극동지방을 더 가까이 접해 보고 싶다고 했다.[9] 김정일의 이러한 행보는 국가정상이 해외방문 시 취하기에는 매우 이례적인 행동이었다.

아마도 이곳에서 보낸 유년시절이 주마등처럼 그의 뇌리를 스쳐 갔을지 모른다. 귀소본능(歸巢本能)은 인간의 원초적 감정이다. 무소불위(無所不爲)의 인위적 권력도 언젠가는 원초적 본능에 양보할 날을 기대해 본다. 이듬해인 2002년 8월에 김정일은 다시 하바로프스크를 찾았지만 결국 탯자리를 방문하지는 않았다.

역사적 자료와 증언들을 종합해 볼 때, 김정일은 러시아 하바로프스크에서 출생한 것으로 보아야 할 것이다. 만약 출생지와 생년월일이 호적에 잘못 등재되었다면, 유년시절에 정정했어야 했다. 뒤늦게 40세가 되던 해에 바꿔야할 불가피한 사정은 무엇이었는가. 바로 세습체제의 정당성 확보문제와 밀접한 상관관계가 있었을 것이다. 백두산 밀영의 출생지 '귀틀집'과 뒷산 '정일봉'과의 216m 거리가 생일인 2월 16일과 일치한다는 것은 우연의 일치라기보다는 인위적인 흔적을 지울 수 없다. 김정일에서 김정은으로 권력을 세습하는 과정에서 어떤 신화가 창조될지 자못 궁금하다.

II

주체와 주체사상

    김일성은 중학 시절부터 공산주의 사상에 심취하고 공산당에 입당했다. 항일 빨치산 활동과정에서 공산주의를 절대가치로 삼았고 하바로프스크 88여단에서 공산주의 정치·군사 교육을 이수 후 북한에 진주했다. '마르크스, 엥겔스, 레닌, 스탈린에 대한 교육을 꾸준히 받고, 정신무장이 잘 되어 있음'이라는 추천서와 함께 스탈린에 의해 북한 지도자로 최종 낙점받은 인물이 바로 김일성이었다. 그런 그가 왜 '주체'를 내세우면서 공산주의를 배척하고 탈소련화를 추구했는가. '주체'란 무엇이고, 오늘날 북한사회에서는 어떻게 인식되고 있는가. 특히 러북 관계에서는 어떤 함의를 내포하고 있는가.

    먼저 '주체'의 사전적 의미를 살펴보자. 위키 백과사전에서는 '주체사상 혹은 김일성주의는 마르크스-레닌주의와 스탈린주의를 유교사상과 섞어 김일성이 내놓은 정치철학으로, 조선민주주의인민공화국의 공식 이념이다 ⋯ 인간에 대한 인간의 지배를 타파하고 당에 의한 인간 지배를 강조한 마르크스-레닌주의의 변종이다. 다시 말해서 주체사상은 마르크스-레닌주의의 후계임을 주장하지만, 이는 관념론·우상숭배에 빠져 스탈린보다 더한 개인숭배의 이데올로기 체제이다."라고 정의하고 있다. 러시아어로 '주체'는 '내 몸의 주인(хозяин своего тела)'으로 해석하고 있다.

세종연구소 정성장 박사는 주체사상과 마르크스-레닌주의 사이에는 단절성보다 연속성이 더 크다고 평가한다. 변증법적 유물론과 사적 유물론이 마르크스-레닌주의의 핵심적 구성 요소인데 반해, '인간중심 철학'과 '주체사관'은 외양상으로만 주체사상의 주요 요소로 간주되고 있을 뿐, 실제에 있어서는 부차적·장식적인 요소로 존재한다는 것이다. 따라서 주체철학과 마르크스-레닌주의의 철학만을 비교해 근본적으로 다르다고 주장하는 것은 주체사상의 비핵심적 요소와 마르크스-레닌주의의 핵심적 요소를 비교하는 오류를 범한다는 것이다. '김일성주의' 또는 '김일성 동지의 혁명사상'으로 표현되는 광의의 주체사상 가운데 특히 '주체의 혁명이론'은 마르크스-레닌주의의 원칙들을 상당 부분 계승하고 있는 것으로 평가하고 있다.[10]

그러면 공산당원 김일성이 왜 공산주의를 배척하고 탈소련화를 추구했으며, 이후 '주체'를 내세우면서 독자노선을 구축하는 배경은 무엇이었는가. 1950년대 한국전쟁 패배와 함께 북한 정권은 대내외적으로 상당한 혼란을 겪고 있었다. 대외적으로는 1953년 3월 스탈린의 사망으로 인해 그때까지 소련이 이끌어가던 사회주의권 내부에 혼란이 일어났다. 스탈린 사후 등장한 흐루시초프는 스탈린의 개인숭배를 비롯한 과오를 강력하게 비판하면서 격하운동을 전개했다. 흐루시초프는 개인독재를 버리고 집단지도체제를 수용해야 한다고 주장했다.

또한 소련 중심의 '1국 사회주의'를 지양하고 개별 국가들이 '사회주의로 가는 다양한 길'을 추구하는 것을 인정했다. 한편으로는 미국과의 화해정책을 시도하기도 했다. 김일성의 입장에서 볼 때 스탈린 사후에 일어난 소련의 변화는 절대 환영할 만한 일이 아니었다.

그러나 이 정도의 이유로 김일성이 소련의 정치노선에 맞선다는 것은 당시 상황에서 생각하기 힘든 일이었다. 오히려 당시 북한 내부의 정치적 상황 자체가 김일성이 소련의 지배권에서 벗어나 주체노선을 내세워야할 만큼 절박했다는 뜻이다. 한국전쟁을 필두로 시작된 피의 전쟁은 북한에서는 1950년대 말까지 피의 숙청으로 이어졌다. 종전 직후인 1953년 7월에 소련파의 거두 허가이가 최초로 살해되었다. 곧바로 김일성의 최대 정적인 박헌영이 체포되어 2년여에 걸친 재판 끝에 마침내 야산에서 총살당했다.

김일성에게 가장 위태로웠던 순간은 1956년 8월 종파사건이다. 소련파와 연안파가 8월 전원회의에서 김일성 축출을 모의했다. 동구권을 방문 중에 급히 귀국하여 가까스로 이를 차단했고 역공을 가했다. 중국계열인 연안파를 제거한 후에는 김일성 입장에서 신뢰할 수 없는 마지막 집단이 소련계 한인들이었다. 숙청작업은 1958년 가을부터 시작하여 이듬해에 대대적으로 진행되었고 소련에서 공부하는 북한 유학생들까지 소환했다. 한국전쟁 실패에 대한 희생양을 만들고 아울러 약화된 자신의 입지를 만회하려는 극단처방이었다. 그렇지만 흐루시초프는 '주체'가 국제상황에 부합되지 않으며 자신의 북한 방문을 계기로 '주체사상'의 수정을 제기할 의향을 보였다.[11]

아울러 김일성은 이론적으로 백업하는 작업도 병행하여 진행시켰다. 스탈린 사망 직후에 스탈린적 마르크스-레닌주의의 '조선 현실에의 창조적 적용'을 구호로 내걸었다. 이 사상의 본격적인 북한화는

1955년 12월 김일성의 '사상사업에서 교조주의와 형식주의를 퇴치하고 주체를 확립할 데 대하여'라는 연설에서 부터 시작됐다. 이 연설을 계기로 주체사상은 스탈린주의에 민족주의적 요소가 결합되는 형태로 출발했고 스탈린주의의 하위 이데올로기로 간주됐다. 그리고 점차적으로 모택동주의적 요소와 황장엽이 이론화한 '인간중심 철학'과 결합하게 된다. 주체사상을 정당화하기 위해 기존의 문헌들을 조작하기 시작했다. 대표적인 것이 『김일성 선집』이다. 한국전쟁 직후에 출판된 초판에 수록된 많은 문헌들을 대폭 수정 또는 삭제하여 1960년부터 재판을 출간했다. 특히 해방 후 김일성이 소련을 '조선의 해방자'라고 사의를 표하는 구절이나 전 세계 무산자의 조국인 소련에 대해 존경심을 표하는 문장, 또는 스탈린을 개인 숭배한 발언 같은 것은 전부 삭제했다.[12]

주체사상을 체계화하는 데 주도적 역할을 했던 황장엽은 마르크스주의를 구체적 실정에 맞게 적용하는 창조적 입장과 함께 사대주의를 반대하고 자주적 입장을 지키는 것을 주체사상의 기본요구로 삼았다. 그 후 김일성은 자주적 입장과 창조적 입장을 기본정책으로 채택하고 사상에서의 주체, 정치에서의 자주, 경제에서의 자립, 국방에서의 자위로 기본노선을 정식화했다. 김일성은 체계적인 고등교육을 받지 못해서 학술용어를 정확하게 쓸 줄 몰랐지만 이론은 중시했다. 그리고 실천에 필요한 이론을 나름대로 구성할 수 있는 능력도 갖고 있었다.[13]

해방 후 북한 대학생들의 사상의식에 결정적 영향을 미친 것은 말할 나위없이 마르크스-레닌주의와 소비에트 문화였다. 그때 대학생들은 항일무장 투쟁사도 배우지 않았고 회상기 학습도 없었다. 한마디로 김일성 우상화가 없었던 시대이다. 학부 도서실에는 소련 소설과 소련 화보, 프라우다(Pravda) 지가 기본적으로 비치되어 있었다. 아무런 문화공간이 없었기 때문에 대학생들은 토요일마다 의무적으로 오락회와 서클활동을 했다. 유일한 문화의 사도는 유학생이었다. 소련에서 유학한 북한 학생들은 공부를 마치고 귀국할 때 전축을 하나 사 가지고 오는 것이 관행이었는데 어떤 때는 학부의 원서 교재를 사오고 레코드판도 사왔다.[14]

그런데 1965년 갑자기 노동신문은 총 6회에 걸쳐 기사 제목에 '주체' 라는 용어를 게재했다. 주목해야 할 점은 6회의 기사 중에서 북한 내부의 현황을 소개하는 글은 단 한 번 게재되었다는 사실이다. 1972년까지만 해도 여전히 김일성의 혁명사상은 '우리 시대의 마르크스-레닌주의' 로, 그리고 김일성은 '우리시대의 위대한 마르크스-레닌주의자' 로 인식되었다. 그 후 북한은 마르크스 관련 책자를 수거하여 폐기했고 1980년 헌법 서문에서 '조선노동당은 온 사회에 마르크스-레닌주의를 실천하기 위해 투쟁한다는 것을 지침으로 하여' 라는 문구도 삭제했다. 그래서 북한을 방문할 때 마르크스와 관련한 책을 휴대하는 것은 금기사항이 됐다.[15]

주체사상 정립의 전환점은 1974년 김정일이 후계자로 결정된 이후였다. 김일성 사상을 '김일성주의' 로 선포하면서 주체사상의 지위에 근본적 변화를 가져왔다. 김일성은 북한에서 마르크스주의나 레닌주의·모택동주의처럼 공산주의 운동사에서 몇 안 되는 하나의 사상 조류를 형성한 위대한 혁명가로 추대됐다. 주체사상은 더 이상 스탈린적 마르크스-레닌주의의 하위 이데올로기가 아니라 북한의 유일한 이데올로기로 격상된 것이다. 주체사상 이론서에서는 김일성주의의 3대 구성이 마르크스주의의 3대 구성에 대한 대안으로 등장했다고 주장했다. 마르크스주의는 독일의 고전철학과 영국의 고전정치경제학,

프랑스의 공상적 사회주의를 비판적으로 극복하고 그에 대체되는 과학적 학설로서 철학, 정치경제학, 과학적 사회주의라는 3대 구성을 내놓았다. 반면 김일성주의는 사상이론적 원천의 변화와 새로운 역사적 과제에 따라 주체사상, 혁명이론, 영도방법이라는 3대 구성을 갖추게 되었다는 것이다.

1980년 4월 레닌 탄생 110주년 기념대회에서 사회과학원 부원장 김화종은 '레닌주의와 우리시대의 자유 독립을 위한 인민의 투쟁' 이란 주제로 발표했다. 여기서 그는 '레닌 사후 50년이 지난 오늘날 프롤레타리아 시대는 인류의 정치·경제가 발전함에 따라 급격한 변화를 가져 왔다'고 했다. 또한 그는 '노동당과 조선인민의 지도자 김일성이 혁명사상인 주체사상을 창안하고 주체사상으로 현 시대가 요구하는 모든 현실적인 해답을 내놓고 있다'고 역설했다. "위대한 주체사상은 공산주의와 조화된 완전한 이론으로 올바르고 진실하기 때문에 낡은 사회를 허무는 투쟁과 새로운 삶을 창조하는 정신을 고취시키는 승리자의 깃발이 되었다"고 강조했다.[16]

김정일은 1994년 11월 노동신문에 '사회주의는 과학이다' 라는 폭탄과 같은 논문을 발표했다. 그러나 1998년 개정된 헌법 전문에는 김일성이 1930년대 이후 항일 혁명 투쟁을 이끌어온 결과로 형성된 '주체의 나라' 라고 규정하고 있다. 또한 김정일이 2001년 8월 모스크바를 공식 방문했을 때 레닌묘를 참배했다. 이는 1986년 김일성 방소시에 이어 1991년 소련 붕괴 이후 국가지도자로서는 유례없는 일이었다. 김정일의 참배 준비를 위해 과거 8년 동안 철거되었던 레닌묘 내의 '제1호' 자리가 특별히 복원되었다. 그는 크렘린궁 시계탑 종소리를 들으면서 붉은광장을 천천히 가로질러 레닌묘 앞에 헌화하고 안으로 들어가 시신 앞에 잠시 동안 머물렀다.[17] 레닌, 레닌주의와 결별

할 수 없는 북한 지도자였다.

그리고 북한은 2009년 4월 최고인민회의를 통해 11년 만에 개정한 헌법에서 공산주의라는 단어를 삭제하고 그 대신 처음으로 '선군(先軍)사상'을 명기했다. 개정헌법에 공산주의라는 단어를 삭제한 것은 북한이 1992년 헌법 개정 때 마르크스·레닌주의를 삭제하고 주체사상을 내세웠던 전례와 같은 맥락에서 이해할 수 있다.[18] 그러면 북한은 더 이상 공산주의 나라가 아닌가? '주체사상'과 '선군사상'은 어떤 인과관계가 있는가. 선군사상은 주체사상의 연장인가 아니면 새로운 이론으로 정립될 것인가.

결론적으로, 북한의 '주체사상'은 자기부정의 이론적 변명이라고나 할까. 마르크스-레닌주의와 스탈린주의를 신봉했던 김일성이 이를 부정하고 탈출하기 위해 자구책으로 급조한 이론이라고 할 것이다. 아울러 북한 내부의 권력투쟁 과정에서 정적 숙청을 위한 구실로 이용되었고, 더 나아가 부자세습 체제의 정당성을 도출하는 이론적 기초가 된 셈이다. 선군사상도 김정일이 주체사상을 업그레이드시켜

주체사상을 이론화한 황장엽은 가고,
주체탑만이 홀로 불 밝히고 있다

만든 통치담론의 또 다른 변형이라고나 할까. 3대 세습체제로 이어지면서 주체사상과 선군사상이 어떻게 자기변화 과정을 거쳐갈지 주목된다.

III

경계인 박헌영

2007년 8월 15일! 러시아 주재 한국 대사관 강당에서 광복절 경축 기념행사가 진행되고 있었다. 박헌영의 맏딸 비비안나는 만감이 교차함을 느꼈다. 항일운동으로 생을 마감한 어머니 주세죽을 대신해서 대한민국 정부로부터 건국훈장 애국장을 수여받았다.

주세죽은 1921년 상하이에서 피아노 공부를 하던 중 남편 박헌영을 만나 조선공산당 재건운동을 벌였고 1927년에는 여성단체인 근우회를 결성하여 항일운동의 선봉에 섰다. 그러나 아이러니컬하게도 1938년 일본 밀정이라는 누명을 쓰고 소련 경찰에 체포되어 카자흐로 유배되었다. 1953년 그녀는 딸 비비안나를 보려고 병약한 몸으로 유배지에서 모스크바로 잠입해 왔다가 그만 54세의 나이로 병사하고 말았다. 당시 지방공연 중이었던 비비안나는 어머니의 임종도 지켜보지 못한 통한을 가슴속 깊이 묻고 살아왔다.

1989년 3월에 주세죽은 소련 정부로부터 명예를 회복했다. 한국 정부도 한소 수교 이후 사회주의 계열의 독립운동가에 대해 유공을 인정키로 했다. 때늦은 감이 있지만 어머니 주세죽 여사를 대신해서 박비비안나가 훈장을 받은 것이다. 일생을 항일투쟁과 공산주의 운동에 바쳤던 부모들이 일제로부터 모진 고문을 당했고 종전 후에는 소련 당국에 의해 유배당했다. 남한에서는 민족의 배반자로, 북한에서는 미제의 간첩으로 매도당했다. 비비안나는 비극적인 가족사 때문에 평생 공산주의를 혐오했고 공산당 입당조차 거부하면서 이데올로기와는 무관한 발레리나로 살아왔다. 때문에 어머니 주세죽에 대한 훈장 수여는 남다른 감회가 따를 수밖에 없었다. 그러나 결코 간과할 수 없는 것은 주세죽이 독립운동가이기 전에 한국 공산주의 이론의 거두 박헌영의 아내라는 사실이다.

박헌영은 한국 공산주의 운동사의 독보적 이론가로서 일제 강점기에 세 차례나 옥고를 치르면서 도피와 지하활동으로 전전했다. 1925년 11월 아내 주세죽과 함께 붙잡혀 고문을 당한 뒤 1927년 9월 조선공산당 사건으로 투옥되면서 국내외 언론의 집중적인 조명을 받았다. 그는 고문 후유증으로 그해 11월 병보석을 받았고 이듬해 8월에 만삭의 아내를 데리고 두만강을 건너 블라디보스토크로 탈출을 감행했다. 망명 출산이라고나 할까. 오늘날의 원정출산과 비교하면 격세지감을 느끼지 않을 수 없다. 이 한맺힌 탈출소식이 언론을 통해 널리 알려지면서 김정구의 '눈물 젖은 두만강'이 탄생하게 된다. 친형 김용환이 당시 영화 촬영차 두만강변에 왔다가 이 소식을 듣고 가사를 지었고 1930년 동생이 음반에 취입함으로써 '민족의 노래'로 널리 보급되었다.[19]

박헌영은 1928년 말부터 1931년 말까지 모스크바 소재 국제레닌학교 영어반에 다녔다. 국제레닌학교는 사회주의 국가의 간부급 인사들을 교육시킬 목적으로 코민테른이 설립하고 직접 운영한 특수학교였다. 이 학교에서 박헌영은 호치민 등 각국에서 온 청년 공산주의자들과 교유하면서 공산혁명 이론과 전략을 배웠고 뛰어난 역량으로 우수한 평가를 받았다. 그는 한때 '조선의 레닌'으로 불리기도 했다. 그가 재학시절에 직접 작성한 영어강의 노트와 박헌영에 대한 교수단의 평가보고서가 한소 수교 이후에 공개됐다. 이 자료는 한국 사회주의 사상의 이식 경로 및 토착 사회주의자들의 이해 정도를 엿볼 수 있는 귀중한 사료로 평가받고 있다.

박헌영은 1932년 조선공산당 재건의 사명을 띠고 상하이로 파견되면서 네살배기 딸 비비안나를 모스크바 근교 육아원에 맡겨 놓았다. 이듬해 그가 일제에 의해 체포된 후 딸과 연락이 끊겼다. 해방 후 1946년 4월 조선공산당 총비서가 된 이후에야 딸의 소식을 접하게 되었다. 박헌영은 훌륭한 발레리나로 성장한 열여덟 살 딸의 소식을 들

1929년 국제레닌학교 유학시절의 박헌영과 주세죽,
당시 한 살이었던 딸 비비안나(좌측 하단)가 할머니가 된 모습(우측 하단)

고 KGB 하바로프스크 지부를 통해 간절한 부정(父情)이 배어나오는 편지를 그녀에게 보냈다. 그리고 1946년 7월 하순에 KGB 주선으로 모스크바 시내 중심가에 있는 최고급 호텔에서 난생 처음으로 부녀가 상봉을 했고 3일간 기업소, 공장 등을 함께 견학했다. 그러나 비비안나는 아버지가 왜 모스크바에 왔는지에 대해서는 전혀 알지 못했다. 그녀는 1949년 평양에 잠시 머무르며 월북 무용가 최승희에게 한국 무용을 배우기도 했다. 그때 함께 살자는 아버지의 말을 뿌리치고 모스크바로 돌아온 것이 마지막 이별이 되고 말았다.

박헌영과 김일성은 북한 정권 수립 이후부터 줄곧 함께 했다. 초기에 둘 사이는 크게 나쁘지 않았으나 시일이 경과함에 따라 김일성이 박헌영을 자신의 가장 큰 정적으로 인식하기 시작했다. 김일성은 박헌영을 이름 대신에 '이론가'라고 부르면서 빈정거리기도 했다. 김일성은 공·사석에서 '우리(빨치산파)는 공부를 못하고 일본군과 무기를 들고 싸웠다'고 강조하고 '박헌영은 말만 공부했다'고 비판하기 일쑤였다. 그럼에도 불구하고 둘은 공동운명체였다. 특히 한국전쟁을 준비하는 과정에서 더욱 밀착되어 있었다. 이들은 1949~50년 두 차례나 모스크바를 방문하여 스탈린 설득작업에 힘을 모았다.

1950년 5월에는 중국을 방문하여 모택동과 두 차례 회담을 갖고 유사시 중공군이 지원한다는 합의를 도출했다. 한국전쟁은 박헌영과 김일성의 시나리오대로 일사분란하게 전개되었다. 북한 인민군이 파죽지세로 남한 전역을 점령해 버렸다. 그러나 개전과 동시에 남한에서 대중 봉기와 빨치산 투쟁이 시작될 것이라는 박헌영의 예측은 빗나갔다. 유엔군의 반격으로 인민군이 괴멸적으로 붕괴되고 속수무책의 상황에 처했다. 박헌영은 신설된 총정치국장에 임명되어 필사적으로 저항했지만 역부족이었다. 9월에 김일성과 연명으로 스탈린에게 구원의 전문을 보냈고 10월에는 동일한 친서를 모택동에게도 보냈다.

김일성과 박헌영은 남 측의 북진이 시작되면서 심각한 갈등관계에 놓이게 됐다. 1950년 10월 19일 연합군이 평양에 입성할 때, 김일성은 미군의 공중폭격을 피해 기차를 타고 덕천의 철도터널 안에 들어가 있었다. 나중에 평북의 대유동으로 옮겨 갔던 김일성은 깊이 30m, 경사 33도에 이르는 지하갱도를 나무사다리로 오르내리며 작전을 지휘했다. 극도의 긴장 속에 머물었던 곳이 고산진이었다. 그곳에서 김일성과 박헌영은 심하게 다퉜다. 김일성의 참모들이 밝힌 당시의 정황은 이렇다.

술을 마신 김일성은 박헌영을 나무랐다. "당신이 말한 그 빨치산들은 다 어디에 갔는가! 백성들이 다 일어난다고 그랬는데 어디로 갔는가"라는 호통이었다. 그러자 박헌영은 "아니, 김일성 동지, 어찌해서 낙동강으로 군대를 다 보냈는가? 서울이나 후방에 병력을 왜 하나도 안 두었는가? 그러니 후퇴할 때 다 독 안에 든 쥐가 되지 않았는가 … 그러니 다 내 책임은 아니다"고 했다. 그러자 김일성이 "야, 이 자식아, 무슨 말인가! 만약에 전쟁이 잘못되면 나쁜 아니라 너도 책임이 있다. 무슨 정세판단을 그렇게 했는가"라며 대리석으로 만든 잉크병을 던졌다는 것이다. 북한 지도부는 중공군의 참전에도 불구하고 그렇게 내분에 휩싸인 상태였다.[20]

북한 내부적으로도 전쟁 실패의 책임문제가 제기될 수밖에 없었다. 한국전의 기획 및 연출을 총괄한 장본인들이 바로 김일성과 박헌영이다. 누군가가 희생양이 되어야 할 상황이었다. 전쟁의 상흔은 어제의 동지를 오늘의 적으로 만들어갔다. 두 사람 사이에 권력 암투가 시작됐고 김일성은 박헌영 제거작업에 들어갔다. 내각 부총리 겸 외무장관을 거쳐 조선노동당 부위원장이 된 박헌영은 1953년 초 간첩죄·국가

전복죄의 혐의를 받고 체포되었다. 1953년 8월에 열린 조선노동당 중앙위원회 전원회의가 그를 재판에 회부키로 결정했다. 결국 그는 1955년 12월에 사형선고를 받았다.

박헌영 문제로 이바노프(ИВАНОВ) 대사는 1956년 4월 19일 김일성을 예방했다. 그는 북한 당국이 박헌영 처형문제에 대한 소련 공안기관의 견해를 수차례 요청했음을 상기시켰다. 그리고 그는 김일성에게 박헌영을 극형에 처하는 것을 삼가는 것이 적절한 조치라는 소련 공안기관의 의견을 전달했다. 그 이유로는 박헌영을 선고한 후 많은 시간이 지났고 그가 정치적으로 매장되었기 때문에 그를 처형한다면 국내외적으로 부정적 반응을 초래할 수 있다는 것이었다. 김일성은 이바노프 대사의 말을 듣고 분명히 불안해하고 초조한 반응을 보였다.[21]

7월 19일 박헌영은 결국 처형되었던 바, 그 과정은 다음과 같이 전해진다. 당시 동유럽을 순방 중이던 김일성은 급히 귀국해 사형집행 명령을 내렸고, 내무상 방학세가 그를 야산으로 끌고가 권총으로 사살했다는 것이다. 물론 박헌영에 대한 혐의는 조작된 것이다. 권력구도의 변화가 김일성의 최대 라이벌인 박헌영 숙청을 가능케 했던 것이다. 즉 당내 실권을 쥐고 있는 허가이와 조중연합사령부(朝中聯合司令部)에서 조선인으로 최고 지위에 있던 박일우가 제거됨으로써 박헌영의 운명도 풍전등화(風前燈火)의 신세가 될 수밖에 없었다.

박헌영의 숙청으로 북한정권 수립 이후 지속되어 왔던 남북 노동당 주도권 싸움은 종식되었다. 김일성이 조선 공산당의 유일 지도자로서의 위치를 구축한 셈이다.[22] 박헌영의 제거는 소련과 중국의 암묵적 양해하에 이루어졌을 것으로 후인들은 추정한다. 남한의 유격부대를 안고 있는 남로당은 정전회담에 강경자세를 취하지 않을 수 없었다.

박헌영이 숙청 직전인 1951년 10월
재혼(1949년 8월)한 윤레나와의 사이에 태어난 딸과 함께

이는 정전의 조기 성립을 바라는 소련과 중국의 입장과는 배치된 것
이었다. 그들의 탈락과정은 그들이 차지하고 있던 몫만큼 김일성의
권력이 확대되는 과정이기도 했다.[23]

박헌영의 가족으로는 첫째 부인 주세죽과의 사이에 태어난 박 비비
안나와 일제의 탄압을 피해 도망 다니던 중 아지트 키퍼였던 정순년
과의 사이에서 태어난 원경스님이 있다. 그리고 해방 후 북한에서 재
혼한 세 번째 부인인 윤 레나와의 사이에 태어난 남매 등이다. 그러나
박헌영 처형 당시에 북한에 거주하고 있었던 가족의 생사는 현재까지
알려지지 않고 있다. 주세죽은 모스크바 시내 소재 다닐로프 공원묘
지에 '한 벨라' 라는 당명으로 안장되어 있다. 비비안나는 한국정부
로부터 수여받은 훈장을 어머니 묘에 바치면서 뒤늦게라도 명예가 회
복되고 공적이 인정된 것을 불행 중 다행이라고 위안했다.

1900년 충청도에서 태어나 3·1운동에 가담한 뒤 줄곧 일제의 식민
통치에 저항하다가 무수한 고초를 당했던 독립운동가 박헌영! 독립운

동의 일환으로 공산주의 이론에 심취했다가 냉전 이데올로기의 희생양이 된 박헌영! 한국전쟁의 상흔과 남북분단의 비극을 송두리째 안고서 북한으로 부터도 남한으로부터도 배척당한 채 비운의 종말을 맞은 경계인 박헌영! 소·미·일·중 등 주변국 어느 나라로 부터도 인정받지 못하는 역사적 사각지대형 인물 박헌영! "언젠가는 아버지도 제대로 된 역사적 평가를 받게 되는 날이 왔으면 좋겠다"는 딸 비비안나의 간절한 염원이 성취될 그날은 올 것인가. 냉전 이데올로기가 종식되고 남북한 분단의 벽이 무너지고 조국통일의 그날이 오는 순간에도 박헌영의 존재는 여전히 외면당할 것인가! 후인들이 풀어야 할 과제이다.

IV

소련파 숙청

1950년대 한반도는 피비린내 나는 살육의 현장이었다. 한국전쟁을 필두로 시작된 피의 전쟁은 50년대 말까지 피의 숙청으로 이어졌다. 북한의 권력암투가 바로 그것이었다. 종전 직후인 1953년 7월에 소련파의 거두 허가이가 최초로 살해되었다. 허가이가 농업담당 부수상으로 좌천되었다가 미군 폭격을 받아 무너진 순안 저수지 복구사업을 현장 지휘하라는 김일성의 명령에 불복한 후 자살했다는 주장도 있다.[24] 허가이의 딸과 친지들의 증언에 따르면, 타살이었으며 평양근교 자택에서 살해당했다.[25]

그는 북한 건국작업에 참여한 최초의 고려인이요 김일성과 김두봉에 이어 북한 내 공식서열이 3위인 북조선노동당 제1부위원장이었다. 김일성에게 있어서 떨쳐 버리려 했던 소련 통제력을 상징한 인물이 바로 허가이였다. 그리고 뒤이어 박헌영이 체포되었고, 2년여에 걸친 재판 끝에 야산에서 총살당했다.

정적 숙청은 중국계열인 연안파로 이어졌다. 1956년 8월에 연안파의 대부 윤공흠은 김일성을 비판하다가 체포 직전에 중국으로 도주해서 목숨을 보전했다. 연안파를 제거한 후에 김일성에게는 신뢰할 수 없는 마지막 집단이 소련계 한인들이었다. 숙청작업은 1958년 가을부터 시작하여 이듬해에 대대적으로 진행되었다. 심지어는 김정일의 지도교수도 숙청 대상이었다. 김정일을 지도했던 이영춘 교수는 김일성대에서 가장 유능한 학자로 평가받았다. 그는 모스크바에서 유학할 때 소련 여성 라쿠니나(Лакунина, 모스크바대 경제학부 졸업)와 결혼하여 평양에서 살다가 1962년 가을 어느 날 아무런 이유 없이 북부의 한 공장산하 공과대 교수로 좌천되었다. 공장기숙사에서 공원들과 함께 생활하며 겨울내내 난방도 안 되어 외투를 입고 신발까지 신고 잠을 청해야 했다. 이유는 소련 여성과 결혼했다는 사실 하나 때문이다. 또한 왜 딸의 이름을 소련 이름인 안나로 지었느냐고 추궁당했다.[26]

이것으로 끝나지 않았다. 50년대 말 김일성은 소련에서 공부하는 유학생들이 수정주의 사상에 오염됐다는 이유로 소환명령을 내렸다. 일부 유학생은 이를 거부하고 현지에서 잠적했다. 허진, 최선옥, 맹동욱 등 적지 않았다. 북한 특수요원들은 잠적한 유학생들을 색출하기 위해 소련 전역을 누비고 다녔다. 소북 양국 간 외교문제로까지 비화되었다. 흐루시초프의 직접적인 지시에 따라 소련 주재 북한대사가 추방되기도 했다. 차이코프스키 음대 재학 중인 이상구는 백주에 북한요원들에 의해 강제 연행되어 평양으로 귀국 조치당했다. 강제 귀국당한 학생들은 특별수용소에 감금되어 철저하게 사상검열을 받았다. 흐루시초프의 수정주의 사상에 오염된, 신뢰하지 못할 학생에 대해서는 사형이 언도됐다.[27]

북한으로의 귀국을 거부하고 소련 국적을 요청한 학생은 총 11명이었다. 이들을 대학에서 제적시키고 임시 거주증명을 교부해 주어 여러 작업장으로 보냈다. 이상조 전 대사는 고급당학교에 청강생으로 적을 두었으나 소련 공산당 중앙위가 북한과의 관계를 고려해 제적시켰다. 북한 노동당 중앙위는 도주한 중국 분파주의자(연안파)의 입국을 거부했고 연안파 이상조는 소련에 망명을 요청했다. 망명은 국제법에 따라 허용됐다.[28]

동구권 국가와도 동일한 상황이었다. 북한 유학생 4명이 귀국을 거부하고 불가리아 정부에 정치망명을 요청했는데, 이 사실을 인지한 북한 대사관 측에서는 이들을 체포해 구타하고 대사관에 감금시켰다. 불가리아 정부가 강력히 항의해도 소용없었다.[29] 북한 남성과 결혼하여 평양에 사는 독일 여성 10명 중 8명이 탄압에 못 이겨 본국으로 귀환해 버렸다. 폴란드 여성 1명도 야간에 강제 연행될 뻔했으나, 자국 대사의 도움을 받아 가까스로 위기를 모면했다.

북한에 체류 중인 소련인 350~400명은 온갖 수모를 당했다. 북한은 소련을 노골적으로 모독했다. 초등학교 학생들이 길거리에서 소련인을 만나면 욕설을 퍼붓기도 했다. 어떤 초등학교에서는 교사가 국제 노동활동 사진을 보여 주면서 '누가 옳으며 누가 틀렸는가'를 물으면, 학생들은 '김일성'이 옳다고 대답하고, 소련 지도자들의 사진을 교실 바닥에 내동댕이치고 발로 짓밟기도 했다.[30]

주북 소련 대사가 흐루시초프의 방북 준비 일환으로 본국에 보고한 북한 거주 소련 한인들의 실상이다. 소련 한인은 1945~55년에 걸쳐 북한의 요청으로 208명(가족 제외)이 파견됐다. 대부분이 정부, 당 그리고 인민군의 요직에 등용됐다. 그렇지만 이들은 북한에서 사회주의 건설 사업을 수행하면서 많은 실정을 했고 처신을 거만하게 하면서 조선의 풍속을 무시했다. 이들은 북한에서 1958년과 1959년에 사상검열 후 반당 분파주의자로 몰려 체포됐다. 박창옥은 총살되고 박의왕은 10년형을 받았으며 김철성과 김원기는 분파주의자로 숙청됐다. 그외에 22명은 하급직으로 강등되고 인민군에서는 장성 9명과 고급장교 5명이 직위를 박탈당했다. 소련 한인들은 경계심의 대상이 되었고, 1956년부터 소련으로 108명이 귀환했고 90명은 북한에 남았다. 그리고 10명은 한국전쟁 때 전사했다. 그중에서 84명은 북한국적을 취득했고 6명은 여전히 소련국적을 갖고 있었다.[31]

주체사상의 기치하에 추진된 반소정책은 계속됐다. 소련계 한인들이 북한 주재 소련 대사관에 접근하는 것을 차단했고 소련의 한국어 라디오 방송 프로그램을 절반으로 줄였다. '조소친선의 달' 행사를 폐지하고 소련작가들이 쓴 희곡과 연극들을 극장공연 목록에서 삭제했으며 80%의 학생들이 노어를 배우는 외국어대를 폐교했다. 주북 모스콥스키 대사의 1962년 10월 9일자 보고에 의하면, 프라우다 지 특파원 라주바에프는 북한 시인 한윤호를 3번 만났는데, 4번째 우연히 공원에서 만날 때 그는 더 이상 만날 수 없다고 말했다. 지난번 만난 것을 당에서 알고 조사를 받았고 평양에서 추방당하게 되었다고 설명했다.[32]

아이러니컬하게도 이러한 숙청작업을 소련계 한인이 주도했다. 이이제이(以夷制夷)라고나 할까. '북한의 베리아'로 통한 방학세가 대표적인 인물이다. 구소련의 카자흐 크즐오르다의 검찰 출신인 방학세는 법률 전문가 자격으로 북한에 파견되었다. 파북 초기부터 정치사찰 업무를 담당했고 사회안전부를 창설한 장본인이다. 그래서인지 그는 20여 년간 북한의 최고재판소 소장을 역임했고 조선노동당 제6차 대회에서 중앙위원회에 소속된 유일한 소련파 출신으로 남았다.

숙청작업에 기여한 또 한명의 인물은 바로 오진우다. 1956년 소련 파와 연안파가 주동이 되어 김일성을 축출하려는 움직임이 거세질 때 오진우(당시 준장)는 예하 보병사단을 이끌고 평양에 진주하여 이를 무력으로 진압했다. 김일성은 오진우의 행동을 극찬했으며 나중에 그는 초고속으로 승진하여 국방장관 겸 조선인민군 원수의 직위까지 올랐다.33)

김일성은 왜 이러한 극단조치를 취했는가. 여러 가지 요인들이 복합적으로 작용했지만 간단하게 정리하면 대내적 요인과 대외적 요인으로 대별된다.

우선 대내적 요인을 살펴보자. 김일성은 한국전쟁의 실패에 대한 희생양과 약화된 자신의 입지를 만회하려는 극단처방이 필요했다. 스탈린을 끝까지 설득하여 한국전쟁을 도발한 장본인이 김일성이었다. 그는 최단시일 내 한반도를 적화통일할 수 있다고 호언장담(豪言壯談) 했다. 그러나 결과는 정반대였다. 그동안 집단지도체제의 형태로 운영해온 권력의 몫이 현저히 줄어들 수밖에 없다. 무엇보다도 두려운 것이 소련 측의 질타이다. 역공이 필요했다. 소련파의 거두 허가이가 두려웠다. 허가이가 소련을 등에 업고 반김일성 모의를 주도할까 두려웠다. 그래서 그를 죽여야 했고 내친김에 정적인 박헌영도 미제국주의자의 간첩으로 몰아세워 처형했던 것이다.

대외적 요인을 살펴보자. '우리의 스탈린 아버지'가 세상을 떠났다. 스탈린은 '큰 수령'으로서 '젊은 수령'인 김일성이 추종해온 개인숭배의 우상이다. 의지할 사람이 없었다. 게다가 뒤를 이은 흐루시초프는 스탈린의 개인숭배 사상을 노골적으로 비판했다. 김일성 자신에게도 언제 불똥이 튈지 장담할 수 없었다. 소련으로부터의 북풍을 차단해야 했다. 노심초사(勞心焦思)할 수밖에 없었다.

김일성에게 가장 위태로웠던 순간은 1956년 8월 30일 전원회의였다. 소위 8월 종파사건이다. 김일성이 동유럽 순방(6.1~7.19) 중에 소련파와 연안파가 8월 전원회의에서 김일성 축출을 모의한다는 첩보를 입수했다. 급히 귀국하여 이를 차단했고 오히려 역공했다. 이 사건이 소련과 중국에 알려지자 미코얀 부수상과 팽덕회 국방장관을 평양으로 파견하여 김일성의 결정을 번복시켰다. 김일성은 전략상 일보 후퇴하고 후사를 도모했다. 그리고 9월 23일 전원회의에서 8월회의 결정을 번복해 버렸다. 결국 반종파 투쟁은 김일성의 정치적 승리로 귀결됐다. 1959년 5월 방학세가 소련 대사 푸자노프를 면담할 때 10만 명의 정치범을 적발해서 1만 명을 체포하고 그중에 2,500명을 북부 오지로 이주시켰다고 설명했다.[34] 김일성은 자신의 목표를 달성했다. 집단지도 체제에서 1인독재 체제로 바꿔 권력을 독점했다.

북한의 소련파 숙청은 40여 년이 지난 1990년대 초에 다시 한번 단행되었다. 이번에는 소련계 한인이 아닌 북한인으로서 소련에서 연수한 군 간부들이 그 대상이었다. 소위 '프룬제 군사아카데미 사건' 이다. 푸룬제 군사아카데미는 모스크바 한국대사관과 도로 하나를 사이에 두고 마주보고 있다. 러시아군의 간부요원을 양성하는 핵심 군기관이다. 소련 당시에 이곳은 북한군의 간부요원들이 거쳐가는 엘리트 코스였다. 1960년대부터 북한은 군사대학 재학생과 졸업생들 중에 우수한 인재들을 선발하여 이곳으로 유학을 보냈다. 한국 군인들이 미국의 웨스트포인트(West Point Academy, United States Military Academy)에서 연수하는 것과 동일한 개념이라고나 할까. 특히 이 군사아카데미가 김정일의 권력 공고화 과정에서 엄청난 회오리 바람의 진원지가 되었다는 사실을 안다면 놀랄 것이다. 소위 푸룬제 군사아카데미 출신의 북한군 장교들이 모의했던 쿠데타 사건이 바로 그것이다.

당시 모스크바 유학 중에 망명한 허진 교수의 주장은 다음과 같다. 인민무력부 안종호 상장의 주도하에 장교 40명이 김부자 제거 계획을 세웠다. 안종호는 만경대 혁명학원을 거쳐 남산학교와 군사대학을 졸업하고 푸룬제 군사아카데미에 유학 후 귀국하여 작전처장과 전투훈련국장 등 요직을 역임했다. 거사일은 1992년 4월 25일 평양의 김일성 광장에서 개최되는 조선인민군 창설 60주년 기념 열병식 때다. 수도방위사령부의 전차부대 사단장이 탄 첫 번째 전차가 주석단 앞에 정지한다. 병사가 김일성과 김정일에게 꽃다발을 바친다. 바로 그때 사단장이 탄 전차의 1백mm포가 주석단을 박살낸다는 것이다. 그러나 실제로 이 계획은 실행되지 못했다. 인민무력부의 박기서 대장이 인민무력부 소속의 전차사단을 동원할 것을 제의했기 때문이다. 인민무력부장 오진우가 박기서의 의견을 수용함으로써 수도방위사령부의 계획이 무산될 수밖에 없었다.[35]

그러면 어떻게 해서 이 음모가 누설되었는가. 우선 그 당시 북한의 대내외 상황을 눈여겨 볼 필요가 있다. 1990년대 초 북한은 전통 맹방인 소련과 중국이 남한과 수교함으로써 철저하게 배신감을 느꼈다. 동구권에 이어 사회주의 종구국인 소련마저 무너지고 말았다. 변화하는 국제정세의 흐름을 타고 평양·청진·신의주 등 북한 주요 도시에서 김일성과 김정일을 비난하는 삐라·낙서 사건이 연달아 발생했다. 북한 당국은 이러한 외부사조 유입에 긴장하지 않을 수 없었다.

김정일은 1992년 11월 보위부를 방문해 '당·행정 업무에 간참(간섭과 참견)하지 말고 간첩만 잡으라. 소련과 동유럽 국가들이 다 망했다. 우리가 지금 해이되면 내일은 쓴맛을 본다. 사회주의가 망하면 가장 첫 번째 숙청대상은 당과 보위기관 일꾼들이다' 면서 주민들의 동향을 감시하고 국경을 철저히 봉쇄하라고 지시했다. 우선 '보위기관

모스크바 한국 대사관과 마주보는 곳에 위치한
푸룬제 군사아카데미 전경
과거 이곳에 유학했던 북한 군엘리트들이
반김일성·김정일 쿠데타를 주도했으나 실패했다

의 현대화' 방침에 따라, 김정일과의 직통전화, 직접보고 체계 구축,
보위통신체계 단독 운영 및 수령의 권위를 해치는 요소들을 적발할
수 있는 지문 감식기·필적 감식기를 해외에서 구입했다. 이어 국가보
위부는 30번·40번 숙청작업에 돌입했다. 보위부의 암호 가운데 30번
은 소련의 첩자요 40번은 중국의 첩자를 의미했다. 과거에는 소련과
중국을 왕래하는 것이 모든 사람의 부러움이었다. 그러나 이젠 상황
이 역전됐다.

　30·40번 숙청사업의 첫 번째 대상은 바로 푸룬제 군사아카데미 유학
출신 장교들이었다. 김정일이 KGB 동아시아 담당 요원으로부터 '북
한 내 소련 포섭자 명단'을 입수했다. 이들이 KGB에 매수된 후 미국
CIA와 결탁한 KGB의 지시에 따라 북한 수뇌부를 없애고 쿠데타를 기
도했다는 혐의다. 김정일은 이를 근거로 김일성 주석과 담판을 벌여
최고사령관 지위를 승계하는 데 성공했다. 그 후 본격적인 숙청작업에
착수했다. 인민군 보위국은 1993년 초 안종호 등 소련 유학파 11명을
먼저 숙청하고 나머지 유학파 장교들을 모조리 조사·체포·처형하거

나 정치범 수용소로 끌어갔다. 이로 인해 인민군 보위국은 단번에 보위사령부로 승격됐다.[36]

사실 이 당시에 김일성 부자 간 권력암투가 심각한 수준에 이르렀다. 1993년 6월 22일 김일성은 김정일의 당비서와 정치국 상무위원 자리를 빼앗고 군의 지휘권만 주었다 한다. 김정일의 빈번한 실수로 인한 장래의 불안감 때문에 김일성이 그런 결단을 내렸다는 것이다. 그 후 김일성은 동생 김영주를 정치국 위원으로 임명하여 당 사업을 관장케 하고 정무원에 대해서는 자신과 김성애가 적어도 10년간 직접 담당할 계획이었다는 것이다. 그러나 김일성은 김정일을 후계자로 옹립할 시간적 여유가 없는 상태에서 사망했기 때문에 이것은 김일성의 유훈으로 남고 말았다. 김정일이 당총비서와 국가주석이 되지 못한 것도 바로 이 유훈 때문이라는 것이다.[37]

김정일은 원응희 인민무력부 보위사령관을 중심으로 강력한 친위세력을 만들어 군 전체를 견제했다. 100명 중 2명은 감시자들이었다.[38] 그럼에도 불구하고, 1990년대 중반 들어 각급 부대가 외화벌이 사업에 몰두하면서 지휘서열이 흐트러졌다. 1995년 6월 보위사령부는 '함경북도에 있는 6군단 지휘관들이 남한 안기부와 내통해 쿠데타를 모의했다' 는 혐의를 포착했다. 이 사건과 관련하여 1만 5,000명 이상을 처형·숙청·조사한 보위사령부는 명실 공히 '선군 정치의 기수' 가 되어 최고 권력기관으로 부상했다. 그리고 반역의 대명사가 된 6군단은 9군단으로 새로 개편됐다.[39]

김정일에게는 김일성과 같은 카리스마는 없다. 내세울 수 있는 것은 '대를 이어 혁명을 완수하자' 는 아버지의 뜻과 당이 공식으로 인정한 권력 후계자로서의 지위, 어느 정도 검증된 리더십 정도였다. 그의 업무 처리 방식은 '위임, 승인, 친필 지시' 의 3단계로 구분됐다.

군경력도 없는 김정일은 1992년 4월 21 일약 원수의 계급을 부여받았다. 그를 '위대한 전략가, 위대한 장군'으로 호칭하라는 명령에 일부 엘리트 군간부들이 심하게 반발했고 소련 푸룬제 군사아카데미 출신의 장성들이 주도하여 쿠데타를 시도했다가 실패하고 말았다.[40]

러북한 관계는 자유화 물결이 유입되는 계기 시마다 한바탕 진통을 겪었다. 흐루시초프의 평화공존 정책에 따른 자유사조가 북한에 유입되는 1956년에는 종파사건으로 허가이 등 소련파 인사들이 대거 숙청됐다. 그리고 옐친의 친서방화 정책의 영향을 받아 북한의 주체사상을 거부하고 자유화·개방화·민주화를 요구하는 소련 유학파가 숙청된 것이다. 결과적으로 소련과의 관계 악화 및 자유물결 차단 과정에서 김정일은 오히려 자신의 권력을 강화시켰다. 김일성이 흐루시초프 당시에 외부사조 차단 일환으로 종파사건을 역이용했던 것과 유사하다. 물론 당시에는 북한 내 소련 출신 한인들을 숙청·축출하는 형식이었지만, 김정일의 경우는 소련의 영향을 받은 북한 군엘리트를 숙청하는 역상황이었다.

V

휴전선 마그마

　'6·25전쟁이 남침'이라는 사실은 '지구는 둥글다'와 마찬가지로 진리였다. 이 진리에 대한 확신은 적어도 6·25전후 세대들에게는 어머니 뱃속에서부터 학습된 것이다. 초중고교 시절을 보내면서 남침설에 대해 추호의 의심을 해 본 적이 없었다. 그러나 1980년대 정치의 봄을 맞이하면서 '남침이 아닐 수 있다'는 주장이 일부 진보학자들에 의해 설득 공간을 확보해 갔다. 여기에는 진보성향의 외국학자들까지 가세했으니 이 정도면 '지구는 둥글다'란 주장도 흔들릴 수밖에 없었다. 우리는 또 한 번 이념논쟁과 짝퉁성 진리에 대한 진위 논란의 소용돌이 속에 함몰되고 있었다.

　1990년대 소련과 수교하면서 진실의 실체가 점차 명확해졌다. 단적으로, 6·25전쟁이 남침이었다는 진실에 대한 반론은 더 이상 설 땅을 잃고 말았다. 그간 한국전쟁에 대한 무수한 자료와 저서들이 출간되

6·25전쟁의 결과 생겨난
무수한 전쟁 고아들

었지만, 전쟁을 막후에서 조종했던 소련 측의 자료와 증언들만큼 확
실한 증거는 없었다. 북침했다는 주장은 골수 공산주의자들의 입에서
조차도 나오지 않았다.

그러면 개전 직전의 38선 일대는 어떤 분위기였는가. 최근 해지된
소련 측 고문서(박종효 편역, 러시아연방 외무성 대한정책자료)를 근거로
1949년부터 6·25전쟁 발발 직전까지의 상황을 살펴보자.

1949년 2월 3일 스티코프 대사의 몰로토프 외상 앞 암호 전문: '38선의
상황은 불안하다. 남조선 군과 경찰이 매일처럼 38선을 넘어 북조선
경찰 초소를 공격하고 있다. 북조선 경찰은 종종 실탄을 다 소모하면
남조선 경찰에 붙잡힌다.'

1949년 4월 20일 바실레프스키(Василевский A.M.) 무력상의 스탈린 앞
38선 관련 극비 보고: '소련군 철수후 남쪽의 38선 침범행위는 도발적
이며 체계적인 성격을 띠고 있다. 금년 1월 1일부터 4월 15일까지 38
선에서 모두 37건의 침범사례가 있었고 발포는 남쪽이 시작하고 있
다. 남 측이 더 많은 병력을 동원해 재도발 가능성을 배제할 수 없다.

그러므로 북조선 인민군 사령부에 대규모 도발행위에 대비한 적절한 조치를 취하라고 권고하는 것이 좋을 것 같다.' (스티코프 대사는 인민군 강화와 장비 필요성을 강조한 김일성의 5월 1일자 스탈린 앞 서한도 송부)

1949년 5월 15일 스티코프 대사의 브신스키 외상 앞 보고: '김일성은 김일 조선인민군 정치국장의 모택동 면담결과를 전달했다. 모택동은 "조선에 전쟁이 발발하면 지구전은 불리하다. 왜냐면 일본이 개입하여 남한 정부를 지원할 수 있다. 그러나 이웃에 소련이 있고 우리도 만주에 있으니 걱정할 것 없다. 필요 시에는 우리 중국군이 지원해 줄 수 있다."라고 말했다.'

1949년 7월 13일 스티코프 대사의 브신스키 외상과 바실레프스키 무력상 앞 암호 전문: '7월 12일 해주 서쪽 40km 지점의 옹진방면에서 남조선 국방군 18연대 제2대대 산하 병사 3명을 생포했다. 포로들에 의하면, 북조선 인민군이 남침을 준비하고 있으므로 남한 국방군이 북쪽을 선제공격하고 8월 15일까지 북조선을 완전히 탈취해야 한다는 것이다. 국방군 제12연대는 개성 서쪽 30km에 있는 고지를 점령하라는 임무가 부여됐고, 제18연대는 서울지역에 있는 제13연대와 협동하여 옹진지역에서 북진하여 개성시를 점령한다는 계획이다.'

1949년 8월 2일 소련 외무성의 주북 대사 앞 암호 전문: '북한 주둔 소련군의 군사시설을 철수해 국제사회에 우리의 평화적인 의도를 알리고 심리적으로는 남조선 국방군의 무장을 저지할 것. 혹 남조선 침공으로 전쟁이 발발할 경우에도 소련은 전쟁에 개입하지 않을 것이라는 생각을 갖게 하는 것이 좋을 것 같다.'

1950년 1월 17일 주북 중국 대사 이주연 축하 만찬 후 김일성-스티코프 대사 간 대화: (김일성) "지난해 모스크바 방문 시 스탈린 동지가 남진해서는 안 된다고 말하고, 다만 이승만 국방군이 북진할 때는 대대적인 반격을 할 수 있다고 말했다. … 남반부 공격을 구상하고 있으므로 스탈린 동지의 조언을 듣고 싶다." (스티코프) "스탈린은 김일성 동무의 불만을 이해하지만 남조선 해방문제와 같은 큰 문제는 준비를 철저히 해야 하고 남조선 해방에 관해 회담을 원하면 언제든지 만날 용의가 있다고 전했다."

1950년 3월 30일~4월 25일 김일성과 박헌영의 모스크바 비공식 방문: 거의 한 달간 모스크바에 머무르면서 스탈린과 세 차례에 걸쳐 회담을 가졌다. 여기서 스탈린은 처음으로 북한 지도부의 남침계획에 대해 긍정적인 입장을 나타냈다. 그러나 그는 미국의 전쟁 불개입 확증, 중국의 지지 확보, 북한 군대의 최단 시일 내 강화 및 전쟁의 전격적 추진 등을 전제로 제시했다.

1950년 5월 10일 스티코프 대사의 브신스키 외상 앞 암호 전문: '김일성의 모택동 예방결과에 대해, 모택동은 "조선의 평화적 통일이 불가능하다. 오직 군사적으로 해야 하며 미국을 두려워해서는 안 된다. 조선 같은 작은 나라 때문에 3차 대전이 발발하지는 않을 것이다"고 언급했다. 김일성은 "진격 작전준비를 총참모장에게 지시해 6월에 작전을 개시하기로 이미 계획을 수립하고 있다" 말했다.'

1950년 5월 14일 브신스키 외상이 주중 소련 대사 로신에게 보낸 필립포프(스탈린 암호명)의 모택동 앞 서한: '미군 철수, 애치슨의 미국 방위선 남한 제외, 모택동의 중국본토 장악, 남한 내 좌파 폭동 등 국제정세가 변했으므로 통일과업을 수행하겠다는 조선동무들의 의견에 동의했다. 그러나 중국과 조선동무들이 함께 최종 결정해야 하며 만약 중국 동무들이 찬성하지 않는다면 재검토할 때까지 연기해야 한다.'

1950년 6월 16일 스티코프 대사의 외무성 앞 암호 전문: '5월에 소련에서 추가로 도입한 무기와 장비가 도착하자, 김일성은 새로 편성된 사단을 점검하고 6월 말까지 작전준비를 완료하라고 인민군 사령부에 지시했다. 인민군 사령부는 소련 군사고문 단장 바실리에프(Васильев) 중장과 총괄적인 계획을 수립해 김일성의 결재를 득했다. 부대편성은 6월 1일까지 완료하고 6월에 인민군을 총동원시켰다. 김일성은 38선에서의 공세를 6월 말경으로 예정했다. 첫 공세는 6월 25일 새벽에 옹진반도를 시작으로 서해안을 집중 타격해 서울을 점령하고 한강을 장악하며 동시에 동부지방에서는 춘천과 강릉을 해방시키는 계획이다.'

1950년 6월 21일 스티코프의 스탈린 앞 극비 암호 전문: '김일성은 6월 21일 남하작전 계획을 갑자기 변경했다. 이미 전파탐지와 첩보로 남진계획을 남조선에서 알아차리고 옹진반도에 남한군을 증원시켰다고 하면서 작전계획을 변경해 일시에 38선 전 지역에서 공격하겠다고 한다.'

상기 소련 외무성과 주북 대사 사이에 주고받은 전문 및 옐친이 한국 정부에 제공한 고문서 내용을 종합해 볼 때, 다음과 같은 추정이 가능하다. 첫째로, 2차 대전 종전 후 소련은 한반도 문제에 별로 관심이 없었다. 1949년 3월 김일성이 모스크바를 방문하여 제기한 남북간 긴장문제에 대해 스탈린은 거의 냉담했다. 9월의 소련공산당 정치국 결정도 북한의 대남 관여는 승인하지 않는다는 것이었다.

둘째로, 1949년 8월 소련의 핵실험 이후 스탈린과 몰로토프도 사회주의 혁명의 대(對)한반도 영향 및 김일성의 무력통일안과 동맹관계 설정을 염두에 두지 않았다.41) 스탈린의 입장에서 볼 때, 북한의 전략적 가치는 크지 않았다. 또 농민국가에서 사회주의혁명이 일어날 가능성을 배제했다.

이러한 가운데 미국 애치슨 국무장관이 1950년 1월 12일 대만과 더불어 한반도를 미국의 방위권에서 제외한다는 성명을 발표했다. 이에 소련 지도부는 한반도에서의 분쟁이 대만분쟁보다 대미관계를 악화시킬 위험성이 적다고 여겼다. 이러한 변화를 야심적인 김일성이 놓칠 리 없었다.

1950년 상반기에 스탈린은 첫 번째 만남에서 "전략을 재검토해야 한다"고 돌려 보냈지만, 두 번째 회담에서는 몇 명의 정치인과 군인들이 김일성의 남침안에 찬동했기 때문에 스탈린도 역시 개전 지지로 기울었다.42) 그 후 결정적인 것은 스탈린과 김일성의 1950년 4월 25일 회담이다. 이 회담에서 김일성의 모험적인 남진통일을 지지했고 스탈린 역시 '승낙 사인'을 주었다. 단지 스탈린은 동아시아의 파트너 모택동에게도 의견을 구해야 함을 시사했다. 이에 김일성은 5월 북경을 방문하여 남진통일에 대한 양해를 얻었다.

남침설을 최초로 주장한 북한 측 인물이 개전 당시 조선노동당 강원도당 부위원장이었던 강상호 전(前) 내무차관이었다. 그는 6월 25일 새벽에 김일성이 주재하는 내각회의에 참석했다. 김일성은 "새벽 2시 전 남조선군이 38선 전 지역에서 공세에 나섰다는 보고를 받고 총사

지구상에 남은 냉전의 마지막 잔재,
외세에 의한 분단의 징표이다

령관으로서 반격명령을 하달했다"고 설명했다. 이 회의는 반격명령을 비준하는 내각회의였고 만장일치로 가결됐다. 남침을 위장하기 위한 상황론적 명분을 축적한 것이다. 강 옹은 "전쟁 발발 직후 강원도 전선을 시찰하던 중 남한군 진지에서 사용되지 않은 포탄들이 무더기로 쌓여 있는 것을 보았다. 곧바로 북침이 아니라는 사실을 깨달았다"고 증언했다.[43]

또한 정상진 전(前) 북한 문화선전성 제1부상도 북한 수뇌부의 개전 계획에 따라 첫 신호탄 발사 명령을 내린 인물이 바로 당시 북한 인민군 총부참모장 겸 작전국장 유성철이었다고 증언했다. 한국전쟁 종전 직후 유성철(1995년 우즈벡 타슈켄트에서 사망)은 고려인 동료인 정상진을 평양의 한 술집으로 불러 "전쟁은 북한이 시작했다. 내가 6월 25일 새벽 4시에 공격 개시를 위한 신호탄을 쏘라고 직접 지시했다"고 밝혔다. 정상진은 6월 25일에 직접 들은 라디오 방송에서 '인민군이 국방군을 2시간 만에 격퇴했다'고 보도한데 대해 "국방군이 북침했다면 사전에 막강한 무력을 갖추었을 텐데 2시간 만에 패퇴당했다는 것은 좀 미심쩍다는 생각이 들었지만 당시에는 큰 의심을 품지 않았다"고 전언했다.[44]

초대 노동신문의 주필 기석복 씨의 장남 기영근은 소련군 함대사령부에 복무 중이던 1950년 5월에 '이미 함대가 속초항에 이동한 상태였다'고 증언했다. 참고로 그는 16세 때 강제로 군대입대를 해야만 했다. 왜냐면 북한 정권 초기에 김일성이 자주 기석복의 사택을 방문했고 그때마다 그는 입구에 걸어놓은 김일성의 외투 주머니에서 돈을 훔쳤다. 마침내 부친에게 발각되어 경찰서 구치소 신세를 지게 되었고 기영근의 모친이 남편 몰래 아들을 빼내어 소련군 함대사령부에 입대시켰기 때문이다.[45)]

새로 개정된 러시아 중고교용 역사교과서에서도 김일성의 조선인민군이 1950년 6월 25일 스탈린과 모택동의 동의하에 남한에 대한 공격을 개시했다고 기술하고 있다. 즉 "소련 역사학계가 오랫동안 이를 부인했지만 대규모 한국전쟁은 바로 북한에 의해서 시작되었다."[46)]

김일성은 전쟁 개시 직전에 스탈린에게 전화를 했다. 스탈린의 보좌관은 "지금 각하께서 침실에 들어가 통화할 수 없다"고 답변했다. 김일성은 매우 중요한 대화라면서 재차 통화를 요청했다. 그리고 잠에서 깨어나 수화기를 든 스탈린에게 "시작할까요?"라고 물었다. 스탈린은 잠결에 "오로지 전진!(только вперёд!)"이라고 답변했다.[47)]

6·25전쟁은 그렇게 시작되었다. 북한 인민군은 파죽지세로 한반도 최남단까지 밀고 왔다. 사실상 제주도만을 제외하면 남한 전역을 평정한 것이다. 스탈린은 남조선을 빨리 해방시키는 것이 외국의 무력간섭을 약화시키는 방법이라고 생각하고 북한이 요구한 탄약과 군수품을 7월 10일까지 모두 보내기로 결정했다. 그러나 기대했던 남한에서의 대중봉기와 빨치산 투쟁은 없었다. 박헌영의 예측이 빗나갔던 것이다. 게다가 맥아더 유엔군이 인천상륙 작전에 성공하고 총반격을 가했다. 북한 전역이 순식간에 점령당했다. 인민군의 괴멸적 붕괴와

후퇴에도 최고사령관 김일성은 속수무책이었다. 스탈린은 김일성을 독려하는 메시지도 보냈다. 그는 총퇴각의 위기에서도 인민군의 규율과 사상강화를 위해 총정치국을 신설했다. 박헌영을 총정치국장에 임명하면서 필사적으로 후퇴를 막아 보려고 했다. 절체절명(絕體絕命)의 위기 상황에 봉착한 것이다. 9월 29일 그는 박헌영과 연명으로 소련 대사 스티코프를 통해 스탈린에게 구원의 전문을 보냈다. 10월 1일에는 동일한 친서를 모택동에게도 보냈다.[48]

10월 19일 평양이 함락되어 패색이 완연했을 때 '미국이 이웃이 되어도 상관없다'는 스탈린의 발언은 소련 지도부의 본심이었다고 할 수 있다. 스탈린이 38선을 경계로 미소 간 한반도 공동점령의 의무를 이행해야 했으나 이를 지키지 못했기 때문이다. 실제로 10월 10~11일 모스크바에서 열린 저우언라이(周恩來)와의 회담에서 스탈린은 '북한 정권 붕괴도 용인할 생각'이라고 말했다.[49]

10월 8일 중공군의 참전으로 북 측은 존망의 위기에서 벗어날 수 있었다. 참전 시점에서 중국 팽덕회가 실질적으로 전권을 쥐고 있었다. 전쟁은 이미 미국과 중공간 싸움으로 전환한 것이다. 그래도 김일성은 조중연합사령부(朝中聯合司令部) 설치를 반대했다. 모택동은 더 이상 방치할 수 없었다. 중공군과 북한군 최고지휘관이 직접 만나 지휘통수권 통합문제를 조율할 것을 지시했다. 스탈린에게 타전하여 이에 대한 동의를 요청했다. 11월 17일 스탈린은 중국의 작전지휘권 행사에 전적으로 동의했음을 확인했다. 스탈린의 의사가 분명해지자 김일성은 12월 3일 북경으로 가서 모택동과 회담을 가졌고 귀국 후 군사지휘권을 중국 측에 넘겼다. 다만 소련 공군은 미국과의 정치적 입장을 고려하여 조중연합사령부에 합류하지 않았다. 군사지휘권은 주권의 가장 핵심적 부분이라는 점에서 김일성에게는 굴욕적이었다. 한편 모택동에게 개인적 슬픔도 있었다. 아들 안인(Ань Ин)이 의용군 사령관 팽덕회의 노어 통역관으로 참전했다가 11월 말에 미군폭격기 공습으로 전사했다.[50]

흐루시초프는 "우리는 장제스를 구실로 유엔 안보리를 보이콧하는 우를 범했다. 안보리가 한반도에 군을 파병하는 결의를 채택했기 때문이다. 안보리 보이콧은 스탈린의 생각이었는데, 심사숙고 끝에 내린 결정은 아니었다"고 때늦은 후회를 했다.[51]

스탈린은 스티코프 대사를 패전에 대한 책임을 물어 해임하고 군계급도 대장에서 중장으로 강등시켰으며, 후임으로 육군 중장인 라주바에프 대사를 1950년 11월 29일 임명했다.[52] 나중에는 몰로토프 외상도 해임시켰다. 사실 소련 공군병사 2만 6천 명과 전투기 321대가 동원되었고, 조종사들은 6만 3천 회의 전투비행과 1천790회의 공중전에 참가했다. 이들로 하여금 중국 복장과 이름을 사용케 했고 노어를 쓰지 못하도록 했다. 중국 표식이 붙은 미그 전투기를 타고 싸웠고 소련군은 중국 한자로 쓴 새로운 신분증을 휴대하고 공중명령도 중국어로 하고 소련군 조종사들이 생포됐을 때 자신들이 중국계 러시아 소수민족이라고 밝혔다. 그만큼 미국을 의식했던 것이다. 미국 군지도부는 핵무기 사용문제까지 검토했다. 중국군의 참전으로 1951년 6월 중순 전황은 38선 근처에서 교착상태에 들어갔다. 그리고 7월 10일 정전회담이 시작되었다.

1952년 8월 소련을 방문한 저우언라이에게 스탈린은 "제3차 세계대전 발발을 연기시키기 위해 한국전쟁을 이용하고 싶다"고 직설적으로 말했으며 중국과 북한이 요구한 정전을 인정하지 않았다. 또한 그는 "미국인은 상인이다", "미국인은 조그마한 한반도에서 승리할 수 없다", "만약 중국이 미국에 승리하지 못한다면 대만 해방은 없다"는 등 대미 강경노선을 요구했다.[53] 휴전협정이 스탈린 사망(3.5) 직후인 1953년 7월에 성립된 배경과 무관치 않다.

전쟁은 종식되었다. 아니 휴면상태이다. 1954년 제네바 교섭에서 북한이 외국군 철수를, 한국은 유엔이 전후 처리에 관여할 것을 요구하여 완결되지 않은 상태로 오늘에 이르고 있다. 북한과 중국의 사상자가 200만~400만, 한국 40만, 미국 14만 명으로 추정되었다.[54] 소련은 항공기 335기와 비행사 120명이 손실되었다. 반면 미일 동맹이라는 중요한 변화를 초래하여 일본에게 미국의 '냉전 파트너'라는 위상을 부여했다.

한국전쟁은 소련과 중국이 계획단계에서부터 개입한 국제전이었다. 따라서 전쟁 책임 문제도 남북한 내부로 한정될 수 있는 것이 아니었다. 북한 내부적으로도 전쟁실패의 책임문제가 제기될 수밖에 없었다. 준비단계에서 전쟁에 대한 지원을 얻어내기 위해 스탈린, 모택동과의 교섭을 주도한 것은 김일성과 박헌영 두 사람이었다. 전쟁의 상흔은 어제의 동지를 오늘의 적으로 만들어 갔다. 두 사람 간 권력암투가 시작됐고 김일성은 박헌영을 제거하는 작업에 들어갔다. 마침내 박헌영은 처참한 최후를 맞았다.

전쟁은 아직 진행 중이다. 반세기 이상 휴전상태이지만 군사분계선은 언제 터질지 모르는 마그마다. 백두산 화산 분출 이전에 터질 줄도 모른다. 불안하다. 후손들의 안녕을 위해서 해결해야 할 민족적·국제적 과제이다.

VI

성혜림의 한(恨)

'성혜림'은 실질적으로는 북한 최고권력자 김정일의 첫 번째 부인으로서 종손의 아들까지 낳았다. 그럼에도 불구하고, 김일성 가문에서는 정실로 인정받지 못하는 울분과 함께 평생을 정신적 고통 속에서 살아야만 했다. 그녀는 만년조차도 이국에서 투병 끝에 생을 마감해야 했고 사후에도 조국으로 돌아오지 못하는 방랑의 세월을 보내고 있다. 그의 존재는 3대세습 이후의 '왕자들 간 관계'가 어떻게 전개될 것인가를 숨 조이게 하는 변수다. 어쩌면 향후 북한 정권을 위협할 수 있는 뇌관이 될 수도 있다. 그의 아들 김정남의 행보가 주목되기 때문이다. 살아 생전에 북한과 소련 사이를 무수히 오갔고 유해조차도 러시아땅에 묻혀 있는 성혜림의 삶을 러시아를 중심으로 반추해 보자. 그리고 향후 러북 관계에 던지는 함의는 무엇인지 고민해 보자.

트로예쿠로프스코예 묘지(Троекуровское кладбище)는 모스크바 서쪽의 외곽순환도로(МКАД)에서 멀지 않는 곳에 위치한다. 묘지 입구로 들어서면 바로 전면의 언덕바지에 울창한 소나무숲 묘역이 있다. 그 묘역 중앙에 유일하게 한글로 새겨진 묘비가 하나 있다. 이것이 바로 김정남의 생모인 성혜림의 묘다. 묘비명은 '성혜림의 묘(1937.1.21.~ 2002.5.18.)'이지만, 관리사무소 사망자 명부엔 '오순희'로 등재되어 있다. 묘비 뒷면엔 '묘주 김정남'이라고 적혀 있다.[55] 당장 의문이 제기되는 것은 관리사무소 사망자 대장에 '왜 실명이 아닌 가명을 사용했는가'이다.

그녀는 모스크바 기준으로 5월 17일 늦은 저녁 또는 5월 18일 새벽에 사망했기 때문에 북한과의 시차(섬머타임 기준 5시간)를 고려하면 공식 사망일은 5월 18일이다. 그러면 모스크바 시내 20여 개의 공원묘지중에 왜 하필 이곳에 묻히게 되었는가. 묘지 관리인의 설명에 의하면, "북한 국적인 그의 시신을 본국으로 보내지 않고 유명 러시아인들이 안장된 이 묘역으로 밀고 들어와 묘소 조성 당시부터 논란은 적지 않았다." 원칙적으로 외국 국적의 사망자는 이 묘지에 묻힐 수 없었는데 북한 당국이 러시아에 "성혜림 시신의 본국 송환 계획을 취소하니 북한의 국모 수준으로 안치해 달라"고 요청했다는 것이다.[56]

여하튼 2002년 5월 말 성혜림 사망설은 모스크바 한인사회의 주요 관심사였다. 사망 여부가 확실한지, 사망했다면 원인은 무엇이며 장례식은 어떻게 치렀는지, 그리고 김정일을 비롯한 북한 당국의 반응은 어떤지, 모든 것이 소문일 뿐이었다. 어느 누구도 이를 확인해 줄 수 있는 사람은 없었다. 물론 북한 대사관에 물어보면 잘 알 수 있겠지만, 그곳도 평상시와 마찬가지로 침묵만이 도도하게 흐르는 분위기였다. 북한 본국에서도, 심지어는 러시아 언론에서도 논평 한 마디 없었다. '이거! 일국의 국모가 죽은 것 맞아? 살아 있을 때야 여러 이유 때문에 차단해야 했을지 모르지만 죽어서까지 그럴 필요가 있는가. 애절한 주검 앞에 너무 지나친 것은 아닌가.' 등등 의문을 증폭시키면서 추측성 기사만 난무했다. 여하튼 유해를 본국으로 송환하지 않았고 모스크바의 어느 공원묘지에 안장되어 있다는 것 정도가 알려진 사실이었다.

성혜림의 사망소식은 시간이 경과함에 따라 세인들의 관심 밖으로 밀려났다. 그해 11월 어느 날 박 특파원은 Kim Jong Nam 명의의 영문 E-메일 한통을 받았다. 본문을 클릭하는 순간에 그의 얼굴이 굳어졌다. 등골이 오싹해지면서 마우스에 올린 엄지손가락을 힘없이 떨어뜨렸다. 박 기자의 성혜림 사망에 대한 기사가 보도된 직후에 발송된 이메일은 박 기자 가족의 신변을 노골적으로 협박한 내용이었다. 이 메일 중에 "Listen, PARK! …… We never 'Maejang' our mother … Sucker!"로 미루어 자신의 어머니를 '매장' 했다는 기사 표현이 그를 분노케 했던 것 같다. 발신인은 김정일의 장남인 김정남으로, '우리 어머니' 는 그의 생모인 성혜림을 지칭하는 것으로 판단됐다. 박 기자는 바로 전날 '김정일 전처 성혜림 장례식 없이 5월 매장' 이라는 타이틀하에 사망경위를 상세히 기사화했다. 즉, 모스크바에 체류해 왔던 성혜림이 2002년 5월 17일 저녁에 모스크바 중앙의료원 응급실로 긴급 후송된 뒤에 다음날 새벽에 지병인 심장병과 신경성 질환으로 사망했으며 고인의 시신을 북한인으로 보이는 사람들이 인수해 갔고, 장례절차 없이 모스크바의 한 묘지에 안장됐다는 요지다.

김정남이 모친의 사망을 전후하여 모스크바를 자주 방문했던 배경도 바로 이 때문이었다. 성혜림은 1974년부터 모스크바 시내 바빌로바 거리에 거주하며 신병을 치료해 왔지만 1996년 언니 혜랑 씨가 유럽으로 망명한 뒤 자취를 감췄었다. 그 후 그녀는 모스크바 주재 북한 대사관내 관저로 거처를 옮겨 살면서 통원치료를 받아오다가 65세의 나이로 파란만장했던 생을 마감한 것이다.

성혜림의 아들 김정남은 2001년 5월 위조여권을 소지하고 일본에 입국하려다 체포되어 강제 출국됨으로써 전 세계의 이목을 집중시켰다. 이 사건은 아버지 김정일을 분노케 했고 그가 후계구도에서 완전히 배제되는 요인으로 작용했다. 김정남은 그 후 국제사회를 떠돌면서 어머니가 투병중인 모스크바를 자주 방문했다. 자식의 입장에서 보면, 이국에서 병고에 시달리다가 생을 마감한 모친의 장례식마저 떳떳하게 치루지 못하는 비통함은 이루 말할 수 없었을 것이다.

그러나 세상은 매정하기만 했다. 국내외 언론들은 성혜림의 주검에 대해 희화하거나 비하하기 조차 했다. 김정남은 어쨌든 북한 김일성가의 장손이요 성혜림은 황태자를 낳은 국모인 셈이다. 2009년 8월 모 일간지에 '성혜림의 묘가 잡초와 낙엽이 쌓여 무연고 묘를 연상케 한다' 는 기사가 게재되자 김정남은 분노했다. "자기 어머니 묘 하나 관리하지 못하는 불효자식이라고 세계 사람 앞에서 망신당했다" 며 펄쩍 뛰었다. 그리고 즉시 모스크바로 날아가 묘지기 '최준덕 영감' 의 멱살을 잡기까지 했다. 성혜림의 무덤 뒷면에 묘주로 자신의 이름을 새겨 어머니에 대한 그리움과 못다 한 사랑을 표현했던 사모곡의 주인공 심정을 헤아릴 만하다.[57]

성혜림은 1937년 경남 창녕군의 명문가 출신으로 한국전쟁 때 부모 따라 월북했다. 길 가던 사람들의 발걸음마저 멈추게 하는 빼어난 미모를 간직한 그녀는 일찍이 고관대작 사모들의 간택 대상이었다. 1955년 평양 연극영화대 졸업 후 배우활동을 하다가 북한 최고의 문인 이기영의 아들 이평과 결혼한다. 딸까지 두었으나 김정일이 김일성대 동창인 친구 이종혁(이평 동생)집에 놀러 갔다가 친구의 형수인 성혜림에게 반했다. 성혜림은 이평과 이혼하고 다섯 살 연하인 김정일과 동거생활에 들어갔으며 1971년 장남인 김정남을 낳았다. 그러나 지병인 신경쇠약 치료차 모스크바 방문이 잦았으며 1970년대 중반부터는 모스크바 내 호화아파트를 구입하여 장기 거주하게 된다.

김정일도 성혜림과 정남을 두고 많은 고민을 했다고 한다. 이것을 눈치 챈 동생 김경희가 성혜림에게 폭탄선언을 했다. "언니는 우리 오빠보다 나이도 많고 한번 결혼해서 애도 딸린 여자니까, 정남이는 내가 키울 테니 나가시오. 노후는 잘 보장해 주겠소." 이것은 성혜림에게 엄청난 정신적 충격을 던져 주었다. 언제 자식을 빼앗기고 쫓겨날지 모른다는 생각에 그녀는 신경성 질환과 불안으로 건강이 악화되기 시작했다. 불안, 우울증, 신경쇠약, 노이로제가 겹쳤다. 결국 그녀는 1974년부터는 모스크바에 거주하면서 장기 치료를 받았다. 김정일이 1979년 재일교포 출신 고영희를 일본에서 데려 오면서 성혜림과 불화가 잦았으며 사실상 별거상태로 들어갔다.

모스크바에 거주하는 성혜림의 지인 최선옥 여사(2008년 사망)에 따르면, 로열 패밀리가 바빌로바 거리 85번지 3층에 소재한 아파트에서 살았다. 김경희도 김일성대 졸업 후 모스크바대 어학 연수를 받을 때 이 아파트에서 거주했다. 이곳은 북한 대사관 소유의 3층 전부와 1·2층 한 가구씩 사용했고 성혜림은 3층의 5개 플랫(1개 플랫은 거실과 방 3개, 부엌과 화장실 구성)을 모두 사용했다. 1996년 언니 성혜랑과 조카 이남옥이 프랑스로 망명할 때 성혜림도 동반탈출을 기도했으나 북한에 있는 김정남의 안위를 걱정해서 포기했다고 한다. 그 후 북한 대사관 내 특각으로 거처를 옮겼다. 지인 최 여사는 1973년 성혜림을 최초로 만났다. 그 후 주로 성혜림과 성혜랑이 언니뻘인 최 여사에게 전화를 해왔으며 1997년경 성혜림과 마지막으로 통화한 후 더 이상

만나지 못했다.[58)

최준덕이 모스크바의 영화대표로 재직하면서 성혜림 가족을 돌보았으며, 1976년부터는 조카 이일남(성혜랑의 아들)이 이모인 성혜림의 정신질환 간병차 모스크바에서 유학생활을 했다. 성혜림은 크렘린 병원에서 치료를 받았으며 모택동 부인인 강청이 입원했던 특실에서 기거하기도 했다. 그녀는 병세가 매우 심했던 1977년에는 유서까지 써 놓기도 했다.[59) 1978년 김정일은 성혜랑에게 모스크바를 다녀오라고 했다. 그때 성혜림의 병이 심해 밤마다 구급차가 와서 독한 주사를 놓아줘도 자지 못했다. 불안발작이라는 차마 볼 수 없는 신경병은 본인의 고통도 형언할 수 없었다.

김정남은 1978년 11월 최초의 해외여행으로 모스크바를 방문했다. 8세가 되어 정규 교육과정에 입학하기 위해서다. 외할머니인 김원주가 김일성의 특별 전용기편으로 대규모 수행원을 대동하고 모스크바 공항에 도착했다. 김재봉 대사는 기내로 올라와서 김정남과 성혜림에게 "대장동지. 사모님, 먼길 오시느라 고생 많으셨습니다." 라고 90도로 허리 굽혀 인사를 했다. 며칠 후 김정남은 바빌로바 거리 근처의 초등학교에 갔으나 바지에 오줌을 싼 채 2시간 만에 섭씨 영하 30도의 추위에 떨면서 귀가하고 말았다.[60)

3대세습이 공식화되면서 '조선의 어머니' 가 새삼 관심거리가 되었다. 중국 외교부 소속의 세계지식출판사가 발행하는 '세계지식' 은 김일성이 3명의 부인을 뒀다고 전한다. 첫 부인의 이름은 한성희다. 강원도 출신으로 어릴 때 만주로 이주해 공산주의 독서모임에서 활동하다가 1937년 김일성과 결혼했다. 김일성의 둘째 부인 김정숙(1917~49)은 아들 김정일, 김만일(1944년생, 47년 연못 익사), 딸 김경희(1946년생)를 낳았다. 김일성의 후계자를 낳은 그가 '조선의 어머니' 란 노래의 주인공이다. 1953년 김일성과 결혼한 셋째 부인 김성애는 딸 김경진, 아들 김평일, 김영일을 뒀다. 김정일이 김성애 세력을 몰아낼 때도 힘을 발휘한 '조선의 어머니'는 조선왕조의 왕후 개념이기보다는 혁명가계를 이은 후계자의 모친, 즉 '어머니 조국' 개념과 맥이 닿는다. 물론 이것은 러시아에서 배운 것이다. 육친의 어머니, 조국의 어머니, 신의 어머니 등 러시아에서는 3명의 어머니가 있다.

후계문제 전문가인 정성장 박사는 성혜림은 '조선의 어머니'가 될 수 없다고 단언했다. 남조선과 배우 출신인 그녀는 김일성에게 인정받지 못한 김정일의 여인이며, 버림받은 무덤의 뒷면에 적힌 묘주가 바로 아들 김정남이다. 언니 성혜랑은 외국으로 망명했고, 성혜랑의 아들 이일남은 탈북해 한국에 들어왔다가 북한 공작원의 총을 맞고 죽었다.[61]

마침내 김정일은 자신의 후계자로 셋째 아들인 김정은을 지명했다. 김정일이 김정철에 대해 "그 애는 안 돼. 여자아이 같아"라고 평하면서 김정은을 가장 맘에 들어 했을 때부터 이미 예견됐다. 식탁에 앉을 때도 김정일의 왼쪽에 고영희, 김정은, 오른쪽에 김일순(딸), 김정철 순이었다.[62] 북한은 2010년 9월 28일에 당대표자 대회와 당중앙위 전원회의를 1980년 이후 처음으로 개최하여 김정은을 당중앙군사위 부위원장과 당중앙위원, 그리고 인민군 대장에 선임함으로써 3대 권력세습을 공식화했다. 이는 사회주의 국가에서 없었던 일이고 제3세계 국가에서도 흔치 않은 현상이다.

그러나 향후 그의 권력기반이 공고하다고는 장담할 수 없는 상황이다. 그래서인지 김정일은 자신의 권력을 완전히 이양하지 않았다.[63] 장남 김정남은 이복동생 김정은이 후계자로 이미 선택됐음에도 대권(?)을 계속 노리는 것으로 알려졌다. 김정남이 일본 TV 아사히와 인터뷰에서 '3대 세습에 반대한다'는 뜻을 밝힌 점과 그가 마카오의 지인에게 '북한이 붕괴할 것'이라는 전망을 했다 한다. 대북 라디오방송인 「열린 북한방송」의 하태경 대표는 '김정남은 김정은 정권이 반드시 붕괴되며 그러면 자신이 해결책이라는 강한 암시를 주고 있다'고 전했다.[64]

아직 나이가 어린데다가 무엇보다도 큰형들이 둘이나 버티고 있다. 김정일 사후에 형제들 사이에 어떤 권력다툼이 일어날 지 예측할 수 없는 상황이다. '왕자의 난'이 없으란 보장이 없다. 대북 매체인 「데일리 NK」(3월 13일자)가 평양 한 소식통의 말을 인용해 "김정은은 김정남이 해외에서 세습을 반대했다는 이유로 죽이려고 했으나 김정일이 막았다는 이야기가 있다"고 전했다.[65] 성혜림에 대한 평가는 바로 아들 김정남의 위상과 밀접한 상관관계를 갖고 있다. 그녀가 이국땅에서 영원히 묻혀버릴지, 아니면 지하에서라도 퍼스트레이디의 위상을 회복할지 주목된다.

VII

왕의 남자, 왕자의 여자

이른 새벽 노보시비르스크역 플랫폼에서 80세의 노파가 멀리 철길을 응시하고 있다. 김정일의 특별열차를 기다리고 있는 것이다. 이 분이 바로 7년 전에 사망한 야코프 노비첸코(Яков Новиченко)의 미망인 마리아다. 노비첸코는 김일성의 목숨을 구한 생명의 은인이요 그 후 김일성과 의형제가 되었다. 2001년 7월 31일 아침 6시경에 김정일을 태운 특별열차가 플랫폼으로 진입했다. 모스크바로 가던 도중에 약 20분간 이곳에 정차한 것이다. 그러나 고대했던 김정일은 얼굴을 보이지 않았다. 언론에서는 김정일이 노비첸코 가족을 만날 것이라는 추측성 보도를 했지만 의전상 계획되어 있지 않았다. 수행원이 마리아에게 선물만을 전달하면서 귀환길에 만날 수 있을 것이라는 전갈만 남겼다. 노파는 죽은 남편의 영혼이라도 잡을 듯이 빗속 철길을 따라 멀어져 가는 특별열차의 뒷모습을 한동안 바라보고 있었다.[66]

노비첸코와 김일성 사이의 인연은 북한정권 창건 당시로 거슬러 올라간다. 노비첸코가 소련군 소위로 평양에서 근무할 때이다. 좌익과 우익이 대립하는 탁치논쟁으로 한반도 정국이 소용돌이쳤다. 1946년 3월 1일 3·1운동 27주년 기념행사장에서 연설 중인 김일성을 향해 누군가가 수류탄을 투척했다. 노비첸코는 공중으로 날아오는 수류탄을 낚아챘으나 어느 곳으로도 던질 수가 없었다. 자신의 몸으로 덮치는 순간에 수류탄이 폭발했다. 그가 외투 안에 찔러 넣었던 책 한 권이 폭발충격을 완화해 기적적으로 살아났다. 노비첸코의 한쪽 팔이 형체도 없이 날아가 버렸고 신체의 5군데나 중상을 입었다. 나중에 김일성은 '북조선 인민위원회 위원장으로부터 영웅 노비첸코에게'라는 헌사가 적힌 담배케이스를 선물했다. 그는 병원에서 퇴원 후 아내와 8살짜리 딸이 기다리는 노보시비르스크주의 고향으로 돌아와 평범한 농민으로 가난하게 살고 있었다.[67]

김일성은 1984년 소련을 방문했을 때 노비첸코를 찾아 달라고 소련 당국에 간곡히 부탁했다. 소재를 확인하는 것은 어렵지 않았다. 소련 측은 북한 대표단의 노보시비르스크 도착 일정에 맞춰 상봉을 준비해 놓았다. 김일성은 공식 환영행사를 서둘러 마치고 귀빈실에 마련된 연회도 거절한 채 노비첸코에게 달려갔다. 한 달 뒤에 노비첸코는 외국인으로서는 최초로 북한으로부터 '노력영웅' 칭호를 받았다. 김일성과 노비첸코는 의형제 관계를 맺었으며 북한 측은 아파트와 가전제품 일체를 선물로 주었고 해마다 생활비와 선물도 보냈다. 1985년에는 노비첸코를 주인공으로 하는 영화 『영원한 전우』가 소련과 북한의 공동 제작으로 개봉되었다. 그리고 김일성은 1994년 7월에 사망했고 노비첸코도 그해 12월에 세상을 떠났다. 노비첸코의 아내 마리아는 이타르타스와의 인터뷰에서 '나는 남편의 공훈이 러시아와 북한 두 나라 간 우호의 상징으로 남게 된 것을 자랑스럽게 여기고 있다'고 강조했다.

소련의 타레에프(Тареев Е.М)와 프텔(Пытель А.Я) 두 의사가 1962년 5월 5일 신장결석으로 오랫동안 고생하는 김일성을 치료하기 위해 모스크바-북경 항공편으로 북한을 방문했다. 박성철은 이들을 영접하기 위해 다음날 북경으로 특별기를 보냈다. 두 교수는 김일성을 수술하고 왼쪽 신장에서 돌을 제거했다. 수술은 소련 교수들의 지시를 받아 조선인 의사들이 했고, 보건상 최창석과 동생 김영주 그리고 노동당 중앙위원회 정치국원 1명이 입회했었다. 최창석은 나중에 모스콥스키 소련 대사의 예방을 받고 김일성 동무의 신장결석 수술이 소련 의사들의 도움으로 잘 마무리되어 감사하다고 전했다. 이에 대사는 김일성이 수술받기 전에 흐루시초프 수상과 당정 지도자들이 김일성의 건강을 몹시 염려했으나 신장결석 수술이 잘 끝나 다행이라고 회답했다. 그리고 앞으로 소련에서 치료가 필요하다면 흐루시초프가 특별한 선처를 하겠다는 말을 전해 달라고 했다.[68]

1982년 소련의 저명한 유전학자 겸 의사인 겐나지 베르디셰프(Геннадий Бердишев) 박사는 김일성의 초청으로 북한을 방문했다. 당시 70세였던 김일성은 베르디셰프 박사에게 '정력이 떨어지기 시작했다면서 남성의 힘을 되찾아 달라'고 부탁했다. 진찰해 본 결과, 어떤 효소가 성기관의 신경계통을 침범해 성기능을 방해하고 있었다. 이 효소의 생성을 억제하는 성분이 들어있는 약초가 필요했다. 이 약초를 캐기 위해 북한의 소년단이 총동원됐다. 마치 진시왕의 불로초 구하기 운동을 방불케 했다. 마침내 약초를 구했고 김 주석은 이 약초에서 추출해 만든 약물을 복용했다. 그 후 그는 '예전처럼 성생활을 즐길 수 있게 되었다'고 흡족해 하면서 베르디셰프에게 인민우호훈장을 수여했다. 베르디셰프는 김일성의 건강 유지를 위해 남극의 빙하밑 200m 깊이에서 퍼올린 천연수를 마시도록 권했다. 이 물은 노화를 촉진하는 중수소와 삼중수소가 없는 완전한 청정수이다. 브레즈네프 서기장도 마셨던 이 장수물은 매월 남극에서 모스크바를 거쳐 평양으로 공수되었다.[69]

1984년 11월 카피차 외무차관이 평양을 방문했다. 김정일은 11월 23일 카피차와 슈브니코프 대사를 별도 집무실로 안내하여 밀담을 나눴다. 김정일은 부친의 건강을 걱정한다면서 최고의 의료진을 파견해 달라고 부탁했다. 카피차와 슈브니코프는 이 사실을 즉시 암호 전문으로 모스크바에 보고했다. 소련 의료진들이 5일 후 평양에 도착하여 김일성에 대한 정밀진찰을 실시했다. 그 결과 두 개의 신장과 혈당치를 조절하기 위한 처방이 내려졌다. 소련의 의료진 중에는 심장병 전문의인 벨렌코프 박사가 포함되었다. 벨렌코프는 그 후 김일성 사망 직전까지 10년간 그를 치료했다. 사망 직후에도 2주간 묘향산 별장에 격리되어 무장병력의 감시를 받기도 했다.[70]

나호드카의 유명한 여행가였던 파벨 코뉴코프는 1991년 4월 북한 측의 초청으로 김일성 생일에 귀빈 자격으로 방문했다. 그는 친구 3명과 함께 자전거를 타고 한반도를 북에서 남까지 종단하기 위해 4월 4일 핫산 국경역에 도착했다. 난생 처음으로 보는 멋진 열차가 북한에서 달려와 코뉴코프 일행을 태우고 평양으로 향했다. 이들은 평양에서 2주일 동안 머물면서 극진한 환대를 받았다. 김일성을 만나고 판문점에 들러 회담장의 남측 테이블에 손을 놓아 보기도 했다. 그리고 김일성의 생일에 손님으로 초대되어 왔다는 증서도 받았다. 공교롭게도 이날 고르바초프가 남한을 방문 중이었고 한소 수교 후 러북 관계가 최악인 상황에서 소련의 고위 인사는 김일성 생일에 한 명도 없었

다. 코뉴코프 일행 이외에는 …71)

1994년 7월 8일 김일성 주석이 사망했다. 시신을 어떻게 처리할 것인가의 문제가 제기됐다. 사후 11개월이 지난 1995년 6월에 당중앙위 등은 생전의 집무실이었던 금수산의사당을 '금수산기념궁전(錦繡山記念宮殿)으로 개축하여 시신을 영구 보존키로 결정했다. 물론 김정일의 의견에 따른 것이다. 사체를 살아 있는 모습 그대로 유지한다는 것은 정말 쉬운 일이 아니었다. 이 작업을 전담한 것이 바로 러시아 생의학기술센터(Центр биомедицинских технологий ВНИИ)이다. 역사상 처음으로 사체보존에 성공한 레닌의 시신 관리도 이 연구소가 전담했다.

김일성의 사체보존 방법은 이렇게 진행되었다. 먼저 4~5명의 숙련된 전문가들이 사체를 발삼향 액체가 담긴 수조에 넣고 그 향액을 삼투압을 이용해 피부로 삼투시킨다. 뇌, 안구, 내장 등은 빼내고 젤 상태의 발삼액을 사체 내에 채워 넣는다. 생체의 수분량과 같은 약 80%의 발삼향액을 사체에 넣고 피부가 건조되도록 몇 시간 공기에 노출시킨다. 발삼향액이 새어나오지 않도록 노출부분을 미라처럼 가죽 포대로 감는다. 마지막으로 얼굴에 화장을 시키고 새 옷을 입히면 보존처리가 완성된다. 그 후 매주 2회 간격으로 사체를 관에서 꺼내 얼굴과 손 등의 노출부위에 방부제를 발라야 한다. 2~3년에 1회 정도는 발삼향액 수조에 한 달가량 담가 두어야 한다. 러시아 언론(1995년 7월 7일자)은 '러시아 기술자 7인에 의하여 김일성의 사체 보존작업이 완료되었다. 100만 달러가 소요되었지만 이후에도 막대한 비용이 든다' 고 보도했다.

김일성은 통산 9번째로 영구 보존된 공산국가 지도자인 셈이다. 북한은 극심한 식량난에도 불구하고 김일성 사망 후 3년간 시신관리와 금수산기념궁전 확장공사 등 각종 우상화 사업에 총 2억 8천9백만 달러를 투입한 것으로 확인됐다. 김일성 시신은 2층에 보존되어 있다. 물론 러시아 과학자들이 관리하고 있다. 이곳으로 들어가기 위해서 특수소독 장치문을 통과해야만 한다. 방문객들은 시신이 안치된 투명한 관 옆을 지나는 동안 장송곡이 장중하게 울려 퍼진다. 푸틴도 2000년 여름 평양을 방문했을 때 금수산궁전의 김일성 영정에 헌화했다. 사망 3주기인 1997년에는 평양시 금성거리에 '위대한 수령 김일성 동지는 영원히 우리와 함께 계신다' 고 새긴 영생탑을 세웠다. 사후에도 김일성은 북한에서는 '불멸의', '영생한 존재' 이다.

2009년 4월 22일 붉은광장의 레닌묘가 2개월간의 공사를 끝내고 탄생 139주년을 계기로 일반인에게 공개됐다. 유리관에 안치돼 있던 레닌의 시신도 특별한 '목욕재개' 를 했다. 덕분에 "그는 100년은 더 누워 있을 수 있게 됐다"고 러시아 생의학기술센터 유리 데니소프-니콜스키(Юрий Денисов-Никольский) 부소장이 말했다. 그런데 레닌은 자신이 입고 있던 옷을 그 후에도 3년간 더 입어야 했다. 매년 3년마다 갈아입혔던 옷을 예산 부족으로 사지 못했기 때문이다. 레닌의 의상은 스위스에서 특별 주문 제작한다. 1992년 이후 정부 지원은 한 푼도 없고 레닌묘 재단의 예산과 기부금으로 해결해 왔었는데 미국발 금융위기로 인해 새옷을 사줄 엄두를 내지 못했다.[72] "그것 봐! 자본주의는 망한다고 했지 않았니. 내가 왜 사회주의 혁명을 일으켰는지 그 이유를 이제야 알겠지. 자본주의 때문에 새 옷도 못얻어 입지 않아? 김일성! 너도 새 옷 얻어 입고 싶거든 미국한테 너무 매달리지 마!" 레닌의 충고어린 독백이었다.

류드밀라 지키나(Людмила Зыкина)는 러시아 전통가요의 전설로 회자되고 있다. 1960년대 소련을 풍미했던 유명 여가수이다. 그런데 그녀가 2008년 1월 초에 김정일의 초청으로 전격 북한을 방문했다. 79

세의 노파가 방북한 배경은 노래를 부르기 위해서가 아니라 골반치료 때문이었다. 당뇨 합병증으로 인해 고관절 통증이 심해졌지만 후유증을 우려해 수술을 받을 수도 없었다. 김정일의 끈질긴 권유로 마침내 그녀는 한방치료를 위해 북한행을 결심했다. 북한의 최고 명의들이 한약과 찜질로 시술했지만 그녀의 건강상태는 호전되지 않았다. 결국 2009년 7월 1일 80세의 나이로 세상을 떠났고 모스크바 노보데비치 수도원 묘지에 안장되었다.

러시아인이 진료차 북한에 간 것은 아마도 처음있는 일이었다. 통상 북한 고위인사들이 러시아에서 진료를 받아왔다. 지키나가 인생말년에 북한을 방문하기까지는 그럴만한 사연이 있었다. 1947년 '퍄트니츠키(Пятницкий)' 합창단원 시절이었다. 스탈린이 그녀를 불렀을 때 그 자리에 김일성도 있었다. 공연 후 두 국가 지도자와 함께 기념사진을 촬영했던 것이 북한과 첫 인연이 되었다. 그 후 여섯 차례나 북한을 방문했다. 처음에는 김일성이, 나중에는 김정일이 초청했다. 1992년 김일성의 80회 생일 때에는 북한노래를 3곡이나 부르기도 했다. 김일성에게 바치는 마지막 노래 선물이 될 줄은 미처 예상치 못했다. 지키나는 평생에 가장 친한 친구 2명을 꼽았다. 1명이 저명한 러시아 작곡가 로스트로포비치이고 또 다른 1명은 바로 동양인 김일성이었다.[73]

1990년대 상트페테르부르크에서 유학생활을 할 때다. 한국에서 온 손님이 심수봉의 가요 CD를 선물로 가져왔다. 그녀가 부른 「백만송이 붉은장미(Миллион алых роз)」가 인기라고 설명했다. 그러나 이 가요가 러시아 유명가수 알라 푸가초바(Алла Пугачева)의 노래를 번안한 것인 줄을 전혀 모르고 있었다. 「백만송이 붉은장미」의 주인공은 그루지아 화가인 니코 피로스마니(Нико Пиросмани)의 대표작 「여배우 마

르가리타」이다. 피로스마니는 지독히 가난한 화가였다. 그의 작품의
단조로운 색감은 물감을 넉넉히 살 수 없었던 가난의 흔적이기도 하
다. 여주인공은 지방 삼류 악단의 미인 배우였으며, 늘 그녀를 연모하
는 남자들로 둘러싸여 있었다. 그런 그녀에게 이 가난한 화가의 사랑
은 관심 밖이었다. 어느 생일날 아침 느지막이 눈을 뜬 마르가리타가
창문을 열었을 때 놀라운 광경이 펼쳐져 있었다. 그녀의 집앞 골목에
온갖 꽃들이 산더미같이 쌓여 있었던 것이다. 가난한 화가의 선물이
었다. 그날 그루지야의 모든 꽃들이 그곳에 모인 듯했다. 감동한 여배
우는 가난한 화가의 사랑을 받아들였지만 물론 그 사랑은 오래 지속
되지 못했다. 그가 그녀에게 해 줄 수 있는 것은 그림을 그려 주는
일 말고는 무엇이 있었겠는가.74)

　1980년대 말 러시아의 국민가수 푸가초바의 평양 공연은 북한 주민
들에게 선풍적인 감동을 주었다. 그녀의 「백만송이 붉은장미」는 당시
평양 젊은이들을 열광시켰다. 이 노래를 모르는 북한 젊은이들이 없
을 정도였으며, 그녀의 디스코풍 음악 때문에 디스코 춤까지 함께 유
행했다. 북한 당국은 자본주의 바람으로 규정하고 대대적인 단속을
벌였지만 쉽게 가라앉지 않았다. 문제는 최고지도자인 김정일조차도
이 노래에 반했고 북한 초청공연을 주선했다는 사실이다. 아버지 김
일성이 가장 좋아하던 외국 가수도 바로 푸가초바였다. 그녀의 생일
이 4월 15일로 김일성과 같아서 더욱 좋아했다. 푸가초바는 1989년
한 해만도 두 차례(2.16 및 4.28)나 김정일의 초청을 받아 평양 만수대
극장에서 공연을 했다. 그녀는 자신의 노래, 특히 「백만송이 붉은장미」
가 북한에서 그렇게 크게 유행할 줄은 몰랐다. 러시아내에서도 그녀
의 인기는 식을 줄 몰랐다. 고르바초프와 옐친 대통령이 각각 그녀의
생일날 최고훈장을 수여하면서 '남자로서 푸가초바에게 훈장을 줄

수 있는 것을 행복하게 생각한다'고 고백했다.

2002년 8월 말 하바로프스크 아무르강 선상투어는 초가을의 정취를 한껏 돋았다. 김정일 일행을 태운 유람선 「모스크바-75」호가 선착장을 떠나 유영하는 모습은 한폭의 그림과도 같았다. 유람선 안에서는 아름다운 선율에 따라 댄싱파티가 무르익어 가고 있었다. 김정일은 춤추는 무리들의 율동을 흥겹게 지켜보고 있었다. 비엔나 왈츠곡으로 바뀌면서 그는 더 이상 참고 앉아 있을 수가 없었다. 무대 반대편에 다소곳이 앉아있는 금발의 여성에게로 시선이 멈추었다. 최고지도자로서의 체면이 마비되는 순간이었다. 굽높은 구두를 신고서 뚜벅뚜벅 그녀에게로 다가갔다. 선상 내부는 순간적으로 긴장감이 감돌았다. 이 여인을 어떻게 할 것인가. 무소불위의 절대 권력자인데…

"말리체바 기자! 춤 한번 추시지요." 순간적으로 올가 말리체바(Ольга Мальцева)는 당황했고 얼떨결에 김정일의 손에 잡혀 무대로 나왔다. 이러한 즉흥적인 행동을 말리체바는 물론이요 수행원 누구도 예상치 못했다. 이것도 순간일 뿐, 서양의 춤판에서 의례 남자가 여자를 초대하듯 자연스러운 분위기로 돌아왔다. 비엔나 왈츠곡을 따라 리드하는 김정일의 춤실력은 수준급이었다. 우레와 같은 박수갈채가 아무르 강변을 따라 메아리쳤다. 매우 훌륭한 댄싱이었다. 물론 김정일과 춤춘 것은 이번이 처음은 아니었다. 왈츠를 끝낸 후 말리체바 기자는 즉석에서 김정일에게 인터뷰를 요청하는 순발력을 보였다. 직업적 근성을 유감없이 발휘한 셈이다. 김 위원장은 흔쾌히 수락했다. 『김정일과 왈츠(Вальс с Ким Чен Иром)』라는 책이 이렇게 해서 세상의 빛을 보게 된 것이다.[75]

말리체바는 블라디보스토크신문 기자 겸 극동지역 언론협회 회장이었다. 그녀는 2002년 2월 김정일의 환갑 때 풀리콥스키 극동지역 대통령 전권대표의 일행으로 평양을 방문했다. 만찬석상에서 김 위원장과 왈츠를 추고 단독 인터뷰를 함으로써 세계적인 화제가 되었던 장본인이다. 그 후 세 차례나 평양을 방문하면서 김정일을 직접 만나본 외국 여성으로 기록됐다. 말리체바는 2차례에 걸친 인터뷰를 통해 성격과 취미 등 다양한 각도에서 김 위원장을 조명했다. '김 위원장과의 인터뷰는 매번 사전 질문 없이 이뤄졌다'며, '그는 질문 내용에 꼬박꼬박 답하고 다양한 식견을 늘어놓아 매력적인 인터뷰 대상이었다'고 회고했다. '굳이 말하자면, 섹시함보다 다감한 느낌을 주는 남자였다'는 평이다. 그녀는 김정일의 최대 관심사가 경제 문제였다고 전했다. 어딜 가더라도 어떻게 살고 어떻게 주변 환경을 이용하는지에 대한 질문을 많이 했다고 술회했다.76)

꾀꼴새 가수 라리사 루다코바(Лариса Рудакова)의 노래는 '꾀꼴새가 평양의 모란봉 숲으로 날아와 우짖는 것 같았다.' 그녀가 '사회주의 낙원일세'를 열창하자 공연장은 열광의 도가니 속으로 빠져 들었다. 정말 북한 사회주의 낙원동산에 꾀꼴새가 날아든 것일까. 2002년 평양 공연 당시 노동신문(3.6자)에서는 그녀를 '세계 5대 명가극 가수'로 소개했다. 그녀가 바로 볼쇼이극장의 프리마돈나로 활동하고 있는 루다코바였다.

2001년 모스크바를 방문했을 때 김정일은 루다코바의 아름다운 노래를 듣는 순간에 그녀에게 매료되고 말았다. 이듬해 태양절을 맞아 러시아연방 대통령악단이 최초의 평양공연에 나선 것도 이런 인연 때문이었다. 양국 국가를 시작으로 독창과 합창, 관현악이 무대에 올랐다. 출연자들은 독특한 음색과 풍부한 성량으로 노래에 담긴 주제와 내용을 깊이 있고 섬세하게 형상화했다. 특히 이날 공연의 백미는 국제콩쿨 수상자인 루다코바의 열창이었다. 그녀가 부른 꾀꼴새의 가곡

「루슬란과 루드밀라」 중에 '루드밀라의 아리아' 와 가극 리골레토 중에 '공작의 노래' 는 단연 압권이었다. 김정일을 비롯한 관람자 모두를 열광케 했다.

루다코바는 1964년 우랄지방의 에카테린부르크에서 태어났고 모스크바 차이코프스키 음악원을 졸업 후 볼쇼이극장의 소프라노로 활동해 왔다. 그녀의 존재가 예술적 감각이 뛰어난 김정일의 시야에서 비켜갈 수가 없었다. 북한에 초청을 받아 몇 차례 공연을 했고 개인적으로도 김정일과 매우 절친한 사이로 알려져 있다. 서울에서 열렸던 한러 수교 10주년 기념음악회에도 그녀가 참석하여 주옥같은 아리아로 음악의 향연을 펼쳐냈다.

1990년대 초 소련 붕괴를 전후한 시절에 방 2개짜리 아파트 한 채가 2,500달러 정도였고 평균 월급도 50달러에 못 미치는 수준이었다. 김정일을 찬양한 시 한 편을 써주고 사례금 6만 달러를 받은 러시아 여성이 있었다. 바로 메드베젠카였다. 구소련 말기에 길거리에 내몰리던 러시아 인테리겐챠가 변방의 나라 북한으로부터 최고의 예우를 받은 셈이다. 김정일을 둘러싼 러시아 여인들! 각별한 환대와 사랑까지 독차지한 그녀들! 김정일이 유독 러시아 여인들하고만 가까운 것인지, 아니면 이웃의 중국 여성들은 어떤지 궁금하다. 김정일은 2001년 여름 방러 때 열차 안에서 '프랑스 파리의 카바레 리도에 중국 여성과 러시아 여성이 일하고 있는데 러시아 여성이 더 아름답다' 고 말했다고 한다. 그가 중국 여성에 대해서는 별로 매력을 못 느꼈던 것일까.

VIII

두만강 위 친선교의 침묵

 한반도 북동부에 굽이굽이 흐르는 두만강 물은 은빛 비늘을 퍼득인다. 중국과 러시아와 국경을 이루는 610km의 두만강은 한반도에서 2번째로 긴 강이다. 사람의 발길을 전혀 발견할 수 없는 강변의 모래밭은 뽀얀 속살을 드러내며 한가로움을 만끽하고 있는 듯하다. 역사의 애환을 고스란히 간직한 채 반겨줄 임자를 기다린다.

 두만강 일대 국경지역에는 수백 년 전 근대사와 수십 년 전 현대사의 상흔이 공존하고 있다. 탐험대만의 크라스키노로부터 남쪽 길을 따라가면 두만강 하구에 이른다. 이 길의 끝이 바로 북·러·중의 국경이 만나는 핫산이다. 북한과 러시아 철로의 폭이 달라 이곳에서 열차 바퀴를 갈아 끼워야 한다. 핫산에서 마주보이는 두만강 건너편은 북한의 경흥이고 남쪽에는 늪지대가 있다. 길이 없어 접근할 수 없는 지역으로 과거 '크라스노에 셀로(Красное село)'라 불렸던 녹둔도(鹿屯

島)가 있다. 크라스키노에서 '크라스노에 셀로'에 이르는 중간 지역 곳곳에는 70여 년 전까지만 해도 한인 마을들이 자리잡고 있었다.[77]

17세기 중엽에는 두만강 북쪽의 40~80km에 이르는 지역이 조선과 청나라 사이의 완충지대로 설정됐다. 1860년에는 러중 간 북경조약 체결로 청과 공동 관리하에 있던 연해주가 러시아 영토에 편입됐다. 이듬해 여름에 러시아와 청나라 양국 관헌이 두만강 연안의 최남단에 국경표지비를 세웠다. 이로써 러시아와 조선 간에는 두만강 하류 16.5km에 달하는 국경이 최초로 성립됐다. 그러나 조선정부는 러시아와 국경을 접하게 된 사실조차 까맣게 모르고 있었다. 그 당시 조선왕조의 외교 부재를 엿볼 수 있는 단면이었다.

조선 말기 우리 선조들이 피난처를 구하기 위해 건너던 생명의 길이 바로 두만강이었다. 1863년 어느 야밤에 결핍과 기근을 견디다 못한 한인 13가구가 두만강을 건너 러시아 우수리지역으로 이주해 갔다. 한국판 청교도라고나 할까. 함경도 지방의 대기근과 함께 세금이 과중해지고 봉건적 농민수탈이 노골화되고 민란이 빈발하던 시대였다. 사회·경제적 불안이 가중됨에 따라 두만강을 월경하는 한인들의 숫자는 늘어만 갔다. 한 해만도 500명이 넘었다.

1882년경에는 연해주 인구 9만 명 중에 한인이 1만 명 이상을 차지했다. 숫자상으로는 러시아 민족보다 더 많아 사실상 연해주의 주인이나 다름없었다. 조선정부는 국경을 넘는 자에 대해 참수형이라는 극형을 내렸지만 월경자들의 행렬을 중단시키지는 못했다. 1차적 욕구인 의식주가 충족되지 않는 상태에서 양반의 체면이나 미지의 세계에 대한 두려움이 있을 리 없었다. 그저 굶주림만 모면할 수 있다면 이역만리도 마다할리 없었다. 하물며 지호지간(指呼之間)의 연해주 땅은 두말할 나위도 없었다. 연해주는 기아에 허덕이는 조선 백성들에게는 분명 '젖과 꿀이 흐르는 가나안땅'이요 두만강은 모세가 길을 만들어 인도했던 홍해나 다름없었다.

또한 이곳은 세계적인 영화배우 율 브리너가 노닐던 추억의 현장이 기도 하다. 깨끗하게 면도한 대머리와 카리스마 넘치는 눈매, 이국적인 용모로 한 시대를 풍미했던 영화배우 율 브리너(1920~85년)는 1920년 블라디보스토크 아울렛스카야 16번지에서 태어나 7살까지 살았다. 그 후 중국 하얼빈으로 이사하여 당시 일제 치하에 있던 조선땅에서 벌목업과 숙박업을 하던 아버지를 따라 매년 여름을 함경도 지방에서 보내곤 했다. 그래서 그를 '서머 코리안 보이(summer Korean boy)'라고 부르기도 했다. 그는 13세부터 프랑스 파리의 나이트클럽에서 노래를 불렀으며 1940년대 미국으로 진출하여 1951년 뮤지컬 「왕과 나」에 출연하면서 일약 스타덤에 올랐다. 그의 주요 작품은 「십계」, 「솔로몬과 시바 여왕」, 「황야의 7인」 등이 있다. 생가의 노란색 건물 1층 외벽에는 가로·세로 50cm 크기의 동판에 영어와 러시아어로 '1920년 7월 11일에 율 브리너가 태어났다'라는 설명과 함께 왼손으로 담배를 피우는 모습이 형상화돼 있다. 그의 아들 록 브리너는 "한국, 특히 북한과 깊은 인연이 있어 지금도 남북관계에 대해 관심이 많다 … 앞으로 남북관계가 해피엔딩으로 끝날 것으로 기대하고 꼭 그렇게 될 것이라고 확신한다"고 말했다.[78]

일제의 탄압이 가중되면서 두만강을 건너 연해주로 피신하는 독립운동가들의 행렬은 늘어만 갔다. 1908년 여름에는 안중근을 비롯한 동의회(同義會) 의병부대가 핫산지역을 거쳐 두만강을 건너서 경흥을 통해 국내 진격작전을 실시했다. 1926년 8월 감옥에서 고문 후유증으로 병보석되었던 박헌영은 만삭의 아내 주세죽을 데리고 눈물을 흘리면서 두만강을 건너 블라디보스토크로 탈출했다. 앞서 잠깐 언급했지만, 이 유명한 탈출 소식은 가수 김정구의 형인 김용환에 의한 노랫말이 지어졌고, 김정구의 노래 「눈물젖은 두만강」이 되어 오늘에 이르고 있다. 요즘도 금강산 호텔에서 북한 가무단이 열창하는 이 사연 많은 노래는 남북의 이데올로기적 장벽을 넘어 후손들의 폐부 깊숙한 곳까지 메아리치고 있다.

1938년 2차 세계대전이 발발하면서 러시아와 일본 사이에 치러진 최대의 격전이 '장고봉 전투'였다. 일명 '핫산 전투'라고도 불리우는데 바로 이곳 두만강의 핫산일대에서 일어났다. 러시아인들은 이 장고봉 고지를 무명고지라고 불렀다. 이는 일본과 소련 간에 벌어진 최초의 국경충돌이었다. 그 전투에서 일본군은 소련군에게 대패했다. 당시 양측은 13일간 밀고 밀리는 치열한 전투를 벌여 수만 명의 사상자를 냈다. 그 다음해인 1939년에도 노몬한(Nomonhan)전투에서 일본군은 대규모의 병력으로 주코프가 지휘하는 소련군과 몽골 연합군을 상대로 재대결했으나 무참히 패하고 말았다.

현재 핫산역 우측에 장고봉 전투를 기념하는 비가 세워져 있다. 비문에는 '1938년 7~8월 여기 핫산호수 지역에서 소비에트 군대가 우리의 조국을 배반적으로 공격해온 일본 사무라이들을 분쇄했다'라고 적혀 있다. 핫산전투 기념비 뒷편의 구릉 위에 남아 있는 소련군 진지에는 당시의 치열한 격전을 말해 주기라도 하듯이 여기저기에 총탄자국이 보인다. 바로 인접해 있는 중국 방천촌에도 '장고봉전투기념관'이 개관되었다. 이 전투로 인해 방천마을의 한인들이 큰 피해를 입었던 것이다. 일본군은 방천촌 한인들을 강제 징집하여 밥을 짓게 하고 시체를 운반케 했다. 어린이와 노인들은 포격에 귀가 멀기도 했다. 당황한 어머니가 아이 대신에 베개를 안고 도망나왔다는 일화는 지금도 방천촌 주민들 사이에 회자되고 있다.

2차 대전 당시 독일군에 맞서 싸운 수많은 소련 군인들의 사기를 불러 일으켰던 가요 「카츄샤」도 이 장고봉 전투에서 탄생한 것이다. "능금꽃과 배꽃이 만개한데 안개 자욱한 두만강변 따라 카츄샤가 춤추며 오는구나 …" 두만강을 건너는 박헌영과 이 강가를 거닐던 카츄샤와 강변에서 모래성을 쌓는 꼬마 율 브리너의 모습이 역사의 순간에 오버랩되는 듯하다.

그리고 2차 대전의 대미를 장식했던 것이 바로 이곳에서부터 시작된 연합군의 대일전쟁이었다. 대전이 막바지에 이르면서 미국의 고민은 동아시아 지역에서 일본군을 어떻게 패퇴시키냐였다. 일본 관동군의 전투력을 과소평가할 수 없었기 때문이다. 소련군을 끌어들이지 않고서는 승리할 수 있다는 보장이 없었기에 루스벨트는 2차 대전 말기에 소련군의 대일전 참전을 위해 스탈린을 설득하는 것이 최우선 과제였다. 마침내 소련군은 1945년 8월 8일 두만강 연변에서 대일 선전포고와 함께 본격적인 한반도 진주작전을 개시했다. 일본군의 저항이 만만치 않을 것이라는 예상과는 달리, 소련군은 파죽지세로 몰고 내려오면서 대일 승전고를 울렸다. 36년간 일제 치하에서 신음한 우리 한민족에게는 광복의 메아리였다. 그러나 해방의 기쁨을 만끽하기도 전에 분단과 함께 6·25전쟁이 발발함에 따라 동족상잔의 비극을 연출한 역사의 현장이 되고 말았다.

분단이 고착되면서 이 길은 북한의 독점 통로가 되었다. 북한 지도층이 무수히 건너던 것도 바로 이 두만강 철교이다. 모스크바를 갈 때도, 동유럽을 갈 때에도 반드시 거쳐야만 하는 길목이었다. 1965년 철교가 개통되면서 러시아와 북한을 연결하는 생명줄이 되었다. 북한과 소련 간의 친선을 상징하여 '친선철교'로 명명했다. 양국을 오가는 기차의 승객이나 화물을 검사하는 핫산역 검문소 안에는 조러 친선각이 있다. 북한 수뇌부가 러시아를 방문할 때 접대하기 위해 지어 놓았다. 바로 옆엔 간단한 의전행사를 치를 수 있는 광장도 마련돼 있다. 김정일도 2001년 7월 26일 8시10분 이곳 핫산에 도착하여 약 1개월에 걸친 러시아 방문의 대장정에 돌입했다.

1990년대로 접어들면서 두만강은 소위 꽃제비라고 불리우는 탈북자들이 목숨을 걸고 탈출하는 해방로가 되었다. 북한 당국은 구한말보다도 훨씬 더 가혹하게 월경자들을 탄압했지만 탈북행렬을 중단시키지는 못했다. 탈북 피아니스트 김철웅도 2001년 두만강을 건넜던 장본인이다. 북한에서는 음악 전문학교와 러시아 유학까지 마친 엘리트였지만, 탈북 후 중국 연변에서의 생활은 길이 18m의 나무를 운반하는 노동자일 뿐이었다. '교회에 가면 피아노를 칠 수 있다' 는 말을 듣고 한국 선교사를 찾아갔고, 두 차례나 중국 공안 당국에 붙들릴 뻔한 위기 끝에 2003년 봄에 한국으로 무사 귀화했다.

1957년 9월 조소 국경문제 조정에 관한 협정 체결을 위해 쌍방 대

1965년에 개통된 러북 친선교의 근거리 모습이다
김정일이 2011년 8월 정상회담 시 이 다리를 건너 러시아 방문길에 올랐다

표단 회담이 평양에서 개최되고 10월 처리절차에 관한 협정을 조인했다. 1985년 4월 국경협정을 체결하여 국경선(16.2km)을 두만강 중간선으로 설정하고 하구 17개의 무인도 소유권(북한 16개, 러측 1개)에 대해 합의했다. 1990년 9월 체결된 국경체제에 관한 조약(7장 47조)을 통해 국경선을 두만강 중심부의 북·중·러 3국 국경 교차점을 기점으로 두만강 중간선을 따라 설정했다. 소련 붕괴 후 러북 관계가 냉각되면서 양국 간 국경선 전체를 의미하는 두만강 하구와 동해안에 이르는 39.1km 구간에 대한 접경선 획정문제가 논란이 되었다. 1998년 러·북·중 3국은 가까스로 두만강 중간선을 경계로 국경선을 획정키로 했다. 그러나 매년 강에 형성된 사구의 위치와 강의 모습이 변하여 국경선을 확정하는 것은 쉽지 않았다.

양국은 2000~03년 국경 공동점검위원회를 구성해 두만강 국경표지 유지실태와 지형변경에 대한 실사 끝에 수로가 바뀌고 1990년에 세워놓았던 국경표지도 상당수 유실된 것으로 확인했다. 러시아는 2003년 침식을 막기 위해 강변에 버드나무를 심는가 하면 2005년부터 110억여 원을 들여 국경 강화와 홍수 방지를 위해 녹둔도(鹿屯島) 바깥을 포함한 러시아 쪽 강변에 길이 13km의 둑을 쌓고 있다. 러시아 정부는 두만강 수로가 바뀌면서 자국 영토를 침식하고 있다면서 북한 측과 국경선 재확정 작업에 들어갔다. 2004년 2월 마침내 로슈코프 러시아 외무차관과 박의춘 북한 대사가 국경선 획정에 합의함으로써 그간의 논란을 종식시켰다. 러 외무부 관계자는 이 획정안 의정서 서명이 '양국간 전 국경을 획정하는 최초의 국경 협정'이라고 밝혔다. 그는 "특히 그동안 양국간 분쟁을 일으켰던 두만강 지역의 해상 경계선에 완전한 합의를 본 것이어서 역사적 의미가 크다"고 평가했다.[79]

최근 국제사회에서도 두만강 일대에 대한 관심이 높아지고 있다.

2007년 11월 블라디보스토크에서 유엔개발계획(UNDP) 주관으로 열린 GTI(Greater Tumen Initiative) 제9차 5개국 위원회에서 두만강유역 개발 프로젝트에 합의했다. GTI는 두만강 유역을 개발하기 위해 UNDP 지원하에 남북한, 중국, 러시아, 몽골 등 5개국이 1992년 출범시킨「두만강유역개발프로그램(TRADP, Tumen River Area Development Programme)」의 후속 체제다. 이 회의에서 GTI의 활성화를 위해 두만강 수자원 보호 타당성 평가, 북중 국경의 중국 도로 항만 활용, 몽·중 간 철도 타당성 평가, GTI 관광산업 역량 구축 등 10개 프로젝트를 선정해 중기 과제로 추진키로 했다.[80]

한반도 종단철도와 시베리아 횡단철도 연결을 위한 가시적 조치도 보인다. 남북 관계가 개선되면서 21세기 벽두부터 TSR-TKR 연결에 대한 꿈이 부풀어 있었다. 정치적 논의는 무성했으나 진전이 없다가 2008년 4월 러북 간 나진-핫산 철도구간의 개보수 프로젝트가 합의됐다. 부산에서 런던까지 철의 실크로드 완성을 위한 첫발걸음인 셈이다.

러시아와 북한 간 국경선은 머리와 몸통을 연결하는 목 부위에 해당한다. 우리의 신체 중에 어느 한 부분이라도 귀중하지 않은 곳이 없지만, 머리와 몸통을 잇는 목이야 말로 생명선 그 자체이다. 우리는 허파로 숨을 쉬는 것으로 착각하지만 그렇지 않다. 숨은 우리의 의지와는 상관없이 자율신경에 의해 가슴의 횡격막 운동으로 공기가 목을 통해 허파까지 저절로 드나드는 작용이다. 생사의 갈림을 목숨이 '붙었다' '끊겼다' 로 표현한다. 모든 운동 중에서도 목운동이야 말로 결코 소홀해서는 안 된다. 평소 목이 뻣뻣하다거나 이상이 발견되면 무엇보다 세심한 주의가 요망된다. 치매나 중풍도 머리의 잘못된 순환기 작용에 의해 머리와 몸통을 잇는 목의 교량역할이 원만하지 못해서 생기는 병이다. 다시 말하면 몸과 마음의 이완작용이다.

러북 간 국경목은 양국 관계의 애환을 고스란히 간직하고 있다. '우의'와 '갈등'을 무수히 반복하면서 엮어온 두 나라 관계사의 현장이다. 이곳은 현재의 러북 관계에서뿐만 아니라 통일한국의 대륙진출을 위한 길목이다. 국경선 39.1km(두만강 16.9km, 해안 22.2km)가 갖는 의미와 중요성은 바로 여기에 있다. 비록 북중 국경선 1,360km에 비해 매우 짧지만 그 의미는 결코 짧지 않을 것이다.

IX

러북 간 영혼은 하나?

    2001년 7월 말 시베리아 횡단철로가 뜨겁게 달아올랐다. 수십 년 만에 찾아온 섭씨 30도 이상의 폭염 때문만은 아니었다. 북한 김정일 위원장은 7월 26일부터 시베리아 횡단철도 위에 몸을 실었다. 러북국경에서 상트페테르부르크까지 왕복 2만km가 넘는 거리를 무려 24일 동안 전용열차로 오갔다. 이 긴 열차여행의 말벗으로 간택된 자가 바로 극동관구 대통령 전권대표 풀리콥스키였다.

    두 사람은 여행의 성격에 부합되게 TSR-TKR 연결문제를 화제를 삼았고 이 사업의 필요성에 대해 전적으로 동감했다. 그러나 문제는 러시아와 북한의 철도 궤도가 다르다는 사실이다. 러시아는 광궤요 북한은 표준궤다. 북한의 많은 철도관계자들은 러시아식 광궤를 반대하고 현재 한반도에 깔려있는 표준궤를 고집했다. 그러나 김정일은 "표준궤는 일제가 깐 것인데 왜 집착하느냐. 이것이 우리의 희망에 따라 만들어진 민족자산인가? 아니다. 이 철도는 암울한 일제식민지의 과거를 상기시키는 것이다"고 야단을 쳤다 한다. 그는 폴리콥스키에게 "우리는 동일한 궤도를 건설해야 합니다. 왜냐하면 우리의 영혼은 하나이기 때문이지요" 라고 말했다.[81] 그리고 폴리콥스키는 2002년 2월 김정일의 환갑잔치에 초대받아 평양을 방문했을 때 자정까지 지속되는 축하행사 분위기속에서 양측 참석자들 간 그 알 수 없는 동질감, 그것은 마치 '우리의 영혼이 하나' 됨을 느꼈다고 술회했다.

김정일의 견해는 진솔했다. 북한이라는 정권이 하루아침에 하늘에서 떨어진 것도 아니다. 소련이 2차 대전 말에 대일전 참전을 위해 한반도에 진주하면서 북한의 역사는 시작됐다. 일제의 잔재를 일소하고 그 위에 소련 위성국을 건설한 것이다. 북한의 하드웨어뿐만 아니라 소프트웨어도 소련 그 자체다. '소련' 이라는 아담의 갈비뼈를 빼서 '북한' 이라는 이브를 만든 것이다. 비록 세월의 부침에 따라 굴곡은 있었으나 북한의 체내에는 소련의 DNA가 면면히 흐르고 있다. 2002년 2월 김정일의 환갑잔치 때 러시아 말리체바 기자가 '지난해 러시아 방문 때 가장 기억에 남는 것이 무엇이냐' 고 즉석 질문을 하자, 김정일은 곧바로 '푸틴 대통령과의 만남과 러시아인들의 친절' 이라고 답변했다. 그는 러시아인들의 눈에서 자신에 대한 애정을 느낄 수 있었다고 회고했다.[82]

모스크바와 평양 사이에는 열차가 주 1회씩 운행된다. 매주 금요일 23시 53분에 모스크바 야로슬라브역에서 출발한다. 객차량이 20개가 넘는다. 평양행 열차라기보다는 북경행 열차이다. 북경으로 가는 열차에 평양행 객차 2개가 편성되어 있기 때문이다. 여기에 러시아어 '모스크바-평양' 이라고 씌어 있다. 모스크바와 평양 간 열차가 광궤로 통합된 철로를 따라 달릴 날이 고대된다.

양국 지도자가 만날 때 인사하는 방법이 국제 의전과는 사뭇 다르다. 동서양이라는 관습의 차이를 무색케 할 만큼 서슴없이 포옹한다. 그리고 얼굴 양측 볼에 세 번 키스를 한다. 소련 지도자들이 즐겨하는 인사예법이다. 김일성도 그런 식의 인사에 익숙했고 김정일도 처음 만난 푸틴에게 그렇게 인사했다. 1984년 김일성은 동구 순방을 마치고 다시 러시아 국경도시인 브레스트에 도착했다. 플랫폼에서 김일성 특유의 포즈로 두 손을 허리에 기대고 '집에 다 왔구나!' 라고 독백처럼 중얼거렸다. 브레스트역에서 평양역까지 가려면 1만km 이상이고 아직도 열흘이 남았는데 '집에 다 왔다' 니 러시아를 북한으로 착각했다는 말인가? 김일성은 러시아를 자신의 집처럼 포근하게 느낀 것일까.[83]

북한에는 김일성 사상을 보다 잘 학습시키기 위해 모든 학교와 공공기관에 특별한 방이 마련되어 있다. 소위 '김일성동지 혁명사상 연구실' 이다. 이는 1930년대 소련에 설치되었던 '레닌 연구실' 을 본 뜬 것이다. 북한에서 군사퍼레이드를 할 때마다 사용하는 행진곡은 20세기 초 소련 군인 음악가인 바실리 아가프킨(Василий Агапкин)이 만든 '슬라브여인의 이별(Прощание славянки)' 이다. 소련병사들이 1941년 11월 7일 붉은광장에서 이 곡에 맞춰 퍼레이드를 한 후에 전선으로 떠났고 1945년 8월 전승기념일에 다시 붉은광장에 이 노래가 울려 퍼졌다.[84] 60년대 초반에는 소련 문화가 북한에서 대유행이었다. 모란봉 밑에는 소련 음악에 맞춰 춤추는 젊은이들의 모습을 쉽게 목격할 수 있었다. 소련의 소설류뿐만 아니라 첩보영화도 많았다.[85]

러북 양측이 합작으로 제작한 영화도 적지 않다. 대표적인 것이 「영원한 전우」라는 극영화다. 1985년 개봉된 이 영화는 외국인으로는 가장 먼저 북한의 노력영웅 칭호를 받은 실존인물 노비첸코라는 소련군 장교를 주인공으로 하고 있다. 북한의 조선예술영화사와 소련의 모스필림 영화사가 공동으로 제작했으며 여기에는 인민배우 최창수 등 양국의 유명배우들이 다수 출연했다. 이 영화 이외에도 1980년대 중반에 「봄부터 가을까지」, 「구원의 해안」 등의 극영화가 공동으로 제작되었다. 1987년에 제작된 「봄부터 가을까지」는 2차 대전 종전 직전 청진에 파견됐던 소련군 간호장교 마리아 추카노바(Мария Цуканова)라는 실존인물을 주인공으로 등장시켜 북러 간 혈연적 관계를 강조한 영화이다.86) 「구원의 해안」은 「영원한 전우」의 후편격으로 역시 북한지역 해안에 표류된 러시아 병사가 북한주민들에 의해 구조돼 함께 일제와 싸운다는 내용이다.

김정일은 또한 러시아 음악의 마니아다. 중고교 시절부터 소련의 심야 음악방송을 단골로 청취했고 신청한 곡들도 적지 않다. 최근까지도 러시아 예술단을 수시로 북한에 초청한다. 김 위원장은 이들의 공연을 빠짐없이, 그것도 같은 공연을 여러 차례 관람하는 경우도 많았다 한다. 예를 들면, 러시아 국립 아카데미 민속합창단 「퍄트니츠키」(Пятницкий)는 2005년부터 매년 1회 방북하여 평양, 원산, 함흥 등에서 공연해 왔고 김정일도 2006년 5월과 2007년 6월 등 최소한 두 차례 이상이나 관람했다. 이 합창단은 1910년 미트로판 퍄트니츠키(Митрофан Пятницкий)에 의해 설립되어 러시아 민요와 민속무용 등을 공연하는 최고 수준의 예술단이다.

심지어는 김정일의 지시에 따라 북한의 유명 예술단인 보천보 전자악단, 왕재산 경음악단의 가수들이 부른 러시아의 명곡이 카세트와 CD로 제작돼 널리 보급되기도 했다. 드라마 「모래시계」의 삽입곡 「백학」으로 유명한 가수 코브존은 2006년 4월 평양을 방문하여 김정일에 대한 인상을 이렇게 표현했다. "러시아 문화에 대한 조예가 상당히 깊었어요. 제 노래가 실린 음반은 모두 가지고 있는데다가 가사까지 정확하게 외우는 곡들도 많았구요. 우리가 노래할 때, 김 위원장이 따라 부르기도 하더군요." 이러한 김정일의 러시아 예술 선호는 러시아와의 친선·협력 강화를 위한 예술 외교로서 한몫을 하고 있는 셈이다.[87]

김정일은 2001년 8월 모스크바를 방문할 때 아침에 일어나 러시아 신문 5종(로시스카야 가제따, 이즈베스챠, 네자비시마야, 코메르산트, 브레마 노보스티)을 구해 오도록 해서 손수 읽었다. 그가 투숙한 메트로폴 호텔의 특실(Presidential Suite)에는 아무 때나 정확한 시간을 알 수 있도록 3개의 시계를 비치했고 실내 온도는 섭씨 21~22도를 유지시켰다. 이 특실은 1일 투숙료 2,000달러의 95평방미터(29평형) 크기로 호텔 내에 2개밖에 없으며, 노무현 대통령도 2005년 5월 전승기념 60주년 행사차 방문(5.8~10)했을 때 이 특실을 사용했다. 우연의 일치라고나 할까.

김정일은 상트페테르부르크를 방문한 후 떠날 때 기차역에 배웅나온 인사들에게 "안녕히 계세요!(До свидания!)"라고 노어로 작별인사를 했다. 그가 페테르부르크를 방문한 배경은 1959년 부친과 함께 처음으로 방문했던 친근한 추억 때문이라고 했다. 페테르부르크가 그에게 커다란 인상을 심어 주었다면서 역사를 왜곡되지 않은 형태로 보전하는 것은 매우 중요하다고 말했다. 그는 기본적으로 미국음식을 먹지 않는다면서 러시아 전통요리에 대해 만족감을 표시했다. 러시아식 비계와 절인 오이와 흑빵을 좋아했다. 특히 하르쵸라는 양고기 수프와 필메니(러시아식 만두)를 즐겼고 그루지야산 레드와인을 선호했다. 김정일은 강인한 의지의 푸틴 대통령을 자신과 동일시하고 싶어했고 강력한 지도자가 통치하는 강대국 러시아를 방문하고 있다는 일종의 우월감을 표출하고 싶어했다.

2001년 북한의 8·15 광복절 행사는 평양으로 귀환하는 김정일 특별열차 안에서 개최되었다. 러북 양측에서 각각 10명씩 초대되어 베로고르스크와 치타 역 사이를 달리면서 약 5시간 동안 지속되었다. 김정일은 자신의 음악살롱에 있는 큰 유성기를 꺼내 러시아 음악감상을 제안했다. 「자바이칼 야생의 스텝을 따라」, 「만주 고원」, 「아무르 파도」, 「나와 당신은 한 강물의 두 강가」, 「가족의 영혼을 찾아서」를 도취되어 감상하면서 스스로 따라 부르기도 하고 참석자들이 가사를 헷갈리면 고쳐주기도 했다. 그가 자칭 인정하는 애창곡은 「광대한 나라, 나의 고향」이었다. 2002년 2월 그는 자신의 환갑잔치 때 이 노래를 다시 한번 훌륭한 음정으로 선창했다. 러시아인들 사이에서도 잊혀진 그 옛 노래를 그는 감동적으로 불렀고, 2절에 가서는 러시아 하객들조차 가사를 기억해 내느라고 진땀을 뺐다.[88]

김정일은 2002년 8월 러시아 극동지역을 다시 방문했다. 블라디보스토크 시장으로 부터 러시아정교회의 전통 성화인 이콘을 선물받았다. 이 선물을 보존할 러시아정교회 교회를 평양에 설립하겠다고 약속했다. 1년 전 러시아를 방문할 때에는 러시아정교 도입에 냉담한 반응을 보였던 그였다. 그는 폴리콥스키에게 "우리는 사람들의 종교적 성향을 환영하지 않습니다. 이는 국가 중대사가 아닙니다."라는 태도를 보였다. 그러나 1년 뒤에 이콘을 선물받고 러시아정교를 도입키로 결정했다.

러시아정교회 교회를 건립하라는 김정일의 지시는 자신도 번복할 수 없는 지상명령이었다. 러시아 순방 이듬해인 2003년 6월 24일 북한 최초 삼위일체교회(Trinity Church)라고도 하는 정백사원의 기공식이 있었다. 평양 락랑구역 정백동 대동강 기슭에 총부지 7천㎡, 건평 350㎡에 자리잡은 5백 명을 수용할 수 있는 교회다. 러시아정교회의 모스크바 관구 대외관계국 제1부위원장 클리멘트 대주교는 기공식에

2002년 8월 김정일이 러시아 방문 시 평양에
러시아 정교 교회를 건립키로 약속했고,
2006년 8월에 완공된 정백사원 전경

참석하여 사랑·통일·화합을 상징하는 이 교회가 한민족 통일에 정신적으로 기여할 것을 기원했다. 북한 주재 카를로프 대사도 '한반도가 분열되어 있는 것은 비정상적인 것으로, 반드시 통일되어야 한다'고 강조했다. 이 교회의 부지에 초석을 놓고 초석 밑에는 한국어, 러시아 및 슬라브어 3개 언어로 된 건립 기념문이 담긴 금속 캡슐을 묻었다.[89] 한편 2003년부터 북한인 4명을 모스크바 정교회 신학교에 파견하여 사역자 교육을 받게 했다. 2005년 5월 이들은 졸업 후 귀북하여 정백사원에서 봉직하게 되었다.

마침내 2006년 8월 13일에 정백사원이 완공됐다. 조선정교위원회 허일진 위원장은 준공식 연설을 통해 "김정일 동지께서 러시아 극동지역을 방문하는 길에 정교를 높이 평가하고 평양에 사원을 건설할 데에 대해 가르쳐 줬다"면서 '정백사원 준공은 조러 두 나라 인민들 사이의 관계를 발전시키는 계기가 될 것'이라고 평가했다. 그는 '이 사원을 두 나라 인민의 지향과 염원에 맞게 잘 관리운영하며, 조선반도의 평화와 안전을 지키기 위해 적극 노력할 것'이라고 말했다. 이에 대해 러시아정교회의 대외관계처 위원장인 키릴 대주교(현재는 총대주교)는 정백사원이 건설돼 100여 년 전에 시작된 두 나라 사이의 종교적·형제적 유대가 다시 복원됐다고 회고했다. 준공식에는 곽범기 내각 부총리, 러시아정교회 대표단, 주북 러시아 대사를 비롯한 외교단과 국제기구 대표들이 참석했으며, 축성 예식도 있었다.

북한은 헌법상 종교자유와 종교활동 권리를 인정하지만, 실제로는 극심한 탄압 정책을 펴왔다. 평양에 있는 기독교, 불교 등 다른 종교 성전들도 형식적으로 존재할 뿐이다. 실제로 북한은 1950년 중엽부터 사회주의 진영에서도 볼 수 없었던 종교 말살 정책을 폈다. 선교사들에 의해서 도입된 기독교는 미국 종교로 보기 때문이었다. 1952~88년까지 북한에서 예배를 볼 수 있는 교회는 하나도 없었고 당원이 아닌 일반인이라도 종교 활동에 참가하는 것은 사상범이 되었다. 1988년 이후 북한에 몇몇 교회가 생겼으나 이 교회는 외국인 구경용 짝퉁 교회라고 할 수 있다.[90] 그러나 이것은 북한 사회의 외형일 뿐이다.

구한말에 한반도 내 최초의 선교지나 다름없었던 북한 지역은 순교자들의 후손들을 통해 신앙의 전통이 면면히 내려오고 있다. 서슬퍼런 권력이 아무리 종교를 탄압해도 신에 대한 인간의 외경심을 억누를 수는 없었다. 현실생활이 고통스러울수록 더욱 신에 의지할 수밖에 없는 것이 인간이다. 소련 당시에 '종교는 마약'이라고 탄압했지만 다수의 주민들은 집안에 이콘을 설치해 놓고 신앙생활을 지속했던 것이다. 푸틴도 어렸을 때 어머니를 따라 세례를 받았다. 그 당시 이것은 매우 일상적인 소련 사회의 단면이었다. 북한 주민들에게 권력의 탄압과 극한의 빈곤 속에서 위로받을 의지처가 필요할 것이다. 위로부터 공인받은 러시아정교가 이런 역할을 해 줄 수 있을지 궁금하다.

북한은 정권 수립 당시에 하드웨어뿐만 아니라 소프트웨어까지도 소련을 그대로 모방했다. 70여 년이 지난 지금에도, 이러한 유산은 북한 사회와 북한인들의 정서 속에 강하게 투영되어 있다. 물질세계에

서도, 정신세계에서도 쉽게 지워버릴 수 없는 문화·예술의 유산들이
다. 더군다나 폐쇄된 나라이기에 대체·수혈할 만한 외국 문물도 매우
제한적이다. 아무리 '주체'를 외쳐도 러시아를 모방하거나 변형하는
것에 불과할 뿐이다. '우리의 영혼은 하나'라는 김정일의 고백이 참
으로 궁금하다.

▌주

1) 이종석은 그의 저서 『현대북한의 이해』, 491-496쪽에서 블라디보스토크 근처의 보로시로프 야영 혹은 블라디보스토크 시내의 병원이었을 것으로 추정하고, '비극의 항일 빨치산' 이란 저서를 낸 재일 논픽션 작가인 김찬정은 1942년 당시 88여단 소속 소련인 통역관 세로노프의 부인 세로노바 등의 증언을 토대로 김정일이 뱌츠코예로부터 남쪽으로 500km 떨어진 블라디보스토크와 보로시로프 중간 지점인 남야영지 하마탄 부근의 소련병원에서 의사 왈야(당시 65세)의 도움을 받아서 태어났다고 주장했다.

2) Панин А. & Альтов В.(2004), 109쪽.

3) 『조선일보』, 2002.8.23(정병선 기자).

4) 콘스탄틴 풀리콥스키(송종환 역)(2003), 224쪽.

5) 『한국일보』, 2008.8.20일자 '수줍음 많던 학생 김정일' 제하 재미 탈북학자 김현식의 미 외교전문지 포린폴리시 최신호 기고문 소개.

6) Панин А. & Альтов В.(2004), 109-111쪽.

7) 손광주, 『김정일리포트』(바다출판사, 2003), 28쪽.

8) 『신동아』, 2000.08.01(122-131), 저우보중의 '동북항일유격일기' (완전해부 인간 김정일 미스터리).

9) 콘스탄틴 풀리콥스키(송종환 역)(2003), 162-173쪽.

10) 정성장, "북한체제와 스탈린체제의 비교." 북한, 소련 및 남북한관계 연구(발표 논문. 글 모음집)(2001), 98-102쪽.

11) 1961.3.15 주북 대사 푸차노프 일지에서 '주북 헝가리 대사가 제보한 흐루시초프 방북에 대한 개인 의견.'

12) 서대숙·이완범 공편, 『김일성 연구자료집(1945-1948년 문건)』(서울: 경남대 출판부, 2001), 8쪽.

13) 황장엽, 『나는 역사의 진리를 보았다』(서울: 한울아카데미, 1999), 137쪽.

14) 성혜랑, 『등나무집』(지식나라, 2000), 242-243쪽.

15) 중국, 『철혈망』, 08.10.27자.

16) 박종효, 『러시아외무성 대한정책자료 2』(2010), 727-728쪽(1980년 4월 17일 사회과학원 주최로 레닌 탄생 110주년 기념대회).

17) 콘스탄틴 풀리콥스키(송종환 역)(2003), 49쪽.

18) 서울 『연합뉴스』, 임주영 기자(zoo@yna.co.kr 입력 2009.09.24 11:36), 미국의 자유아시아방송(RFA)이 '일본에 있는 한 대북 소식통'을 인용보도.

19) 이는 박헌영의 아들인 원경스님(평택 만기사 주지)의 주장이나, 그간 1930년대 중엽 극단 '예원좌'의 이시우가 항일투쟁에 참가했다가 총살당한 남편을 둔 여인의 사연을 듣고 이 노래를 지었다고 알려졌으며 북한의 예술전문잡지 『조선예술(02.12월호)』은 그 작사자가 서사시 '북간도'의 시인 한명천이라고 주장했었다.

20) 『중앙일보』, 2010.05.07 01:40[6·25 전쟁 60년] 서울 거쳐 평양으로(87) 김일성과 박헌영 / 내가 겪은 6·25와 백선엽 장군, 정리=유광종 기자(kjyoo@joongang.co.kr).

21) 박종효, 『러시아외무성 대한정책자료 2』(2010), 77-78쪽.

22) 이종석, 『새로 쓴 현대북한의 이해』(2000), 74쪽.

23) 서동만, 『북조선사회주의체제 성립사(1945-1961)』(서울: 선인, 2005), 435-437쪽.

24) 이종석, 『북한-중국관계 1945-2000』(서울: 중심출판사, 2000), 197쪽.

25) 통일연구원 조한범과 국사편찬위원회 강인구는 "북한사회주의체제의 형성과 변화: 해외구술자료를 중심으로"라는 학술회의(2004.5.13) 공동발제.

26) 박종효, 『러시아외무성 대한정책자료 2』(2010), 252쪽(1963년 2월 27일 주북 소련 대사 모스콥스키 일지).

27) 란코프(김광린 역), 『북한 현대정치사』(서울: 도서출판 오름, 1995), 198쪽.

28) 박종효, 『러시아외무성 대한정책자료 2』(2010), 179-181쪽.

29) 1962년 9월 1일 주북 러 모스콥스키 대사가 주북 불가리아 대사로부터 입수하여 보고한 전문내용(러시아 외무성 고문성).

30) 1963년 5월 25일 주북 모스콥스키 대사의 일지(러시아 외무성 고문성).

31) 1960년 9월 19일 푸자노프 대사가 그로미코 외상에게 보낸 보고서(러시아 외무

성 고문성).

32) 박종효, 『러시아외무성 대한정책자료 2』(2010), 240쪽.

33) Панин А. & Альтов В.(2004), 15쪽.

34) 박종효, 『러시아외무성 대한정책자료 2』(2010), 144쪽.

35) 허진(1995.10.15): 4.25 쿠데타 사건 전모 증언(유고집).

36) 백명규 前 북한 국가안전보위부 요원(2004년 입국, 가명) 증언, 〈보위사에 밀리던 김영룡, 의문의 죽음, 국가보위부 김병하-이진수-김영룡 죽음의 미스터리③ [2005-10-25 19:05].

37) 허진(1995.10.15): 4.25 쿠데타 사건 전모 증언(유고집).

38) 후지모트 겐지(신현호 옮김), 『김정일의 요리사』(월간조선사, 2003), 232쪽.

39) '신동아'는 '김일성 사망 직전 父子암투 120시간'(2005년 8월호)과 '親김일성세력 제거작업 '심화조 사건'의 진상'(2005년 10월호)이라는 제목으로 북한 핵심 권력기관에서 일하다 탈북해 해외에 머무르고 있는 전직 관료의 수기를 게재한 바 있다. 이번에 공개하는 문서는 1990년대 김 위원장이 인민군의 군권을 장악해 나가는 과정을 다루고 있다. 특히 그간에는 '쿠데타 모의' 정도로만 알려져 있던 이 시기 각종 조직사건의 실체가 무엇이었는지 확인할 수 있다.

40) 후지모트 겐지(신현호 옮김)(2003), 256쪽.

41) Ткаченко В.П., Корейский полуостров и интересы России (2000), 17쪽.

42) 시모토마이 노부오(이혁재 옮김), 『북한정권 탄생의 진실』(2000), 127쪽.

43) 그는 1992년 미국 스탠퍼드 대학의 국제안보 및 군축문제센터가 발행한 '믿을 수 없는 동반자들-스탈린, 마오쩌둥과 한국전쟁'에서 한국전쟁 전후의 북한 사정을 증언했고 1995년 상트페테르부르크 자택에서 필자에게 이를 확인하는 증언을 했다.

44) 『동아일보』(2008.6.24)가 『연합뉴스』의 6월 24자 인터뷰 내용을 인용 보도.

45) 기석복의 차남 기 에드손 증언(2003.8).

46) 러시아 중고교용 역사교과서 엔 베 자글라진 '20세기 러시아와 세계사' 7장 냉전시기의 소련과 세계의 발전 31절 한국전쟁과 그 결과(276쪽-278쪽).

47) 김일성 통역 보좌관 임화 증언.

48) 이종석, 『북한-중국관계 1945-2000』(2000), 134쪽.

49) Ткаченко В.П.(2000), 18쪽.

50) 서동만, 『북조선사회주의체제 성립사(1945-1961)』(2005), 413쪽.

51) Зазерская Т.Г., Советские специалисты и формирование военно-промышленно

52) 1951년 1월 31일 핀시(스탈린 암호명)가 주북 소련 대사 라주바에프(Разуваев В.Н.)에게 보낸 암호 전문.

53) 시모토마이 노부오(이혁재 옮김)(2000), 97쪽.

54) Мятишкин А.외, Война в Корее, 1950-1953 (СПб: Полигон, 2003), 342쪽.

55) 모스크바=『연합뉴스』남현호 특파원(hyunho@yna.co.kr 기사입력 2009-07-28 20:32).

56) 모스크바=정위용 특파원(viyonz@donga.com 기사입력 2009/7/28 09:34).

57) 『중앙일보』, 2010년 06월 08일(화) 오전 03:01 기사: 안성규 기자.

58) 최선옥(2008년 사망, 허진 미망인) 증언.

59) 이한영, 『김정일 로열 패미리』(서울: 시대정신, 2004).

60) 성혜랑, 『등나무집』(지식나라, 2000).

61) 송홍근, 『동아일보』신동아 기자(carrot@donga.com 기사입력 2009-10-01 00:00).

62) 후지모토 겐지(신현호 옮김)(2003), 136쪽, 228쪽.

63) Лента.ру, 28.09.2010 10:11 кім Чен Ир не отдал власть сыну.

64) 『동아일보』, 2010-10-28 09:15(미국 일간 크리스천사이언스모니터(CSM)가 2010년 10월 27일 보도).

65) 『조선일보』, 2011.03.14 14:33(양승식 기자 yangsshik@chosun.com).

66) Труд지 02 Августа 2001г. (http://top.rbc.ru/politics/11/08/2001/40032.shtml) (11 августа 2001г.).

67) http://www.all-korea.ru/novye-proekty-1/novicenko---geroj-kndr

68) 박종효, 『러시아외무성 대한정책자료 2』(2010), 219쪽, 236쪽.

69) http://ukrtribune.org.ua/ru/2009/08/sekreti-profesora-berdisheva/(СЕКРЕТИ ПРОФЕСОРА БЕРДИШЕВ 19 Август, 2009).

70) 오진용, 『김일성시대의 중소와 남북한』(2004년), 148-149쪽.

71) 콘스탄틴 풀리콥스키(2003), 96-101쪽.

72) 18 апреля 2009, Интерфакс.

73) 18.01.2008(http://www.peoples.ru/art/music/national/zykina/news_ljudmilu_zykinu_lechat_luchshie_vrachi_kim_chen_ir.shtml).

74) 이진숙, 『러시아 미술사』(서울: 민음사, 2007), 337-338쪽.

75) http://kp.ru/daily/23132/23833/ (콤소몰스카야 프라우다).

76) 올가 말리체바(박정민 역), 『김정일과 왈츠를』(서울: 한울, 2004), 36-41쪽.

77) 영국 여행가 이사벨라 버드 비숍(Isabella Bird Bishop)은 1894년 가을 조·러·중 3국의 국경지역을 방문한 결과를 '조선과 그 이웃나라들' 이라는 책으로 기록.

78) 블라디보스토크=연합뉴스, 강창구 특파원(kcg33169@yna.co.kr http://blog.yonhap news.co.kr/kcg33169).

79) 『조선일보』, 2004.2.11; 『동아일보』, 2008년 8월 7일.

80) 『연합뉴스』, 2007.11.16.

81) 콘스탄틴 풀리콥스키(2003), 45쪽.

82) 올가 말리체바(박정민 역)(2004), 42-44쪽.

83) Панин А. & Альтов В.(2004), 81쪽.

84) 콘스탄틴 풀리콥스키(2003), 30-31쪽.

85) 이한영, 『김정일 로열 패미리』(서울: 시대정신, 2004).

86) http://region.krasu.ru/node/1003(Цуканова Мария Никитична - Герой Советского Союза).

87) 『연합뉴스』, 2006.07.04, 『연합뉴스』, 2007.5.5.

88) 콘스탄틴 풀리콥스키(2003), 93-95, 222-223쪽.

89) 『연합뉴스』, 2005.08.23 20:57.

90) 란코프, 『북한 워크아웃』(2009), 38쪽.

【제4부】

역사는 진화한다

I

핵의, 핵에 의한, 핵을 위한 정권

　만약 북한에 핵개발 프로그램이 없다면, 남한에 버금가는 경제성장을 이룩했을까? 아니면 국제사회에서 별로 주목받지 못하는 제3세계 국가로 전락했을까? 북한의 핵개발 문제는 다분히 이중적인 성격을 지니고 있다. 막대한 핵개발 비용 때문에 주민들은 희생양이 되어 극한의 기아상태에서 신음하고 있다. 반면 핵프로그램의 지속 때문에 김 씨 정권은 3대째 권력을 세습하면서 국제사회 내 존재감을 부각시키고 있다. 분명한 것은 핵개발 문제가 북한의 전(全) 역사를 관류하는 관심 테마이다. 북한 정권 역사와 핵개발 역사는 궤를 같이하고 있다고나 할까. 그렇다면 북한 정권은 핵개발을 언제, 어떻게 착수했고, 왜 그토록 집착하는가. 그리고 북핵 문제에 대한 국제사회의 입장과 그간 협상과정은? 특히 북한의 핵개발에 직·간접적으로 관여했던 러시아로서는 어떤 입장이며 향후 전개과정을 어떻게 전망하고 있는가?

1. 러시아 없는 북핵 없다

일본 본토에 투하된 핵폭탄의 위력은 빨치산 대장 김일성의 뇌리 속에 강하게 각인되었다. 단 두 발의 핵폭탄 앞에 천왕이 무릎을 꿇다 니 … 도대체 이 가공할만한 신예무기의 정체는 무엇일까. 전율과 함 께 호기심을 떨쳐 버릴 수 없었다. 비단 김일성만이 아니었다. 스탈린 조차도 1945년 7월 포츠담 회담에서 신형무기를 개발했다는 트루먼의 말을 이해하지 못했다. 히로시마와 나가사키 원폭 투하 사실을 접하 고서야 미국의 핵개발 성공에 큰 충격을 받았다.[1]

북한의 핵개발은 정권 출범과 함께 시작되었다. 최초의 고등교육기 관인 김일성대가 1946년 설립되면서 핵개발의 이론적 기초를 다지는 물리수학부도 동반 개설됐다. 김일성대 설립위원인 도상록 교수가 초 대 물리수학부 학부장을 맡았다. 그는 서울대 이공학부 학부장으로 재직 중이던 1946년 5월에 김일성의 자필 초대장을 받고 월북했다. 여기에 서울대 리승기 교수와 연세대 한인석 교수가 합류했다. 이들 이 소위 북한 핵연구 1세대의 3인방이다. 특히 도상록 교수는 과학원 원사로 추대되었던 1952년부터 1990년 사망 시까지 핵물리학과 원자

북한 핵연구 1세대 3인방(좌측부터 리승기, 도상록, 한인석)

력 부문의 전문가를 다수 배출하고 핵연구에 지대한 업적을 남긴 북한 핵개발의 태두였다. 한인석 교수는 1951년 5월부터 모스크바대에 가서 최신물리학을 공부하고 돌아와 김일성대에서 인재 양성에 혼신의 힘을 다했다. 리승기 박사는 세계 3번째 합성섬유인 비날론을 개발하여 1962년 레닌상을 수상했고 4년 후에는 소련 과학아카데미 명예원사로 추천되었다. 그도 역시 모스크바대에서 핵물리학을 공부했고 1965년 6월 영변에 2메가와트 연구용 원자로를 가동시키면서 초대 원자력연구소 소장을 역임했다.[2]

북한의 핵개발 2세대는 정근, 최학근, 서상국 등 소련 유학파 3인방이다. 정근 교수(서울대 물리학과 2회 졸업)는 소련에서 핵개발과 직결되는 원자로 물리학을 연구했다. 최학근 교수는 김일성대 재직 중 1949년 모스크바대와 두브나연구소에서 유학 후 원자력연구소 2대 소장과 원자력공업상 등 요직을 맡았다. 아울러 북한이 1975년 국제원자력기구(IAEA)에 가입함과 동시에 4년간 비엔나 주재 공관에 근무하면서 IAEA 도서관에 소장된 핵관련 자료들을 모두 복사해 갔다. 서상국 교수도 소련에 유학가서 1966년 28세의 젊은 나이에 박사학위를 취득하고 귀국하여 김일성대 물리학과 학과장을 역임했다. 그가 바로 2006년 10월 북한의 핵실험을 주도했던 장본인이다. 그 이외에도 두브나연구소에서 연수한 핵발전소 건설전문가 계영순과 김일성대 박관오 총장이 있다.[3]

김일성은 맥아더가 6·25전쟁 때 핵공격을 시도했다는 사실에 소스라쳤다. 더욱이 종전 후 미군이 북한을 겨냥한 전술 핵무기를 남한에 배치하자 크게 자극되었다. 1954년에 인민군을 개편하여 핵무기 방위부문을 설치하고 이듬해에 핵물리연구소를 창설했다. 1956년에는 소련과 '원자력의 평화적 이용 협력협정' 2건을 체결했다. 모스크바

북방 110km에 위치한 두브나연구소에 연수생을 본격적으로 파견한 시기도 바로 이때였다. 북러 간 과학협력이 중단된 1990년까지 약 30년간 북한 과학자 250여 명이 이곳을 거쳐갔다.[4]

1964년에 북한은 소련의 지원하에 영변에 핵연구소를 건설했다. 이때부터 북한의 핵연구는 일정한 규모를 갖추게 된다. 이듬해 8월에 소련은 0.1메가와트 임계실험장비와 2메가와트 연구용 핵반응로(IRT-2000) 및 광선연료 가공설비를 북한에 제공했다. 나중에 이 원자로는 실험용 원자력 동위원소 제조 목적으로 이용되었고 북한 과학자들은 이 원자로를 8메가와트 용량까지 점진 개량했다.[5]

1970년대 말에 북한은 핵시설을 급속히 확대하면서 핵무기 제조를 포함한 핵개발 임무를 북한 과학원, 인민군 및 보위부에 국한시켰다.[6] 1979년에 자체 기술로 실험용 핵반응로 건설에 착수해 1986년 정식 운전을 시작했다. 1985년에는 영변 핵시설에 이용된 핵연료봉을 사용해서 플루토늄을 추출하는 실험실 건설도 진행시켰다. 그해 12월에는 강성산 내각수상이 모스크바를 방문하여 티호노프와 북한의 핵발전소 건설협정을 체결하고 아울러 북한의 핵확산금지조약(NPT) 가입으로 양국 간 원자력의 평화적 이용분야에서 협력을 확대할 수 있는 가능성을 열어 놓았다. 이로써 소련 측이 그간 거부해온 발전소 건설문제도 탄력을 받게 되었다.[7] 1986년 1월에 북한은 영변 핵물리연구소에 5메가와트 실험용 흑연 원자로를 도입하는 데 성공했다.

1987년 영변에 연구센터로서 화학방사실험실 건설이 착수되었으며, 나중에 '사용 후 핵연료' 가공공장으로 활용됐다. 이것은 '사용 후 핵연료'를 연간 약 200톤 가공할 능력을 갖춘 세계에서 두 번째로 큰 시설이다. 1980년대에 오직 영변에만 핵개발과 직·간접적으로 관련된 시설들이 100여 개 이상 건설되었다. 대표적인 것으로 동해안

영변 핵연료봉 공장
외부 전경

신포의 핵발전소용 전기원자로 4개(각각 440메가와트), 군사분계선 북서쪽 48km 지점 평산 북쪽의 우라늄광 채취·가공공장 및 박천의 저농축 우라늄 공장 등이다. 더 나아가 1994년 말 영변 북서쪽 30km 지점의 대천시 지구에 200메가와트 원자로 건설이 1997~98년 완공 목표로 착수되었다.[8]

영변이 소련의 지하 핵개발 단지인 크라스노야르스크-26과 매우 흡사하다고 한다. 지하 약 180m에 건설된 크라스노야르스크-26은 플루토늄 원자로 3기와 폐연료봉에서 플루토늄을 분리하는 방사화학시설뿐만 아니라 탄도미사일 공장 등을 갖춘 것으로 알려져 있다. 다수 북한인들이 크라스노야르스크-26에서 훈련을 받았다는 주장이 있다. 북한은 1983년부터 약 10년간 영변 핵시설 내부의 모래밭에서 핵 개발에 필요한 고온폭발 실험을 70여 차례 실시했다.[9]

북한은 정권 수립과 동시에 핵개발을 위한 장기계획을 진행시켜 왔다. 핵이론 연구에서부터 핵연료 무기화에 이르기까지의 전(全) 공정을 망라한 것이다. 핵개발 속도는 전적으로 소북 간 과학기술 협력에 좌우되었다. 소련은 핵무기 응용 전술과 전략을 북한군 장교들에게 전수했지만 핵탄두 개발에 대한 직접적인 기술지원을 차단했다. 그럼에도 불구하고, 북한이 무기급 핵물질을 획득하기 위해 이중용도의 흑연원자로를 이용함으로써 핵프로그램을 군사용으로 전용했을 가능성을 배제할 수 없다. 추가적으로 영변에 핵무기 가공공장을 설립한 사실은 북한에서 무기급 플루토늄 정제가 이루어지고 있음을 증명한다.[10] 2001년 8월 김정일은 모스크바 방문 후 귀환길에 노보시비르스크 아카뎀고로독의 핵물리학 연구소를 방문했다. 이 자리에서 과학아카데미 시베리아지부 대표들과 긴밀히 협력할 의사를 표명했음이 주목된다.

2. 1차 북핵 위기와 4자회담

소련이 서울올림픽 참가에 이어 한국과 수교하자 북한은 적잖은 내부충격에 휩싸였다. 1991년 4월부터는 대북 교역 전반에 걸쳐 경화결재를 요구했고 소련의 대북 지원도 대폭 축소됐다. 사회주의 우호가격으로 공급하던 원유가 2배나 비싼 국제가격으로 인상됐다. 소북 관계는 언제 깨어날지 모르는 긴긴 동면상태로 접어들었다. 북한은 특유의 중소 등거리외교의 관행에 따라 중국으로 고개를 돌렸다. 2년 뒤에 중국마저도 남한과 수교해 버리자, 김정일은 아연실색했다. '정신적 원자탄인 주체사상과 물질적 원자탄에 의지할 수밖에 없다'는 입장으로 선회했다. 동맹국인 소련과 중국의 배신을 계기로 핵개발을 대미 접근의 수단으로 삼겠다는 전략이었다. 이러한 의지는 김일성보다 김정일이 더 강했다. 김정일은 군부세력을 배경으로 핵폭탄을 개발해서 강성국가를 지향하겠다는 강한 집념을 갖고 있었다.[11]

북한은 미국을 상대로 본격적인 핵협상과 관계개선을 병행해서 추진했다. 1992년 1월 미국이 그동안 요구해 왔던 핵안전협정에 서명했다. 그해 5월부터 이듬해 2월까지 6차례에 걸쳐 IAEA의 임시사찰을 받았다. 아울러 군사목적으로 핵무기를 개발 중인 것으로 의심되는 영변의 2개 핵시설에 대한 IAEA의 특별사찰 요구를 수용했다. 그러나 체제위협을 느낀 북한이 특별사찰 요구를 거부하고 1993년 3월 NPT 탈퇴를 선언했다. 북한의 핵문제가 마침내 국제 문제로 비화됐다. 이는 주변국 간 첨예한 대립양상을 야기했으나 다른 한편으로는 미국과의 직접협상을 통한 해결 분위기를 조성했다.

미·북 양측은 1994년 10월 제네바에서 미국의 대북 핵 불사용 보장과 경수로 지원, 북한의 NPT 복귀, 양국 간 연락사무소 설치 및 무역·투자 장벽 완화 등을 주요내용으로 하는 기본합의문을 채택했다. 북한은 지속적인 대미 협상을 위해 4자회담을 비롯하여 연락사무소 개설 및 미사일 문제, 미군 유해 송환, 대북 식량지원 및 미국의 경제 제제조치 완화 등 정치적·비정치적 사안들을 제기하면서 관계증진을 모색했다. 결국 북한은 핵문제를 미국과 직접대화의 수단으로 이용했고 자국이 목표했던 안보와 체제보전, 경제원조를 달성하려는 의지를 부분적으로 관철했다.

한편 북한과 러시아와의 관계는 더욱 첨예화되었다. 1992년 6월 러미 공동성명과 1993년 1~2월 쿠나제 외무차관의 방북을 통해 북한으로 하여금 핵사찰을 성실히 이행할 것을 촉구했다. 옐친은 1993년 4월 클린턴과의 밴쿠버 정상회담에서 북한의 NPT탈퇴 철회를 강력히 요구했다. 북한에 체류 중인 러시아 핵과학자들을 소환하고 더 이상의 방북을 불허했다. 소련의 도움으로 완성된 8메가와트 연구용 원자로의 연료봉 연료 수송과 원자력 플랜트 건설협력을 중단했다. 또한 남한 정부의 공조요청을 수용함으로써 러북 관계는 최악의 국면으로 치달았다. 결과적으로 러시아는 4자회담과 경수로 건설에서 배제됐다. 남북한 어느 쪽으로부터도 전폭적인 협조를 받지 못했다. 이는 명분을 추구하다가 실리마저 챙기지 못한 옐친 정부의 대표적인 외교 실패사례였다.

북한에 핵기술을 전수한 핵종주국의 체면이 이만저만 구겨진 게 아니었다. 그러나 직접 당사국인 러시아 없는 4자회담은 아무런 결실을 맺지 못했다. 미북 관계는 부시정권이 출범하면서 답보상태였다. 한편 남한은 1차 북핵 위기 상황에서 김영삼 정부가 클린턴 정부의 대북 접촉을 견제하려다 오히려 통미봉남(通美封南)의 수모를 당했다. 북핵 회담에는 참가도 못하고 경수로 건설비용만 부담하게 된 것이다. 김 대통령은 야당 당수 시절인 1976년 1월 정부에 남북문제 해결을 위해 미·소·중·일이 참여하는 동북아 평화회담을 제의한 바 있었다.[12] 입장변화를 지적하지 않을 수 없다. 누구를 위한 경수로 건설인가. 그렇게 해서 제1차 북핵 스캔들은 끝났다.

북한은 위기상황에 봉착하면 핵공갈에 의존하려고 했다. 특히 김정일은 핵만 보유하면 다 해결될 것으로 오판했다. 경제도, 안보도, 자신의 권력도 온전할 것으로 맹신했다. 그렇기 때문에 기아선상에서 수십만이 죽어가도 핵개발은 포기하지 않았다. 미국의 협박에도 아랑곳하지 않았다. 러시아는 기술 공여국으로서 북한의 핵개발 능력이 미사일에도 탑재할 수 없을 정도의 조잡한 수준일 것으로 폄하했다. 그러나 소련 붕괴 후 혼란기를 틈타 고급 두뇌와 핵물질이 북한으로 유입됐을 가능성에 대해 러시아 당국이 얼마나 정확한 정보를 갖고 있었는지는 의문이다.

3. 2차 북핵 위기와 6자회담

1차 북핵 위기는 해소되고 북미 관계가 우호적 분위기로 전환되고 있었다. 올브라이트 국무장관이 평양을 방문해 김정일의 극진한 환대를 받았다. 그녀는 김정일에게 매료되어 환영행사 내내 김정일의 손을 놓지 않았다.[13] 특히 대규모 매스 게임(mass game)은 그녀로 하여금 경악 수준의 감탄사를 연발케 했다. 4자회담이 열리고 북한의 경수로(KEDO) 건설도 착수됐다. 그러나 진행속도가 완만하고 가시적인 결실도 없었다. 마침내 미국 공화당의 부시 정부가 출범했다. 북한은 하루아침에 '악의 축(оси зла)'으로 전락했다. 김정일은 부시 정부가 재래식 무기 문제까지 남북문제 의제에 포함시키라는 수용 불가한 요구를 했다고 주장했다. 미국의 켈리 특사가 2002년 10월 북한을 방문함으로써, 답보상태에 놓였던 북핵문제가 해결의 전기를 마련할 것으로 기대했다. 결과는 정반대였다. 북한이 우라늄 농축에 의한 핵개발을 시인했다는 것이다. 진위 공방이 계속됐다. 미국 특사가 억지 주장을 하고 있다는 것이다.

미국이 난데없이 고농축 우라늄(HEU) 문제를 제기한 배경은 무엇이었는가. 그때까지 남북 관계는 지속 발전되고 그해 8월에는 고이즈미 일본 총리가 평양을 방문하여 '북일 평양선언'을 발표했다. 미국의 네오콘들은 한국과 일본의 대북 접근 태도를 달갑지 않게 생각했다. 뭔가 쐐기를 박을 구실이 필요했다. 미국이 증거로 제시한 것은 북한 측에서 구입해간 우라늄 농축용 원료인 고강도 알루미늄 송장이었다. 이 알루미늄이 우라늄 농축을 위해 원심분리기 원료로 쓰인다는 근거도 없고, 설사 북한이 많은 양을 가지고 있다 하더라도 이것을 돌릴만한 전기도 충분치 않았다. 북핵 문제가 국제사회의 뜨거운 감자로 재부상했다. 이를 통상 2차 북핵 위기라고 부른다.

2차 북핵 위기를 해결하기 위해 국제사회가 야단법석이었다. 4자회담이니 5자회담이 6자회담이니 갑론을박했다. 미국은 가급적 러시아를 배제하려고 했다. 러시아는 1차 북핵 위기 당시의 서러움을 반복하지는 않겠다는 결연한 의지를 보였다. 남한은 러시아의 참여에 대해 소극적이었다. 향용 그렇듯이 미국의 눈치를 보지 않을 수 없었다. 마침내 북한이 러시아 구원투수로 등판했다. 6자회담의 멤버로 러시아를 참여시키는데 주도적인 역할을 한 것이다. 러시아로서는 두 가지 측면에서 외교적 성과를 거양했다. 무엇보다도 KEDO와 4자회담에서 소외되었던 위치에서 역내 문제 해결의 당사자로 자리 매김한 것이다. 나아가 향후 문제해결 과정에 개입함으로써 정치·경제적 실익을 도모하는 기회를 확보했다. 러시아는 초기에는 북핵 문제에 대한 신중론이나 애매모호함을 견지했다. 그러나 나중에 북한을 적극 변호하는 중재자적 입장으로 선회했다. 예상된 수순이었다. 특히 핵강국으로서 미국의 일방적 태도에 맹목적으로 동의하지 않겠다는 의지의 표현이었다.

러시아의 북한 핵문제에 대한 기본입장도 명확했다. 첫째로, 핵강대국으로서 핵확산 방지에 공동 노력한다. 둘째로, 한반도를 비롯한 러시아 주변국의 비핵화를 통해 자국의 안보위협을 없앤다. 셋째로, 북한을 NPT체제에 묶어두면서 한반도 비핵화를 유지한다. 넷째로, 북한의 핵개발이 남한과 일본의 핵무장으로 확대되지 않도록 차단한다. 북한의 생리를 잘 알고 있는 러시아로서는 다급했다. 북핵 문제 해결이 지연될수록 북한의 핵 보유 가능성은 커지기 때문이다. 핵종주국으로서 북한의 핵야욕을 조기에 진압할 수 있는 처방이 필요했다. 그래서 로슈코프(Лосюков А.П.) 외무차관이 6자회담의 수석대표로서 북한과 여타 당사국을 분주히 들락거리며 해법 마련을 위해 고심했다.

특히 2003년 1월 푸틴 대통령의 특사 자격으로 북한을 방문하여 김정일과 진솔한 의견을 나눈 것은 큰 성과였다. 로슈코프 차관이 북한 핵위기 해법으로 김정일에게 제시한 안은 다음과 같다. 첫째, 한반도 비핵화을 선언한다. 둘째, NPT를 엄격히 준수한다. 셋째, 모든 당사국들이 의무(1994년 기본합의서 포함)를 철저히 이행한다. 넷째, 이해 당사국들 간 건설적 대화를 지속한다. 다섯째, 북한의 안전을 보장한다. 여섯째, 대북 인도적·경제적 지원을 재개한다. 이에 대해 김정일은 긍정적인 반응을 보였다. 이를 근거로 로슈코프 차관이 도출한 결론은 첫째, 북핵 위기 해소 문제는 원칙적으로 검토되며 둘째, 이 위기 문제는 북 측의 생각대로 북미 간 조율되어야 하고 셋째, 북한이 핵무기 프로그램을 실현시키지 않을 것이라는 낙관론을 기대하며 넷째, 미국은 북한을 공격하지 않을 것이라는 선언이 필요하고 다섯째, 북한의 대응은 미국이 주권, 자주, 생명을 심각하게 위협한데 대한 반작용이라는 것이었다.[14]

이렇게 해서 2003년 1월 10일 러시아가 중재안으로 제시한 일괄타결안(пакетная инициатива)의 핵심은 3가지로 요약된다. 첫째로, 한반도의 비핵화를 보장하는 것이다. 둘째로, 당사국 간 양자 또는 다자간 대화를 통해 북한의 안전을 보장하는 것이다. 셋째로, 북한에 대한 인도적·경제적 지원 프로그램을 재개하는 것이다. 즉 북한의 완전한 핵개발 포기와 서방의 대북 안전보장 및 경제적 지원이 동시다발적으로 이루어져야 한다는 것이다. 이것은 러시아의 전통적인 대한반도 정책을 기저로 북한의 현실을 최대한 반영한 것이다. 그리고 한국의 대북 햇볕정책과도 부합되는 현실적 대안이었다. 하지만 미국은 북한의 선(先)핵개발 포기·후(後)경제지원 방안에 대해 한 치의 양보도 할 수 없다는 입장을 고수했다. 일본도 마찬가지였다. 중국과 한국도 미국 눈치를 보지 않을 수 없었다. 당시 김대중 정부는 '북핵문제 해결과 남북관계 개선 병행, 때로는 남북관계 반보선행(半步先行)' 정책 기조를 유지하면서 조심스러운 행보를 했다. 노무현 정부도 동일한 입장을 견지했다.

2003년 8월 베이징에서 제1차 북핵 6자회담이 개최되었다. 흔히 다자회의가 그렇듯이 일치된 의견을 도출한다는 것은 쉽지 않았다. 구주외교의 출발점이었던 1815년 나폴레옹 종전회담인 비엔나 회의는 '춤춘다. 그러나 진행되지 않는다' 였다. 대부분의 다자회의는 언어의 성찬일 뿐이다. 6자회담도 예외는 아니었다. 수차례의 회담에서 이해 당사국 간 입장만 매번 확인하고 헤어졌다. 특히 북미 간에는 6자회담 협상테이블에 마주하지만 내면적으로는 팽팽한 긴장감의 연속이었다. 부시 정부는 '악의 축' 으로 이라크에 이어 다음 목표물로 북한을 겨냥했기 때문이다.

2005년 5월 전승 60주년을 계기로 모스크바에서 열린 러미 정상회담에서 푸틴은 부시에게 '북한을 궁지로 몰지 말아야 한다' 고 조언했다. 이에 화답하여 라이스 국무장관은 귀국 후 CNN방송을 통해 '북한이 주권국가임을 인정한다' 면서 북한을 공격하거나 침공할 의도가 없음을 확인했다. 6자회담이 공전하는 과정에서 북미 간 갈등해소를 위해 러시아의 중재가 불가피했던 것이다. 러시아 극동연구소 한국학센터 트카첸코 소장은 출범 초기 6자회담의 운명에 대해 이렇게 전망했다. "몇 번 모임을 갖겠지요. 성과 없이 이럭저럭 시간을 끌다가 미국의 정권이 바뀌거나 국제환경이 변하면 유명무실화 되겠지요. 그럼에도 6자회담이 한반도의 긴장을 일시적으로나마 완화시키는 데는 기여할 것입니다." 15) 적절한 지적이요 전망이었다.

결국 2005년 9월 마카오 소재 방코델타아시아(BDA) 은행의 북한 계좌 동결사태가 발발했다. BDA 은행에 입금된 북한 돈은 불법자금이기 때문에 인출해서 사용할 수 없다는 것이 미국의 주장이었다. 입금액은 약 2,500만 달러로 김정일이 관리하는 비자금 일부였다. 북한으로서는 적지 않은 돈이며 통치권자의 입장에서는 당장 목줄을 조이는 형국이 된 것이다. 미국은 이 조치가 북한을 압박하는 더할 나위없는 카드라면서 김정일의 백기투항을 기다리고 있었다. BDA 사건으로 북핵 6자회담은 1년 이상 답보상태에 놓였다.

4. 3차 북핵 위기의 출구는?

마침내 북한은 대항카드를 뽑아 들었다. 2006년 7월 동해안에서 미사일을 발사했다. 이어서 10월 9일에는 핵실험을 단행했다. 3차 북핵 위기가 도래한 것이다. 러시아의 반응은 즉각적이고 강경했다. 이바노프 국방장관은 북한이 10월 9일 오전 5시 35분 26초(모스크바 시간)에 실시했다고 푸틴 대통령에게 보고했다. 푸틴은 격앙된 반응을 보였다. 이바노프 장관은 각료회의에서 '북한이 폭발규모 5-15kt의 대규모 핵실험을 성공시켜 9번째 핵보유국이 됐다'고 발표하면서 이는 대량살상무기비확산 규정을 위반한 것임을 지적했다. 지하 핵폭발 실험은 러시아 국경으로부터 170km지점에서 행해졌다. 평양 측은 방사능오염 위험이 없다고 주장했지만, 연해주 일대의 방사능 수치는 규정치를 초과했다. 러시아는 대북 제재를 위한 유엔 안보리 1718호 결의에 동참했다. 이 결의안에 따라 대북 핵미사일 기술 및 사치품 수출을 금지하고 핵미사일 개발·추진과 관련되는 북한 인사들의 러시아

함북 화대군 무수단리(옛 대포동)

입국을 불허했다.16)

러시아는 북한의 핵실험 계획을 2시간 전에 외교채널을 통해 사전 통보받았다. 반면 군사 동맹국이요 최대 교역국인 중국은 핵실험 20분 전에 통보받았다. 미국은 핵실험이 위장전술이라면서 북한의 핵보유를 인정할 수 없다고 주장했다. 그러나 미국의 입장은 속수무책이었다. 결국 북한의 요구를 수용하여 BDA 예금동결을 해제했다. 다만, 어떻게 북한에 돌려줄 것인가에 대해 국제사회가 갑론을박 했다. 중국조차도 자국 경제에 미치는 악영향을 우려해 기피했다. 마침내 러시아가 송금의 중재역을 맡겠다고 나섰다. 미국을 비롯한 6자회담 당사국은 북한의 핵 포기에 대한 대가로 대북 안전보장과 경제지원을 약속했다. 2007년 12월 부시는 김정일에게 직접 친서를 보내기도 했다. 그러나 김정일은 구두 답변으로 대체했다. 배짱인지 외교적 무례인지 헷갈린다. 물론 부시가 자승자박한 측면도 없지 않다. 결과적으로 2003년 1월에 러시아가 제안했던 일괄타결안이 거의 5년 만에 수용된 것이다.

오바마 정권으로 바뀌면서 북미 간 협상은 진전이 없었다. 2009년 5월에 북한이 또 한 차례 핵실험을 단행했다. 유엔안보리는 1차 핵실험 때보다 더 강경한 대북 결의안 1874호를 채택했다. 남북한 관계도 갈수록 첨예해졌다. 천안함 침몰사건에 이어 북한의 연평도 포격사건이 일어났다. 사실상 이것은 북한의 대남 도발에 의한 국부전쟁이나

다름없었다. 옹진반도를 중심으로 남북한 간 충돌이 잦았던 6·25직
전의 상황을 연상케 했다. 한국 사회 전반에 걸쳐 전쟁의 공포가 엄습
해 왔다.

5. 러시아가 본 북한 핵개발 수준

북한이 두 차례나 핵실험을 단행했음에도 불구하고, 이제까지 국제
사회는 북한의 무기급 핵개발 능력에 대해 반신반의했다. 핵개발 수
준을 가늠할 수 있는 척도중의 하나는 '어떤 핵물질을 사용하는가' 이
다. 고농축 우라늄을 사용하기 위해서는 고비용을 요하는 대규모 선
광공장을 건설해야 하며 이를 은폐한다는 것은 사실상 불가능하다.
심지어 지하에 선광공장을 건설할 경우에도 고압 전력원과 엄청난 양
의 열량을 필요로 한다.[17] 그래서 핵무기 제조과정을 은폐하려면 플
루토늄을 이용하는 것이 더 간단하다. 민수용 공업전력으로 위장하기
도 편리하고 무기급 플루토늄 추출을 위해 중수형 감속장치를 구비한
특수원자로를 이용할 수도 있다. 또는 이중용도의 흑연공업용 원자로
이용도 가능하다.

북한의 핵개발 프로그램은 플루토늄을 분열물질로 사용하고 있어,
플루토늄 보유량이 핵개발 수준을 평가하는 기준이 된다. 플루토늄
비축량을 은폐할 수는 있지만, 기폭장치 제조의 고난도에 직면한다.
이를 위해 지하실험을 반복적으로 실시해야 하며, 이를 은닉할 수 없
어 핵무기 개발을 사실상 공개하는 것이다. 통상 전문가들은 원자로
에서 추출된 플루토늄 량을 확인하기 위해 단순 산술법을 이용한다.
1메가와트 원자로가 1일 1g의 플루토늄을 생산한다. 영변의 5메가와

트 원자로가 1일 5g(연간 1.8kg)의 플루토늄을 생산할 수 있다. 50메가와트 원자로는 연간 20kg까지 생산할 수 있고 이는 4~5개의 장약을 생산하는 데 충분하다.[18]

이미 1990년 KGB 의장 클류치코프(Крючков В.А.)는 공산당 중앙위 정치국 보고서(No.363-k)에서 영변에는 '최초의 기폭장치 개발이 완료되었다. 그러나 북한은 핵무기 제조 사실을 은폐하기 위해 현재로서는 그의 실험을 계획하고 있지 않다'고 밝혔다.[19] 3년 후 러시아 해외정보부(SVR)는 『냉전후 새로운 도전: 대량살상무기확산』제하 백서에서 "현재 북한은 핵무기를 보유하지 않고 있다. 다만 상당 기간이 경과하면 북한은 핵분야에서 군사용 프로그램을 발전시킬 것이다.[20] 1994년 1월 해외정보부 프리마코프 부장이 방한하여 김영삼 대통령과 가졌던 대화의제 중의 하나가 북한 핵개발 문제였다. 사실 북한은 1989~90년간 3차에 걸쳐 영변의 5메가와트 흑연원자로를 폐쇄했다. 1992년 IAEA에 제출한 보고서에 의하면, 북한은 기술적 이유 때문에 원자로를 폐쇄했다고만 밝혔다. 아마도 이때 일정량의 플루토늄을 추출했거나 가공했을 것으로 추정했다.[21]

몇몇 분석가들은 북한이 정보기관의 추정치보다도 더 많은 핵무기를 제조할 수 있는 능력을 갖추고 있다고 주장하고 있다. 러시아 SVR은 미국 CIA와 마찬가지로 IAEA의 기준에 근거하여 핵폭탄 1개 제조를 위해 필요한 최소한의 플루토늄 량을 8kg으로 계산했다. 1994년 8월 D.키드 IAEA 의장은 자체 전문가들의 의견을 종합하여 8kg은 너무 높은 수치라고 발표했다. 그는 북한이 낮은 기술수준의 핵무기 미보유국으로서 플루토늄 3kg으로 1kT의 핵폭탄 1개를 제조할 수 있다고 주장했다.[22]

러시아 해외정보부 백서의 의하면, 일련의 경제·기술적 어려움으로 인해 북한의 군사용 핵개발은 우여곡절을 거치면서 발전해 왔다. 이 분야의 연구가 수차례 동결과 재개를 반복해 왔다는 것이다. 1980년대 말 북한이 국제사회로부터 정치·경제적으로 고립되어감에 따라 핵분야에서의 설비 공급 및 연구·개발의 지속성을 유지하는 데 어려움에 봉착했다. 특히 러시아 해외정보부는 북한이 1992년 5월 IAEA사찰단의 최초 방북 전에 핵개발의 군사부문을 이미 중단했다고 주장했다. 그 이외에도 북한에서는 NPT조항에 위배되는 기존활동의 흔적을 감추기 위해 필요한 조치를 단행했다.[23)]

러시아의 핵 전문가들은 북한의 핵개발 능력을 강하게 부인하면서 이를 두 가지 측면에서 고찰해야 한다는 입장을 견지했다. 즉 '정치적 핵'과 '물리적 핵'이다. '정치적 핵'은 문자 그대로 핵개발을 빙자하는 외부용 협상카드다. 무엇보다도 미국을 겨냥한 대응책이다. 북한은 '핵의 모호성'을 유지하면서 대미 협상을 지속한다. 고도의 심리적 게임이다. 핵포기를 전제로 보상을 극대화하려는 북한 특유의 '살라미 전술'이다. 모호성의 정도가 높을수록 협상용 핵의 가치는 커진다. 북한 측은 모호성을 극대화하고 미국 측은 이를 파헤치려는 데 혈안이 되어있다. 그래서 미국이 줄기차게 주장하는 것이 바로 '완전하고도, 검증 가능하며, 돌이킬 수 없는 방식(CVID)'이다. 부시 정부가 북한 측과 핵 불능화 협상에 착수하면서 '정치적 핵'은 가공할 만한 위력을 발휘했다. 북한은 더욱 자신감에 차 있었다. 핵포기 단계를 최대한 잘게 자르고 기간을 최대한 늘리면서 각 단계마다 최대한의 보상을 요구하겠다는 전략이었다.

두 번째는 '물리적 핵' 개발이다. 북한은 1차 핵위기 이후 현재까지의 경험에 비추어 별로 재미를 못 보았다. 핵개발의 기회비용이 너무 크다. 2006년과 2009년 두 차례의 지하 핵실험을 실시함으로써 경제적 손실도 적지 않았다. 최소한 미사일 탑재가 가능할 정도의 무기급으로 농축하기까지는 갈 길이 멀다. 핵개발에 의한 정권 유지가 오히려 핵개발로 인해 휘청거릴 위험성마저 있다. '물리적 핵' 개발은 '정치적 핵'의 효력이 극대화되는 순간에 포기될 수 있다. '정치적 핵'과 '물리적 핵' 개발 가능성은 상호 반비례하기 때문이다.

6. 왜 북한은 핵개발에 올인하는가?

선진국의 핵독점과 후발국의 핵개발 추격은 1940년대 미소 간에 시작되어 1950년대 중소 간, 그리고 1990년 이후 북한을 둘러싼 쟁점으로 되살아 났다. 중국은 소련을 모델로 하면서 핵자립을 추구했고 결국 핵확산 문제가 중소 대립의 근원이 되었다. 1946~47년간 핵개발에 막대한 자원을 투여한 소련에서는 1백~2백만 아사자가 발생했고 중국도 1950년대 후반 대약진 운동으로 아사자가 2천만~3천만 명으로 추산되며, 북한도 대규모 아사자 발생 등 동일한 후유증을 앓았다.

김일성은 한반도 비핵화를 유훈으로 남겼다. 중국 저우언라이(周恩來) 수상에게 보낸 서한(1964.10.30)에서 '북한은 핵무기의 전면적 금지와 핵무기 폐기를 지금까지도, 또 앞으로도 계속 지지한다'고 밝혔다. 김정일도 2007년 10월 노무현 대통령과의 정상회담에서 "우리는 핵무기를 가질 의사가 없다. 유훈이다. 우리의 이러한 의지는 확고하다"고 말했고, 이에 앞서 2005년 정동영 당시 통일부 장관도 '김 위원장이 비핵화는 김일성 주석의 유훈이라고 말했다'고 전한 바 있다.[24]

공염불처럼 반복하는 북한 측의 비핵화 유훈을 전적으로 신뢰할 수는 없다. 이제까지 고찰한 대로, 북한 정권사는 핵야욕의 역사라고 해도 과언이 아니었다. 소련이 북한을 위성국으로 세우면서 핵개발 기술도 함께 전수해 준 셈이다. 물론 핵기술은 '평화적 이용'이라는 전제가 있었고 어떤 경우든 무기로 사용해서는 안 된다는 것이 국경을 접하고 있는 소련의 입장이었다. 때문에 북한은 지속적이고 단계적이며 우회적인 방법으로 핵기술을 습득해 왔다. 사실 김일성은 그의 인생 마지막 30여 년간 핵·미사일 개발에 적지 않은 의미를 부여했다. 왜 그가 그토록 핵개발에 올인해야만 했을까.

첫째로, 히로시마와 나가사키의 원폭투하이다. 이것은 33세의 김일성에게 경이로움과 함께 지대한 관심거리가 되었다. 김일성은 일제 병탐 이후 해방 시까지 거의 15년간 빨치산부대에서 항일전투를 했으나 빈번히 패퇴했다. 물론 보천보전투와 같은 부분적인 전과는 논외로 하자. 마침내 일본의 공격을 피해 극동지역까지 퇴각하지 않을 수 없었다. 그런데 미국은 기껏 두 번 공격으로 일본을 굴복시켰다.[25] 김일성은 이 신비의 무기를 어떤 대가를 치르고서라도 개발하겠다는 강한 집념을 불태웠다.

둘째로, 한국전쟁 당시의 교훈이다. 전쟁 초기에 김일성은 미군의 참전에 따른 위협을 과소평가했다. 유엔군의 인천상륙은 그의 판단이 잘못되었음을 입증했다. 나아가 미국이 북한지역을 융단 폭격했지만 핵폭탄을 사용할 것이라고는 예상치 못했다. 그러나 그는 종전 후에 발간된 『한국에서의 공중전』이라는 미국 공군성의 결산내용을 접하고 경악을 했다. 미국 지도부가 개전 초기에 북한군을 신속히 퇴각시키기 위해 핵무기 사용 가능성을 검토했다는 사실이다. 청천지역에 40kt 위력의 핵폭탄과 평강-철원-김화 삼각지대에 6개의 폭탄을 투하해 북한군의 주력부대를 격퇴한다는 계획이었다. 다행스럽게도 트루먼은 자신의 생애에서 핵무기 사용의 두 번째 명령을 하달하지 않기로 결정했다. 김일성은 '미국이 불가피한 상황에서는 언제든지 핵무기를 사용할 수 있다' 는 것을 우려했다. 이것이 바로 1961년 소련·중국 두 나라의 핵우산하에 들어가기 위해 동맹조약을 체결한 이유 중의 하나였다.[26]

6·25전쟁 때 소련도 마찬가지로 핵무기를 사용하는 시나리오를 가지고 있었다. 한국전쟁 50주년을 맞아 「핵의 버섯구름—평양이 새로운 히로시마가 되었을지도 모른다」라는 논문이 발표되었다. 이 논문을 쓴 사르다코프는 '마리놉스키 장군은 극동 주둔 미군에 대한 핵작전 시나리오를 준비했다. 그는 소련군 비밀회의에서 한반도처럼 좁은 전장에서는 최대 12개의 핵폭탄이면 충분하다고 주장했음' 을 밝혔다.[27]

셋째로, 사회주의 동맹국들이 미국과의 핵갈등 상황에 처할 경우에 소련으로부터 직접적인 지원을 기대할 수 없다는 판단이다. 대표적인 사례로 1962년 10월에 있었던 쿠바사태를 꼽았다. 북한 지도부는 소련이 자국의 안보를 위해 동맹국 쿠바를 충분히 지원하지 않았다고 생각했다. 김일성은 북한의 위기상황 도래 시 소련이 핵을 지원할 것이라는 기대감에 대해 회의를 품게 되었다.

넷째로, 남한이 1970년대 비밀리에 핵무기 개발을 추진했다는 것이다. 유일한 목표가 북한이라는 사실은 추호의 의심도 없었다. 남한은 미국의 압력과 회유로 핵개발 계획을 접었지만, 그 대신 미국은 비밀리에 핵무기를 한국에 배치했다. 1991년 한국으로부터 핵무기를 완전히 철수시킬 때까지 군산 미군기지에 약 60개의 핵폭탄과 40개의 핵고사포(зенитный снаряд)가 배치되었다. 그 이외에 1977년부터 실시된 팀스피리트도 향후 대북 핵전쟁을 가상한 한미합동 군사훈련으로 간주했다.

7. 러시아의 북핵문제 해결전망

김정일도 비핵화 유훈을 강조하지만 핵개발 계획을 쉽게 포기하지 않을 것이다. 첫째로, 아프간·이라크 전쟁 이후 미국의 대북 공격을 더욱 두려워한다. 절대적 억지 수단으로서 핵무기의 전략적 가치가 더 커졌다. 둘째로, 핵무기를 포기하면 앞으로 국제사회에 압력을 가하기 어렵다. 북한은 핵이 없다면 너무나도 가난한 제3세계 독재국가에 불과하다. 셋째로, 핵실험을 국내의 체제유지 수단으로 이용하고 있다. 신년 공동 사설에서 "우리가 핵 억지력을 가지게 된 것은 그 누구도 건드릴 수 없는 불패의 국력을 갈망하여 온 우리 인민의 세기적 숙원을 실현한 것이다"고 밝혔다.[28]

그러면 북한의 핵야욕에 대해 어떻게 대처할 것인가. 러시아 전문가들은 3가지 방안을 제시한다. 첫째는 무력방식이요, 둘째는 대북 봉쇄방식이며, 셋째는 6자회담 지속에 의한 평화적 방법이다. 첫 번째는 매우 위험하고 후유증에 대해서는 예측 불가다. 두 번째 방안도 실현 불가능하다. 중국은 북한 정권의 근본적 변화를 원하지 않고 북한 난민들의 자국 영토 내 대량 유입을 우려한다. 세 번째의 6자회담을 통한 점진적인 해결 방식만이 실현 가능하다. 한반도 내 핵무기 및 대량살상무기의 자유지대화를 통해 북핵 위기를 점진적으로 해결하는 것이 최선책이다.[29]

2003년 1월 6자회담 출범에 앞서 푸틴은 '모든 한반도 문제는 반드시 대화를 통해 해결해야 한다는 것이 러시아의 원칙적이고 변함없는 입장'임을 강조했다.[30] 2010년 12월 러·몽 간 총리회담에서도 푸틴은 '남북한이 대화를 통해 모든 한반도 문제를 해결하며, 북한은 유엔 안보리 결의안(1718호, 1874호)을 무조건 이행하고 우라늄 농축에 의한

핵개발 계획을 중단할 것'을 촉구했다.[31]

　북한의 핵문제는 아직 끝이 보이지 않는다. '정치적 핵' 보유 목적이 충족되면 '물리적 핵'이 소멸될 것이라는 기대는 요원하기만 하다. 1958년 3월 김일성은 '흐루시초프의 원자·수소폭탄 실험에 대한 일방적 중지 결정'을 지지하는 성명을 발표한 바 있었다.

　　"각종 원자 및 수소무기 실험은 파멸적이며 살인적인 군사무기 제조를 위한 군비 경쟁을 격화시켜 전 세계 인류를 원자전쟁의 위험에 몰아넣고 있다. 더욱이 인체에 유해하여 후손의 정상적 발육을 위협하고 있다. 미국과 영국도 소련의 주도적 결정에 합류하여 전쟁의 위협으로부터 인류를 구원하는 효과적인 첫 조치가 실현될 수 있기를 요구한다."[32]

　김정일이 유훈정치에 충실하겠다면 아버지의 이러한 입장에 대해서도 반추해 보아야 할 것이다.

　결론적으로, 북한의 핵개발은 전적으로 러시아의 기술 및 설비 지원으로 가능했다. 심지어 북한은 구소련 붕괴의 혼란기를 틈타 러시아로부터 불법적인 방법으로 반입해 갔다. 러시아의 북핵 입장은 '핵의 평화적 이용'이라는 전제하에서만 허용했다. 그러나 북한 당국은 러시아의 경계망을 피해 핵의 무기화를 은밀히, 그리고 집요하게 시도해 왔다. 러시아로서는 북한이 무기급 수준으로 개발하지 못한 단계이나 장기적으로는 충분한 잠재력을 보유하고 있는 것으로 평가하고 있다. 그래서 1990년대부터 현재까지 북한의 핵개발 문제가 공론화될 때마다 조기에, 그리고 평화적 방법으로 해결되어야 한다는 일관된 입장을 견지해 왔다. 또한 6자회담 출범 이후 북핵 문제가 답보 상태에 처하거나 위기상황으로 치달을 때마다 객관적인 중재자로서의 역할을 충실히 수행해 왔다. 러시아 지원 없는 북핵 프로그램이 불가능했던 것처럼, 앞으로도 러시아 중재 없는 북핵 문제의 근본적 해결을 기대할 수 없을 것이다.

II

100% 탕감이냐, 1% 상환이냐

　2009년 5월 북한이 핵실험을 단행하자 유엔 안보리는 대북 결의안 1874호를 채택했다. 물론 러시아도 이 결의안에 동참했다. 그리고 몇 개월 뒤 러시아 정부가 지원한 식량이 함경북도 라진항에 도착했다. 조선중앙통신은 '러시아의 식량 기증이 두 나라 정부와 인민들 사이에 존재하는 전통적인 친선관계의 표시'라고 보도했다.[33]

　2010년 11월 북한이 연평도에 포격을 가하자, 러시아는 북 측의 대남 무력도발을 즉각적이고 강력히 비판했다. 그리고 몇 주일 후에 한미 합동군의 사격훈련을 반대하는 결의안 상정을 위해 유엔 안보리 소집을 전격 제의했다. 이러한 러시아의 이중적 태도는 '영원한 적도, 영원한 우방도 없다'는 냉엄한 국제정치의 단상인가, 아니면 러시아의 북한에 대한 결코 포기할 수 없는 그 무엇 때문인가.

　최소한 1980년대 말까지 북한 경제는 상당 부분 구소련에 의존해 왔다. 북한의 기간산업이 소련의 기술과 설비 지원으로 건설되었기 때문이다. 그러나 소련 붕괴 이후 답보상태에 놓였던 러북 간 경제협력은 20여 년이 경과했는데도 매우 완만한 속도로 복원되고 있다. 왜 그럴까. 양국 간 주요 경제 현안은 무엇이며, 경협증진을 방해하는 장애요소는 무엇인가. 북한의 대러 채무상환 문제는 어떻게 조율되고 있는가. 아울러 향후 러북 간 경제협력이 급진전될 가능성은 없는가?

1. 북한의 최대 교역국은 소련이었다

북한은 해방과 동시에 소련의 전폭적인 지원으로 사회주의 체제를 이식하는 데 성공했다. 한반도 분단 이후 냉전체제가 지속되는 과정에서도 소련의 지원은 중단되지 않았다. 소련은 무상원조로 총 13억 루블($1=0.6루블)을 제공했다. 그중 10억 루블은 1953년 9월에 체결한 조약에 따라 전후 북한경제 복구를 위한 것이고 나머지 3억 루블은 1956년 8월에 체결한 조약에 따라 1961년까지 공산품, 식료품 및 기타 소비제품을 공급하는 것이었다. 소련의 무상원조에 의한 기계와 설비 공급은 북한경제 발전에 결정적으로 기여했고 경공업, 중공업 그리고 농촌경제 발전의 초석이 되었다.[34] 아울러 소련은 북한의 전통적인 수출품목인 마그네사이트 분말, 철금속, 시멘트, 화학제품, 주석, 철강, 절단기 등에 대한 가장 큰 구매자였다.

소북 양국 간 경제협력은 기술이전, 협동생산, 위탁가공생산, 인력교육 및 훈련, 과학기술 교류 등의 광범위한 분야에서 이루어졌고 최소한 1980년 말까지 지속되었다. 1988년에 소북 간 무역규모는 15억 6,570만 루블(약 25억 달러)로 역사상 최고수준에 이르렀다. 북한 무역

총액의 49%를 차지했지만, 소련의 대외무역에서 북한이 차지하는 비율은 0.5%뿐이었다. 북한 제품의 종류도 많지 않았으나 이들 중 일부 품목은 소련 경제에서 상당한 비중을 차지했다. 예를 들면, 1980년대 말 북한의 마그네샤 클링커는 소련의 동 품목 수입의 90%를, 그리고 기타 표백분 48%, 시멘트 30%, 전분 20%를 차지했다.[35] 북한의 주요 기간 산업망도 소련의 물적·인적 지원 없이는 원천적으로 불가능했다. 1990년대 초반까지 소련은 북한의 기간산업 건설에 대한 경제 및 기술 원조를 대규모로 제공했다.

그러나 소연방이 붕괴되던 1991년부터 대북 원조성 구상무역은 중단되었다. 우호가격을 적용하던 방식에서 국제시세에 기초한 경화결제 방식으로 바뀌었다. 즉 양국 간 무역은 청산목록과 상품제시 목록을 근거로 이루어졌다. 청산목록은 1991년에 체결된 양국 간 무역협정에 따라 대소 외채 상환을 목적으로 제시된 상품목록이다. 상품제시 목록은 외화획득을 목적으로 양국 간 합의하에 일반무역을 위해 제시된 상품목록(수출 27개, 수입 25개)이다. 이러한 무역체계하에서 경화결재 능력이 절대적으로 부족한 북한으로서는 원유와 같은 원자재를 구입할 수 없는 상황에 이르렀다. 우호적인 경협 관계는 급격히 퇴조하기 시작했다. 2000년에는 러북 간 무역액이 4천6백만 달러로 사상 최저치를 기록했다. 1988년과 비교할 때 무려 54배나 감소한 것이다. 전반적인 국제무역 규모의 성장세를 고려한다면 실제로는 더 감소한 셈이다.

그 후에 점진적으로 증가추세를 시현했지만 여전히 소련 말기의 수준으로는 회복되지 못하고 있다. 그 대신 중국이 그 자리를 차지하고 있다. 2005년도 기준으로 중국과는 15억 8천만 달러로 무역총액의 52.6%를 점유한 반면, 러시아와는 2억 3천2백만 달러로 7.7%에 머무르고 있다. 2008년도에는 러북 간 1억 2천만 달러였다. 이 중에 대북 수출이 1억 7백만 달러이고 대북 수입은 1천3백만 달러였다.[36]

결론적으로 러북 간 경제협력은 매우 약한 연결고리하에 진행되고 있으며, 아직도 획기적인 돌파구를 찾지 못하고 있다. 양국 간 산적한 여러 프로젝트를 실현단계로까지 끌어올리지 못한 근본적인 이유는 가격기준에 대한 이견 때문이다. 대북 경제지원이 동맹국과의 관계 강화, 소련의 국제적 지위 제고 및 미국과의 경쟁 일부로 인식됐던 소련 당시와는 확연히 다르다. 게다가 러시아 입장에서는 대북투자 보장문제(비록 상품형태일지라도)가 중요한 요소로 제기되고 있다.[37] 그렇다면 러북 간 경협관계의 회복세는 여전히 완만한 속도로 진행될 수밖에 없을 것인가. 이의 해답은 북한정권 창건 이후 현재까지의 러북 간 경협관계 전반에 대해 분야별로 고찰함으로써 도출해 볼 수 있다.

2. 분야별 러북 경협관계

첫째, 소련의 지원하에 설립된 70개 이상의 중공업 분야다. 이는 북한 산업의 근간을 이루었다. 예를 들면, 소련 붕괴 직후까지 전기 60%, 철광석 40%, 철강 및 압연강판 30%, 석탄 10% 및 직물 19%가 소련 지원으로 설립된 산업의 생산량이다. 기타 여러 분야에서 3천여 개에 이른 생산시설과 기초설비가 북한에 제공됐다. 이러한 협력형태는 소련이 경제적 효용성을 고려하지 않고 국제 자본주의 침략으로부터 사회주의 경제를 보호할 수 있다는 북한의 요구를 맹목적으로 수용한 측면이 적지 않았다. 그 결과 북한의 대소 수출은 기계장비류 위주이며 소련의 대북 수출은 에너지운송 장비가 주류를 형성했다. 아울러 소련 말기까지 북한의 만성적인 대소 무역 적자 및 이로 인해 소련의 대북 지원은 더 이상 지속할 수 없었다.

박의춘 외상은 2008년 10월 외무장관으로서는 6년 만에 러시아를 방문하여 수력발전소 건설, 철도 및 소련 당시 건설된 시설 개보수 등을 위한 대규모 경제지원을 요청했다. 이에 앞서 8월에는 러시아 금속생산업체와 북한 광업무역회사는 약 13만 톤 매장량의 함북 가무리 희귀금속 광산에 대한 개발 의향서를 상호 교환했다. 이것은 러시아의 대북 광산투자에 대한 최초의 시도로서 양국 간 투자협력 전망을 가늠할 수 있는 척도로 간주되었다.

둘째, 임업과 경공업 분야다. 1966년 5월 브레즈네프-김일성 간 체결된 북한 노동자 송출 합의에 따라 연평균 15,000여 명의 북한 노동자가 극동지역의 목재와 펄프용 칩 생산에 투입되었다. 소련 측은 기계, 장비, 산림을 제공하고 목재 61:39, 펄프용 칩 56:44로 북한과 분배했다. 북한이 가져간 목재와 펄프용 칩은 북한 내수의 절반 이상을 충족했다. 그러나 1991년에 신생러시아와 체결한 의정서는 벌목량에 있어서는 동일하나 북한 측 분배 비율이 35.5%로 감소했고 벌목지역에 대한 조림사업을 엄격히 규정했다.

경공업 분야에서는 1986년 12월 양국 간 대규모의 협력 의정서가 체결되었다. 이 의정서에 따라 100여 개의 북한 의류공장이 소련으로부터 옷감, 원료, 장비 등을 제공받아 완제품을 다시 소련에 공급했다. 이 경우에 소련 전문가들이 공장에서 북한 기술자들을 직접 훈련시키고 생산을 관리했다. 그러나 소련 붕괴 후 이러한 협력관행은 사실상 중단상태에 처했다가 2000년대로 진입하면서 완만한 속도로 복원되기 시작했다. 김정일은 2001년 7월 옴스크의 베이컨 공장을 방문했고 탱크공장에서 생산된 트랙터에 관심을 가졌다. 그는 500대의 트랙터

구입의사를 표명하고 당장 북한 들판에서 시험해 보겠다면서 1대의 구입계약을 체결했다. 상트페테르부르크의 발티카 맥주공장을 견학하면서 수출용으로 생산한 '발티카 7번'을 시음하고 5리터용 맥주통을 선물로 증정받았으며 평양에 맥주공장을 설립키로 합의했다. 또한 키로프 공장에서 약 2천만 달러 규모의 계약도 체결했다.

셋째, 북한 노동력의 소련 진출 문제다. 북한 노동력 송출에 대한 양국 간 협력은 1980년대 말부터 시베리아·극동 지역을 대상으로 이루어지기 시작했다. 소련은 이 지역의 부족한 노동력을 충당했으며 북한은 생산품을 자국으로 반입하고 그 일부로 대소 부채를 상환했다. 북한 노동력은 벌목장, 농업현장뿐만 아니라 주요 시설건설 및 탄광, 암염광 등 다양한 분야에 걸쳐 진출했다.[38] 이 분야도 역시 담보 상태에 처해 있다가 2000년대 초 푸틴과 김정일의 상호 방문을 계기로 다시 활성화되었다.

2007년부터 양국 간 '임시 노동활동에 관한 협정' 체결이 추진되었다. 18개 조항으로 구성된 협정안은 노동자의 권익 보호 및 관리 강화를 골자로 한다. 구체적으로 공식명절 휴무와 무상의료 검진, 외화 취득 및 송금, 이중과세 방지 등 거주국 국민과 동등한 권익을 보장하고, 노동자는 18세 이상의 마약중독, 전염병, 에이즈 감염 사실이 없다는 증명서 제출 및 거주국 법을 준수해야 한다. 이 협정은 5년간 유효하며 일방의 서면중지 요청이 없는 한 1년씩 자동 연장된다. 2008년 말 북한 노동자의 대러 송출 규모는 9,900여 명으로 양국 간 최대 협력사업으로 인정되고 있다. 제반 통계에 의하면, 러시아 전역에 파견된 북한 노동자와 전문가는 15,000~25,000명에 이른다.[39]

넷째, 과학기술 분야다. 소련 과학기술의 대북 이전은 북한 정권 창건 직후부터였으나 본격적인 협력은 1955년 2월 5일 양국 간 과학기술협력협정 체결과 함께 시작되었다. 북한의 산업화와 경제 전반에 필요한 소련의 과학기술 관련 문서 및 자료가 제공되었다. 소련은 1948~61년간 총 2,165세트의 과학기술 관련 문서와 자료를 제공했다. 1967년 10월에 「조소간 경제과학기술협의위원회」가 새로 조직되고 이듬해 상설분과위가 신설됨으로써, 정부간 18개분야 협정 체결 등 다양한 분야에서 합의를 도출하고 이행해 나갔다. 또한 1980년 초까지 소련은 지질학, 기계제작, 야금학, 화학, 식료품 공업과 수산업, 전력과 농업 분야의 기술문서 약 2,800종을 북한에 넘겼다. 반면 북한이 소련에 전달한 것은 약 30여 종의 기술문서에 불과했다.

북러 간 과학기술 협력은 소련이 일방적으로 북한에 과학기술을 이전해 주는 무상원조의 성격이 강했다. 이 분야도 소련 붕괴와 함께 1990년 4월 경제·과학기술협의위원회 제23차 회의를 마지막으로 중단되었다. 1993년부터 양국 관계개선을 위한 노력이 재개됨에 따라 1996년 4월 제1차 「북러간 경제무역·과학기술협력위원회」가 개최되었고 2000년 10월에는 3차 위원회가 열렸다.[40] 이의 연장선상에서 북

러시아의 대북 지원물품이 2008년 9월 5일 북한 비행장에 도착했다

한의 국가과학원 대표단이 2008년 6월 러시아를 방문하여 얼굴인식 시스템의 공동개발을 추진하기도 했다.

3. 대러 채무 해결 없이 경협 진전 없다

소련의 붕괴는 바로 위성국인 북한경제의 파국을 의미했다. 구소련의 채권·채무를 고스란히 승계받은 신생 러시아는 국제사회에서 천덕꾸러기로 전락했다. 제3세계에 유·무상으로 제공한 1,100억 달러 규모의 채권액은 고려되지 않았다. 만신창이가 된 경제위기를 극복하기 위해 IMF에 차관을 신청했으나 거절당했다. 구소련 채무 1,300억 달러를 갚을 때 까지는 어림없다는 것이다. 일본에도 차관을 요청했지만 북방 4도 반환 없이는 단 1푼도 줄 수 없다는 입장이었다. 한국에서도 경협차관 14억 7천만 달러를 빨리 상환하라고 독촉했다. 서방권으로부터 구원의 손길을 기대했지만 돌아온 것은 냉담한 반응뿐이었다. 국제 채권단 모임인 파리클럽에서조차도 받아주지 않았다. 구소련의 채무국들이 대부분 빈곤국으로서 외채를 정상적으로 상환할 입장이 못 되었다. 북한도 예외일 수는 없었다. 북한의 대외 채무 총액 180억 달러 중 러시아에 갚아야 할 규모가 80억 달러다. 기타 중국 36억 달러 및 서방채권은행 34억 달러. 북한은 OPEC가 2002년 10월 수로공사용으로 제공한 차관 1,020만 달러에 대한 이자 61만 달러조차도 제때에 갚지 못했다.

북한의 대러 채무 상환문제는 1990년대에는 아예 논의조차 되지 않았다. 러북 경제공동위원회가 1996년 4월부터 2000년 10월까지 세 차례 개최되었으나 채무규모조차도 합의를 보지 못했다. 1949년 3월에 소련은 북한과 조선경제건설지원협정을 체결하고 이를 근거로 1955년부터 1991년까지 차관을 제공해 왔다. 게다가 원자재를 북한에 수출하고 수출대금조차 회수하지 못했다. 러북 양측 사이에는 환율적용 문제 때문에 협상 자체가 진전이 없었다. 러 측은 차관 공여 시점의 환율인 1달러당 0.6루블을 주장했지만 북한 측은 협상 당시의 환율 적용을 고집했다. 협상시기가 언제이며 어떤 환율을 적용하느냐에 따라 상환액이 천차만별이다. 러시아로서는 북한의 억지주장을 수용할 수 없었다. 왜냐하면 아무리 현재의 환율을 높게 책정한다 해도 구소련 당시와는 현격한 차이가 나기 때문이다. 예를 들어, 1990년대 중반의 환율인 1달러당 3,000루블을 적용한다면? 대략 6,000배나 낮게 책정한 셈이다. 러시아가 수용할 수 있겠는가?

러북 간 채무조정회의는 2001년 4월부터 2006년 12월까지 5차례에 걸쳐 개최되었으나 탕감규모조차도 최종 합의에 이르지 못했다. 다만, 5차회의에서 러시아가 원금 60억 달러와 이자 20억 달러를 포함하여 80억 달러를 채무총액으로 북한에 제시했고 북한에서도 원칙적인 수용입장을 표명했다. 러측 대표인 스토르챠크 재무차관과 북측 대표인 김영길 재무성 부상은 채무의 80%를 탕감하고 나머지 채무 상환방식은 2007년 3월에 개최되는 제4차 러북경제공동위에서 협상을 마무리하기로 잠정 합의했다. 러북경제공동위의 러측 대표인 풀리콥스키는 대북 채권 탕감없이는 양국 간 경협이 불가능함을 푸틴 대통령에게 보고했다. 실제로 러시아는 채무를 청산하지 않은 국가에 대해서는 새로운 차관을 줄 수 없다는 법규정을 근거삼아 왔다.

마침내 제4차 러북경제공동위원회가 2007년 3월 22~23일간 모스크바에서 6년 반 만에 재개되었다. 물론 주요 의제 중의 하나가 채무 탕감 및 잔여분 상환문제였다. 이번에는 북 측이 한 술 더 떠 100%

탕감을 제안했고 러시아 측은 전례가 없다면서 상징적 금액이라도 상환할 것을 요구했다. 결국 양측은 합의에 이르지 못했다. 회의 종료 후 작성한 의정서(안)에 "채무문제의 조속한 해결이 향후 양국 간 경협발전의 전제조건이다. 양국 재무부가 2007년 말까지 채무문제에 대한 상호 호혜적 합의를 도출할 수 있도록 협상을 지속하기를 희망한다"고 명시했다.[41] 러측 공동위원장인 풀리콥스키는 "채무문제 해결은 양국 지도자 차원에서 이루어질 것이다. 우리는 북한 측에 다양한 방안을 제시했다. 그러나 그들은 그 어떤 양보도 하지 않았다. 언제나처럼 자신들의 요구만을 고집했다. 우리도 더 이상 나갈 수 없다"고 실토했다.[42]

대북 채권상환 문제는 2008년 제5차 경제공동위에서 논의 예정이었으나 회의 자체가 연기되고 말았다. 게다가 러시아 정부 내 부처 간에도 의견일치를 보지 못했다. 외무부는 양국 간 최대 걸림돌인 채무문제를 조속히 해결해야 한다는 입장이고, 재무부는 단 몇 푼이라도 반드시 받아야 한다는 입장을 고수했다.

재무부 측의 입장은 이렇다. 러시아가 1997년 파리클럽에 가입함으로써 개발도상국 채권에 대한 외채 재조정은 파리클럽을 통한 다자간 협의틀 속에서 이루어지게 되었다. 즉, 대(對)러시아 채무국이 파리클럽에 채무 재조정을 요청하거나 IMF 등 국제금융기구가 파리클럽에 과도채무 빈곤국(Highly Indebted Poor Countries)에 대한 외채 삭감에 동참하는 것을 요청하는 경우다. 이 결정은 파리클럽에서 이루어지며 회원국인 러시아도 이에 따라야 한다. 러시아가 일방적으로 대북 채무 100%를 탕감하게 되면 회원국 간 동등성의 원칙에 위배된다. 파리클럽 차원에서 대러 채무를 해결하기 위해서는 채무국이 IMF 프로그램에 가입하여 경제구조 개선노력을 이행해야 한다. 그러나 북한의 경우는 아직 IMF 회원국이 아니기 때문에 파리클럽 차원에서 채무 재조정을 행할 수 없는 입장이다.

이러한 제약에도 불구, 러시아가 택할 수 있는 현실적 대안이 전혀 없는 것은 아니다. 러시아 입장에서는 북한 기업에 대한 지분권과 채무를 교환하는 채무스왑(dept swap) 등의 절충안을 모색할 수 있다. 아직 러시아가 이러한 방안을 현실화하지 않는 데는 또 다른 이유가 있다. 소련은 이념적 연대와 군사안보를 목적으로 북한에 대해 '출혈 지원'을 했다. 이로 인해 북한은 소련으로부터 일방적 원조를 요구하는 기생적 태도를 버리지 못했다. 앞으로도 이러한 타성을 반복하지 말라는 법이 없다. 북한의 안일한 태도를 바꿀 필요가 있다. 게다가 러시아 입장에서는 한국에 대한 채무 상환문제도 고려해야 했다. 만약 러시아의 대북 채권과 대남 채무를 상계시킬 수 있으면 더할 나위 없다. 이 방안에 대해 러시아 측에서는 한때 강한 집착을 보였고 아직도 미련을 버리지 못하고 있는 듯하다.

러시아 해외정보부(SVR, KGB 후신) 프라드코프 부장이
2011년 5월 17일 방북하여 김정일 위원장을 예방했다

2009년 5월 평양에서 제5차 경제공동위 회의가 개최될 예정이었다. 러시아 실무진들이 사전 방북하여 회의 준비를 한창 진행시키고 있었다. 그러나 이때 북한이 핵실험을 전격 단행함으로써 이에 대한 불만 표시로 러시아 대표단이 철수하고 말았다. 그리고 2년여 만인 2011년 8월 말에 러북 정상회담 개최와 함께 경제공동위가 재개되었다.

4. 러북 간 경제협력의 전망은?

북한 경제는 1990년대 초반까지 소련의 중앙통제식 계획경제의 가장 완벽하고 극단적인 모델이었다. 1970~80년대 북한은 배급제도를 통해 대부분의 식료품과 소비재를 공급했으며 개인경작은 100평방미터 이하로 제한돼 있었다. 또한 계획경제 메커니즘은 중앙집권화되어 유연성이 거의 없었고 '자립경제 정책' 노선하에서 국제경제와의 거래도 최소로 유지됐다. 이러한 비효율적인 경제는 소련을 비롯한 공산권의 지원과 특혜무역으로 유지될 수 있었다. 소련은 김일성 정권에 대해 애착은 없었지만 북한 사회의 안정을 유지해야만 했다. 중소 분쟁의 소용돌이 속에서 소련은 대북 원조를 통해 김일성 정권의 친중화를 막아야 했고 그 결과 대규모 무역적자를 감수해야만 했다.

그러나 소련 붕괴 후 양국 간 무역이 중단되고 중공업 위주의 스탈린식 통제경제가 붕괴됐다. 1997년에는 북한의 공장 가동률이 1990년의 46% 수준으로 낮아졌다. 지방의 경우 배급제가 중단되고 급기야는 대아사가 시작되었다. 1999년까지 60만~90만 명의 아사자가 발생한 것으로 추정되고 이 기근은 1945년 이후 동아시아 역사상 최악의 인재였다. 북한 주민들은 자구책으로 지하경제에 의존했고 이는 소련의

1964~90년간 평균 16.3%보다 훨씬 높은 수치였다는 비공식 통계다. 따라서 북한에서는 '조선에는 두 종류의 사람밖에 없다. 하나는 장사하는 사람이고, 하나는 굶어 죽는 사람이다' 라고 할 정도로 북한의 자발적 시장화는 주민들의 생존조건이 되었다.[43]

북한은 기존의 관성에 따라 최근 20여 년간 중국에 치중해 왔다. 그러나 중국조차도 자기관리에 여념이 없다. 경제 규모가 커지면서 에너지 소비량에 대한 요구도 비례한다. 대북 관계는 비단 경제적 이유뿐만 아니라 북한의 카멜레온 속성도 경계대상이다. '양키 고 홈!' 을 외치던 때는 언제고 이젠 필사적으로 대미접근 입장을 견지하고 있다. 북경대학의 주펑 교수는 최근 '한반도 안보문제는 냉전의 유물이 아니라 북한 정권의 성향과 행동의 결과이기도 하다' 면서 '북한이 먹이를 주는 중국의 손을 물어뜯을 위험이 있다' 고 경고했다.[44]

2001년 여름 김정일은 200종의 육류 제품을 생산하는 옴스크의 베이컨사를 방문했을 때 기술공정과 육류가공 콤비나트의 소유형식을 질문하고 개인소유가 생산활동에서 채산성이 있다는 것을 인식하게 되었다. 그는 사유제도의 장점을 인정했지만 '북한에 도입할 수는 없다' 고 반복해서 말했다. 작은 영토에 약 2,500만 명의 인구가 살고 있기 때문에 이들을 먹여 살리기 위해서는 효율적인 통치체제가 필요한 것이다. 북한에서는 중국과 러시아의 경제개혁을 진지하게 연구하고 있으며, 김정일 자신도 북한이 더 잘 사는 나라가 되는 방향을 모색 중이라고 했다. 그는 옴스크 베이컨사 측이 선물로 준 여러 종류의 육류 제품을 전부 시식해 보았지만 무슨 까닭인지 북한 수행원들에게는 권하지 않았다.[45] 또 북한의 오수 정화 문제가 매우 심각한 상황에 처해 있다면서 귀환길에 노보시비리스크를 방문하여 도시의 상하수도 설비체계, 특히 정수장비에 지대한 관심을 보였다.

그리고 며칠 뒤에 상트페테르부르크를 방문했을 때 야코블레프 시장 집무실에서 매우 흥미로운 대화가 오갔다. 대화 도중에 김정일 수행원들이 '러시아가 오랜 형제국가로서 북한에 대해 무상 정책을 취하면 좋겠다' 고 언급하자, 김정일은 신경질적으로 이들의 말을 중단시키면서 "풀리콥스키 동무! 야코블레프 동무! 이 사람들의 말은 듣지 마시오. 당신들과 완전히 다른 언어로 얘기하고 있으니까요" 라고 말했다. 사실 김정일 주변에는 사회주의적 기생의식에 찌든 70~80대 참전용사들이 적지 않다. 김정일은 야코블레프 시장에게 진솔한 견해를 피력했다. 자신이 귀북하여 북한의 경제방향을 서구식이 아닌 러시아식으로 선회시키겠다는 의지를 보였다. 왜냐하면 러시아식이 비록 질적으로는 열악할지 모르지만 비용이 덜 들고 북한의 조건에 접목시키는 데 용이하기 때문이라고 했다.[46] 김정일의 상황인식은 옳으나 실천 의지가 관건이다.

물론 러시아 경제실태에 대해 오판한 것도 있었다. 예를 들면, 특별열차로 시베리아의 광활한 평원을 따라 달리고 있을 때 농촌마을에 즐비하게 늘어선 초라한 통나무집들을 보면서 그는 시베리아의 겨울이 너무 춥기 때문에 주택을 빨리 덥히기 위해 작은 집(다차)을 짓는다고 생각했다. 그러나 구소련 당시에 주택의 크기는 신분에 따라 엄격하게 제한되어 있어서 크게 짓고 싶어도 지을 수 없었다. 개방 후에는 이러한 규제가 풀리면서 성(城) 같은 대저택이 대도시 외곽에 기하급수적으로 늘어나고 있다. 아마도 김정일이 이것을 알았다면 인식을 달리 했을 것이다.

그리고 8월 8일 모스크바로 귀환하여 푸틴과 비공식 오찬을 가진 자리에서 김정일은 자신이 방문했던 기업, 연구소 등 모든 방문지에 대한 소감을 피력했다. 러시아가 성공적으로 발전하고 있음을 인정하면서 향후 러시아의 발전 방향을 주시한다고 언급했다. 개혁은 북한의 실정에 맞아야 하며, 전쟁이나 유혈의 손실 없이 모든 것이 정치·경제적 측면에서 합리적이어야 한다는 것이었다. 그동안 러시아 보수주의자들이 방북하여 제보했던 잘못된 정보에 대해 강한 불신감을 표시하면서 "자신은 이제 비공식 정보를 믿지 않을 것이며, 국가를 대표하는 공식적인 인사만 만나고 야당인사를 만나지 말 것을 외무성에 지시했다"고 언급했다.[47]

김정일의 러시아 방문을 계기로 러북 간 경협은 점진적인 회복세를 보였다. 양국 정상 간 합의한 사항들이 비록 적은 규모이지만 거의 대부분 이행되고 있다. 평양의 맥주공장 합작설립, 나진-핫산 철도 개보수사업 착수, 북한의 카마즈 자동차 조립생산 개시 및 대북 어획 쿼터량 할당 등 제반 분야에서 협력이 진행되고 있다. 그러나 러시아의 대북 진출상 장애요인도 적지 않다. 대북 투자유인책이 부재하고, 북한의 관계법령이 구비되지 않았으며 수출 잠재력이 미약하다.[48]

그렇다고 북한을 무작정 방치할 수도 없는 것은 러시아 국익과 직·간접적으로 연결된 현안들이 산적해 있기 때문이다. 북한의 저렴한 노동력을 시베리아·극동지역의 건설·임업·임가공 및 여타 제조업에서 활용할 수 있다. 숙원사업인 TKR-TSR 연결 프로젝트가 답보상태에 있다. 남북한-러시아를 연결하는 석유·가스관 건설도 전도가 밝은 프로젝트다. 러시아의 잉여전력을 북한에 공급하여 돈도 벌고 안보적 지렛대로도 활용할 수 있다. 남북한-러 3각 협력이 빨리 가시화되면 대남 채무도 대북 채권과 상계시키는 방안을 강구해 볼 수도 있다.

남북한 통일 후 북한 시장에 서방국들이 진출함으로써 러시아가 7천3백만 명의 인구를 가진 소비시장을 잃을 가능성도 우려한다. 러시아가 북한의 제조분야 현대화에 불참할 경우에, 제조업 협력의 확대범주로 진입할 수 있는 통합연계 발전 가능성을 상실한다는 한반도 전문가들의 지적도 있다. 동북아 국가와의 통합관계 확대를 위해 러시아가 한반도에서의 경제적 지렛대를 구축해야 한다는 것이다. 미국과 캐나다 및 인도조차도 이 지역 진출을 위해 노력 중인데, 오직 러시아만이 소극적이라는 비판도 있다.[49]

냉전 당시에 상당 부분 소련에 의존했던 북한 경제가 최근에는 중국에 의존하는 방향으로 선회했다. 그러나 북한경제의 근간을 이루는 기간산업은 여전히 노후화 상태로 방치되고 있다. 왜냐하면 북한의 기간산업은 전적으로 소련 기술과 설비 지원으로 건설되고 운영돼 왔다. 이 분야에서의 현대화 없이 북한 경제는 근본적으로 소생할 수 없는 상황이며, 러시아의 지원이 절대 필요하다. 3차에 걸친 김정일-푸틴 간 정상회담을 통해 상호간 경협을 강화할 의지는 충분히 확인했으나 여전히 장애요인으로 남는 것은 바로 북한의 대러 채무 상환문제이다. 이 문제는 이미 시장경제 체제로 이양한 러시아와 그렇지 못한 북한과의 상이한 경제시스템과도 연계되어 있다. 양국 간에 존재한 장애요인이 극복되면, 경협이 급진전될 수 있는 잠재력은 매우 크다. 2011년 8월 김정일의 방러 결과와 러북경제공동위의 회의 결과가 주목되는 이유는 바로 여기에 있다.

III

무기 없는 선군 없다

북한 정권은 2차 대전 말 대일전에 참전한 소련군에 의해 창건됐다. 북한의 최고 통치권자도 소련군 대위 출신이다. 해방 후 소군정기 3년 간 소련 군인들이 북한사회 전반을 지시하고 감독했다. 철수하면서 쓰던 소련제 무기도 그대로 남겨두었다. 6·25전쟁을 뒤에서 조종하고 지원했다. 구소련 당시에 러북 간 군사협력은 여타 분야와 비교해서 상대적으로 안정적이었다. 해프닝도 적지 않았다. 그러면 소련 붕괴 이후의 관계는? 핵개발 지원에 이어 운반체인 미사일 개발은 어떻게 이루어졌는가. 김정일의 선군정치하에서 양국 간 군사협력의 수준은 어느 정도인가?

1. 소련군의 제2중대

해방 후 김일성은 소련군 대위의 신분으로 귀국했다. 그리고 소련의 적기훈장을 달고 평양 군중대회 연단에 섰다. 측근들이 만류해도 소용 없었다. 나중에 소련군 대위는 북한군 대원수가 되었다. 무골답게 대 남전쟁도 도발했다. 아들 김정일도 부친의 대를 이어 군인 신분을 유 지하면서 장군까지 진급했다. 물론 김일성 대원수로부터 1:1의 명품과 외를 받은 덕분이다. 김정일은 집권 후 국방위원회 위원장이 되었다. 국회 국방위 아무개 위원장은 김정일을 자신의 카운터파트너라고 농 담하기도 했다. 그에 대한 호칭도 반드시 '위대한 장군' '경애하는 지도자'이며 'Mr.'에 해당하는 칭호는 허용되지 않는다. '가장 좋아 하는 일이 무엇인가'에 대한 어느 러시아 기자의 질문에 김정일은 '군 인들과 함께 있는 것'이라고 답변했다. 그는 '군인들이 진실로 그 임 무를 다하고 조국의 이익을 위해 복무하는 것을 보면 진정한 만족을 얻는다'고 토로했다.

김정일은 권력승계 후 선군정치를 표방했다. 짐이 국가이고 국가가 바로 병영이다. 아니 군이 모든 것에 우선한다. 전 국토가 요새이고 전 국민이 군인이다. 국가 통치구호도 '강성대국'이요 '고난의 행 군'이다. 온 국민이 기아로 쓰러져가도 핵무기 개발은 포기할 수 없 다. 북한 정권의 존재 이유가 핵 보유이기 때문이다. 타도대상이 정권 초기에는 일제였다가 냉전시대에는 미제로 바뀌었다. 그러나 지금은 미제 소통이다. 더 나아가 통미봉남(通美封南)이다. 즉 미국과 통하고 남한을 봉쇄한다는 전략이다. 항구적인 목표는 남조선 해방이다. 일 제와 미제를 타도하여 자주독립을 회복하자던 북한의 민족주의적 대 외정책은 온데 간데 없다. 수단방법을 가리지 않고 정권과 체제를 유지하는데 혈안이 되어 있다.

북한이 군사강국(?)으로 부상하는 과정이 궁금하다. 누가 무기를 주었고 누가 군사훈련을 시켰을까. 북한 정권을 기획한 소련과는 태생적으로 군사적·이념적 동맹관계이다. 양국 군사관계는 1945년 해방과 함께 소련군 제25군이 북한에 진주하면서 시작되었다. 아니 하바로프스크 88여단 시절에 이미 기초과정을 다졌다. 그 후 3년간 소련군은 소비에트식 원칙에 입각한 국가권력체제를 북한 전역에 구축시켜 나갔다. 심지어는 국가권력의 근간인 헌법조차도 노어로 제정케 했다. 1948년 12월 말 소련군이 철수하면서 막대한 양의 무기를 남겨두었다. 바로 이것이 북한군 무장력의 모태가 되었다. 한국전쟁을 계기로 소련의 대북 군사원조는 더욱 활발해졌다. 소련식 무기체계와 군사전략 까지도 통째로 수용했다. 그 이후에도 자주노선을 운운했지만, 군사 분야에서 소련에 의존하는 타력에서 벗어날 수가 없었다.

그러나 흐루시초프의 평화공존 외교노선은 북소 관계를 악화시켰다. 북한의 군사·정치·경제 등 여러 분야에서 활동 중이던 소련 군사고문단의 철수를 요구했다. 군사교리조차도 소비에트식에 일본식 교리와 모택동의 게릴라 전술을 가미시켰다. 이러한 탈소비에트 정책은 1950년대 말부터 양국 간 갈등을 증폭시키는 요인이 되었다. 소련의 군사지원이 여의치 않자 중국의 지원을 기대했다. 그러나 중국은 충분한 대북 군사지원 여력을 갖지 못했다. '조소 우호협력 및 상호 원조 조약' 이 체결된 배경이다. 물론 소련 입장에서도 중국의 대북 영향력을 견제하기 위한 전략적 의도를 갖고 있었다. 북한은 곧바로 중국과도 동일한 조약을 체결함으로써 소련과 중국 사이를 넘나들면서 '북극곰과 판다의 수염을 잡고 흔드는 토기의 영악함' 을 노골화했다.

흐루시초프 실각 후 브레즈네프가 등장하면서 북소 관계는 해빙기

주북 러 대사관에서 개최된 2차 대전 전승 65주년 기념연회

를 맞이했다. 1965~72년간 소련의 군사지원은 다양하고 상당한 규모로 진행되었다. 북한은 이것을 바탕으로 군사력을 확대해 나갔고 1960년대 말 일련의 대남 도발행위를 감행함으로써 한반도에서 긴장을 고조시켰다. 소련은 당시 데탕트 정책과 상충되는 북한의 도발행위를 엄중히 경고했다. 신냉전기가 도래한 1980년대 초까지 북한 군사력을 현상 유지시키는 선까지 지원을 감축했다. 1969년부터 약 10년간 제3세계 및 비동맹권에 제공된 소련의 군사원조가 300억 달러에 달했으나 북한에 대한 지원은 5억 달러에 그쳤다.

　1984년 김일성은 소련을 방문하여 체르넨코에게 군사장비 지원을 강력히 요구했다. 카피차-김정일 간 단독회담에서 소련은 조속한 시일 내에 대북 군사지원 추진을 약속했다. 소련의 아프간 침공으로 미소 관계가 냉각되면서 동북아지역에서 미국과 미국의 동맹국들, 나아가 중국을 견제하기 위해 대북 관계 회복이 불가피했기 때문이다. 이때부터 소련이 북한에 제공한 군사장비는 이전의 지원과 비교해 볼 때 차원을 달리했다. 가장 주목할 만한 것은 소련이 그동안 북한의 끈질긴 요구에도 불구하고 응하지 않았던 신예기 MIG-29을 제공했고 북한은 소련에 군사기지를 제공한 것이다. 1985년부터 소련 함정은 북한의 청진, 나진, 웅기, 원산에 이르는 거의 모든 항구에 자유로이 기항할 수 있게 되었다. 1986년 7월 25~29일 양국 역사상 처음으로 북한 함대가 소련을 방문했다. 김일철 해군제독이 지휘하는 함대와 함께 초계함 1척과 경비정 2척이 소련 함대의 날 기념식 참석을 위해 블라디보스토크에 도착했다. 그리고 1988년 5월 러시아의 태평양 함대가 원산항을 방문했다. 김일성이 직접 평양에서 함대 대표단을 맞이했다. 1990년 8월 14~18일간 태평양 함대가 마지막으로 북한을 방문한 후 양국 군사관계는 긴 동면으로 접어들었다.[50]

2. 국가는 가도 무기는 온다

소련 붕괴와 함께 러북 간 군사협력은 최악의 상황에 이르렀다. 1988년 10억 달러에 이르던 북한의 러시아제 무기 수입규모는 급속한 하강세를 보이다가 1991년에 5백만 달러의 최저점을 기록했다.[51] 1994년 6월 모스크바 한러 정상회담에서 옐친은 소련의 자동 군사개입을 규정한 소북 동맹조약 1조가 사문화됐음을 선언했다. 사실 1961년에 체결된 동맹조약의 시효는 1996년 9월 10일까지로 아직 2년을 남겨두고 있었다. 관행적으로 북한에 공여해온 최신형 무기도 중단되고, 그때부터 러제 무기가 한국에 수출되기 시작했다. 북한은 S-300, 킬로급 잠수함 등 첨단무기 샘플을 인도, 중국, 파키스탄, 이란 등 구사회주의 국가를 통해 획득하는 데 혈안이 되었다.

공식루트에 의한 러시아제 무기 도입이 어려워지자, 1990년대 후반부터 북한은 외국 중개업자를 통한 불법적인 방법을 사용했다. 1998년 10월에 러북 국경인 핫산역에서 러제 군사용 헬기(Ми-8T) 5대를 북한으로 반입하려다가 저지당했다. 이 헬기는 군 당국이 모스크바의 방산 경매장에서 하바로프스크 중개업자에게 1대당 6만~10만 루블로 판매한 것이었다. 당연히 해체되었어야 할 군사장비들이 헬기에 그대로 장착되고 심지어는 정상 작동되고 있었다. 1999년 3월 아제르바이잔 바쿠 공항에서 미그-21기 6대를 해체하여 선적한 AN-124 수송기가 억류되었다. 공식적인 수출입 업체는 카자흐와 체코 회사였지만, 실질적인 주문자는 북한과 유고였다. 물론 카자흐 정부는 자국의 무기 밀매 관여에 대해 부인했다.[52] 이런 식으로 북한으로 반입된 중고 미그-21기는 총 40대에 이르렀다.

1995~97년 북한의 무기 수입 규모는 1억 5천만 달러였으며, 이 중에 1억 3천만 달러가 러시아로 부터 도입되었다. 1998년에도 51.8백만 달러의 수입 중에 러시아로부터의 수입이 43.27백만 달러를 차지했다. 국방부 대외협력국장 이바쇼프(Ивашов Л.) 중장은 러시아가 그동안 북한에 무기를 계속 공여해 왔음을 시인했다. 1991~2000년간 북한의 무기수입은 3억 44.3백만 달러였고, MIG-29 전투기, IL-76 수송기와 부품, 탱크 등 러시아제가 주종을 이루었다. 한편 동일 기간 중에 북한의 무기 수출은 9억 14백만 달러였고, 주요 품목은 미사일과 관련부품, 기관총 및 실탄류 등이었다.[53] 북한은 명실 공히 무기거래에 있어서는 무역 흑자국이었다.

북한의 군사기술은 심각하게 노후화되어 있었다. 예를 들면, 보유 중인 소련제 전투기 790대 중에 320대는 희망이 없을 정도로 낡았고, 320대는 이미 시대 요구에 부응하지 못할 정도의 폐기 대상이었다. 북한은 러시아의 신예무기와 노후 장비의 현대화를 위한 부품 도입을 희망했다. 그러나 러시아 측은 여전히 현금 구매원칙을 견지했다. 2000년 7월 푸틴의 방북은 러북 간 군사협력을 재개할 수 있는 계기가 되었다. 방북 직전에 러시아는 10대의 BTR-80A(personnel armred carriers)를 북한에 판매하는 계약을 체결했다.54) 이것은 소련 붕괴와 함께 양국 관계가 악화된 이후에 이루어진 최초의 대규모 거래였다. 푸틴의 방북시에도 북한 측은 S-300 미사일과 미그-29 전투기 부품을 차관방식으로 제공해 줄 것을 요청했지만, 러시아는 여전히 경화결재를 요구했다.

인민무력부장 김일철은 2001년 4월 26~28일간 모스크바를 방문하여 '방위산업 및 군사장비 분야 협력 협정' 과 '2001년 군사협력 협정' 에 서명했다. 협정서에는 북한 장교의 러시아 군사기관 연수 및 북한군 보유의 러제 군사 기술·장비 현대화 합의가 포함됐다. 흥미로운 것은 북한 인민무력부장이 이바노프 국방장관과 이 문제를 협의했지만, 협정서는 국방장관이 아니라 클레바노프 방산담당 부총리가 서명했다. 이 협상에서 북한 측은 소련제 노후 장비를 신형인 MIG-29와 T-90탱크로 교체해 줄 것을 요청했다고 한다.55)

이 시기에 북한은 군장비 현대화를 위해 MIG-29 전투기와 무인정찰기 프첼라, 단거리 지대공 미사일, 해군 순찰함 등 7천억 원 상당의 무기를 도입했다는 주장도 있다. 2010년 8월 북한이 서해 북방한계선(NLL)으로 해안포를 발사한 뒤 무인기를 띄워 정찰했던 것으로 뒤늦게 확인됐다. 군사전문가들은 이 무인 정찰기가 2001년 김일철의 러시아 방문 때 도입한 것으로 추정하고 있다.56) 김정일은 2001년 8월 크렘린 정상회담 시 러제 전투기 SU-27, MIG-29기의 조립을 북한에서 실시하는 방안을 제안했고, 지대공 미사일, 함대 및 신형탱크 T-90 등 일련의 첨단무기 제공을 러시아 측에 요청했다. 방산협력 문제가 당연히 러북 정상회담의 주요 의제였던 것이다.

러시아는 북한이 2006년 9월 핵실험을 실시했을 때 이를 강도높게 비판하면서 유엔의 대북 무기거래 중단조치에 동참했다. 그해 12월과 2007년 6월 두 차례에 걸쳐 러시아 주재 북한 무관을 무기 밀구입 혐의로 추방했다. 2008년 6월에는 북한이 러시아제 폐함정을 구입하여 중국에 파철로 판매하려다가 저지당했다. 이러한 일련의 사건을 통해 유치해 볼 수 있는 것은, 러북 관계의 부침과는 무관하게 북한이 합법·불법적 방법으로 러제 무기를 지속적으로 획득했다는 사실이다. 소련은 갔지만 소련제 무기는 북한을 떠날 수 없었다.

3. 미사일 개발 30년사

북한은 2009년 10월 12일 함경북도 화대군 무수단리에서 동해안을 향해 사거리 120km의 KN-02 지대지 단거리 미사일 5발을 발사했다. 이것은 구소련의 이동식 단거리 지대지 미사일 SS-21을 개량한 것이다. 북한이 불꽃놀이 하듯 쏘아 올리는 미사일 시험발사는 그 역사도 30여년이고 이는 핵개발 역사와 궤를 같이한다. 핵의 완성은 이를 운반할 수 있는 미사일을 확보하는 것이다. 북한이 보유하고 있는 주요 핵무기 운반체는 MIG-23 폭격기 및 골프급 잠수함 탄도미사일 등이다. 잠수함 탄도미사일의 보유 여부는 아직 논란 중에 있다. 러시아가 1994년 1월 18일 북한에 골프-2급 10개의 잠함미사일을 공여했고 핵장약(ядерный боезряд)을 운반할 수 있는 노동급 잠함미사일을 보유하고 있다는 주장이 있다. 물론 러시아 해군 관계자들은 이를 부인해 왔다.[57]

북한이 운반체 개발에 상당한 정도로 성공한 것은 1차적으로 소련의 도움에 의한 것으로, 기본적인 미사일 프로그램은 차용된 기술이다. 또한 중동국들과의 미사일 거래는 북한으로 하여금 장기간에 걸친 미사일 개발에 필요한 재원을 확보하는 데 일조했다. 이집트, 이란, 리비아, 파키스탄, 시리아, 아랍 등에 미사일 기술을 판매해 왔다. 경제위기 상황에서도 북한은 30여 년간 미사일 기술을 발전시키고 완성시키는데 전력투구해 왔다. 그 결과 북한은 대략 36개의 발사장 시설과 다양한 사정거리의 미사일 약 700여 개를 보유하고 있다.[58]

제반 상황에 비추어 북한은 외부, 특히 소련의 지원 없이 그렇게 괄목할 만한 성과를 거양할 수 없었다. 미사일 개발의 첫 번째 가시적인 횡보는 1960년 말의 지대공 미사일 분야였다. 북한의 군사장비 현대화를 위해 소북 간 장기협정이 체결됐고 이를 근거로 소련은 '드비나' V-75 미사일 시스템을 북한에 공여했다. 이것이 바로 북한 미사일 잠재력의 기초가 되었고 아울러 북한으로 하여금 바르샤바동맹조약 회원국이 아닌 국가로서 자국의 영토에 '드비나' 지대공 미사일을 설치하는 세 번째 국가(중국과 쿠바에 이어)가 되었다.[59]

1960년 말~1963년 초 사이에 평양 인근에 최초의 미사일 부대가 설치되었고 소련은 미사일 시스템의 조립, 유지 및 테스트에 대한 책임을 졌다. 1965년 5월과 1967년 3월에 서명된 협정서에 따라 군사원조가 재개되면서 소련은 북한에 자동조종장치를 갖춘 지상 설치용 미사일 C-2 '소프카,' 대(對)함대 미사일 P-20, 그리고 재래장비의 전략 탄도미사일 3P10 '루나-2(최소 27대에서 최대 63대)' 등을 공여했다. 9대의 이동발사체와 보조장비도 제공했고, 1968년에는 무개화차의 FROG-6 미사일 6대도 함께 공여했다.

1960년대 말 소북 관계가 다시 소원해지면서 중국의 도움으로 소련 공여의 미사일(V-75, S-2, P-20) 등에 대한 재건 및 현대화를 이루었다. 서방 정보기관은 북한이 1975년부터 미사일의 자체 개발에 착수했던 것으로 추정한다. 즉, 북한의 탄도미사일 개발프로그램은 소련의 루나급 미사일과 중국 미사일(HQ-2, Dong Feng-61)의 현대화였다. 여하튼 북한은 미사일 기술 분야에서 급속한 성장을 이루었다. 당시 'Dong Feng-61'의 현대화는 북한으로 하여금 보다 장기적 관점에서 첨단기술 수준의 탄도미사일 개발을 보장케 했다. 나아가 북한은 전투용 미사일 9M21E '루나-M' 획득, 미사일 3P10 '루나-2' 개조 및 독극물을 장착한 탄도탄 개발에 착수했다. 그러나 당시 양국 관계에 비추어 볼 때, 소련으로부터 직접적인 지원을 받을 상황은 아니었다. 그래서 북한은 이집트와 미사일 협력협정을 체결하고 이집트가 소련으로부터 수입한 스커드급 P-17E 미사일을 도입 후 개량화에 착수했다.

1984년 초까지 시험을 거쳐 제조에 들어간 '화성-5'는 P-17E 미사일의 정확한 복제판이었다. 이어 북한에서 전적으로 조립된 최초의 전투용 미사일은 화성-5(스커드-B)로 알려져 있고 이것은 스커드-A를 약간 변형한 것이었다. 소련의 스커드-C급과 정확히 동일한 화성-6은 북한의 미사일 프로그램을 재편하는 기초가 되었다. 화성-6은 무수단 기지에서 1990년 6월에 최초 시험 발사된 후 1999년까지 5회 실시되었고 모두 성공했다. 특히 1993년 5월 말에 무수단에서 화성-6 미사일이 3번 발사되었는데, 그중의 하나가 노동 미사일이었다.[60]

노동미사일 개발은 1988년에 착수했다. 3대 기본과제는, 첫째로, 미국의 오키나와 기지에 도달할 수 있는 사정거리 1,000~1,500km의 탄두 1,000~1,500kg를 운반할 수 있고, 둘째로, 기본적인 미사일 개발을 바탕으로 사정거리를 늘리며, 셋째로, 핵탄두를 운반할 수 있는 수준으로 개발하는 것이다. 노동 미사일은 1993~94년에 집중 생산되었다.

화성-6 미사일이 월평균 2~4대 생산됐고, 1999년 말까지 노동미사일 75~150대까지 생산됐다.[61]

1990년대 초부터 북한에서는 대포동-1, 대포동-2로 알려진 미사일 개발계획이 착수되었다. 대포동-1의 개발목표는 사정거리 1,500~2,500km의 탄두 1,000~1,500kg을 운반할 수 있는 미사일을 생산하는 것이었다. 대포동-2는 사정거리 4,000~8,000km에 탄두를 운반할 수 있도록 계획됐다. 두 미사일 시스템은 화성-6과 노동 미사일의 개발에서 얻은 경험을 토대로 제조됐다. 1998년 8월 31일 무수단에서 대포동 미사일의 최초 발사가 이루어졌다. 공식적인 발사목적은 북한의 인공위성 '광명성 1호'의 지상궤도 탈출이었다. 바로 이 발사는 북한이 다단계 미사일과 연료·조준 시스템 등을 갖추고 있음을 확인했다.[62]

1990년대 북한의 미사일 개발 프로그램은 3단계로 진행되었다. 첫 번째 단계는 기술적 측면에서 가장 단순하고 최단기간에 완성할 필요가 있었던 화성-6 프로그램이다. 두 번째 단계는 노동 미사일을 생산한 것이다. 세 번째 단계는 노동 미사일의 기술을 바탕으로 대포동-1과 대포동-2의 기술향상을 가져온 개발단계다. 이렇듯 북한은 30여 년간 미사일 프로그램을 부단히 확대하고 개량화했다. 그러나 우선순위에 있어서 항상 핵프로그램의 부차적인 것이었다.

4. 러북 간 군사협력의 해프닝

김일성은 세상을 떠나는 마지막 순간까지도 소련제 보총 10만 자루에 대한 아쉬움을 토로했다. 한국전쟁 때 압록강까지 후퇴한 원인이 마치 소련제 보총 10만 자루가 운반 도중 시베리아 횡단열차에 묶여 버려 적시에 공급되지 못한데 있는 것처럼 안타까워했다. 적어도 스탈린 당시의 소북 관계는 부자관계였다. 동맹조약이라는 문서 없이도 소련은 북한에 전폭적인 지원을 했다. 아버지가 아들에게 계약서 없이 도와주는 것과 진배없었다. 그러나 스탈린 사후 흐루시초프가 등장하면서 계약서 없이는 상호 신뢰할 수 없었다. 그렇게 해서 1961년 7월에 체결된 것이 「조소 우호협력 및 상호 원조조약」이다. 외형상으로는 동맹관계를 설정함으로써 양국 관계가 더욱 돈독해 진 듯 했지만 현실은 동맹조약이 없던 스탈린 당시와는 정반대였다.

1966년 5월 김일성은 블라디보스토크에서 브레즈네프와 비밀회담을 할 때 대남 적화통일을 위한 군사원조를 요청했다. 브레즈네프는 한반도의 무력분쟁에 휘말릴 것을 우려하여 군사동맹조약을 보다 한정적으로 재(再)정의하려고 했다. 그 직후 발생한 것이 1968년 바로 무장공비 김신조 일당의 청와대 침투기도 및 미국 푸에블로호 납치사건이었다. 푸에블로호 사건은 김정일이 최초로 진두지휘한 것으로, 북미 간 일촉즉발(一觸卽發)의 전운이 감돌았다. 김일성은 동맹조약의 자동 군사개입 조항을 근거로 전쟁 발발 시 소련의 군사원조를 요구했다. 그러나 정작 북한은 동맹조약상 사전 통보해야 할 의무가 있음에도 불구하고 소련 측에 신뢰할 만한 정보를 제공하지 않았다. 만약 소련의 중재가 없었다면 북미 간 무력충돌을 막을 수 있었을까?[63] 지난 2010년 말 북한의 연평도 포격사건으로 한반도의 긴장이 고조됐을 때, 러시아의 횡보가 국제사회의 이목을 집중시켰던 이유는 무엇인가. 역사적 관점에서 반추해 보지 않을 수 없다.

1990년 초에는 소위 '푸룬제 군사아카데미 사건'이 발생했다. 소련 유학 출신의 북한군 엘리트 장교들이 주도한 김일성·김정일 제거를 위한 쿠데타 음모였다. 이 계획이 실패함으로써, 러북 관계는 더욱 악화되었지만 오히려 김정일은 군부를 장악할 수 있는 결정적인 전기를 마련했다. 사회주의 종주국인 소련이 무너지는 세기적 변혁기에, 북한 정권이 붕괴되고 김정일의 후계구도마저도 흔들리는 위기일발(危機一髮)의 상황이었다. 그때 반김 쿠데타가 계획대로 진행되고 성공했었다면? 물론 역사는 가정이 없다.

푸틴 대통령은 2000년 7월 평양 정상회담 후 기자회견을 가졌다. 그는 '김정일이 인공위성을 다른 나라의 운반체로 발사할 준비가 되어 있다'고 발표했다. 국제사회는 북한이 장거리 탄도미사일 자체생산을 포기하는 것으로 해석했다. 푸틴은 방북성과를 안고서 마치 개선장군처럼 오키나와 G-8 정상회담장에 들어섰다. 그러나 한 달 뒤에 김정일은 남한 언론인들을 접견한 자리에서 푸틴에게 '농담했다'고 말했다. '미사일 농담'은 적지 않은 파문을 일으켰다. 북한 측은 '지도자의 농담'이 통역의 실수로 와전됐다고 변명했다. 이 에피소드로 인해 '김정일을 신뢰할 수 있는가'라는 의문이 근본적으로 제기되었다.[64]

5. 군사협력 전망: 빵은 중국, 총은 러시아?

러북 간 군사협력은 주변국과의 관계 변화나 양국의 내부요인에 의해 적지 않은 부침을 겪었다. 그러나 기본적으로 북한의 군사체계는 소련의 영향권에서 크게 벗어나지 못했다. 심지어 소련 붕괴 후 양국관계가 최저점에 이른 상황에서도 북한은 러제 무기 도입을 게을리하지 않았다. 아니 혼란기를 틈타 구소련권으로부터 다양한 종류의 무기를 불법적으로 도입했다. 1992년 12월에는 북한 측이 첼랴빈스크의 마케예프 설계국(Makeyev Design Bureau) 소속 미사일 전문가 20명을 북한으로 데려 가려다가 국내방첩부(FSB)에 의해 공항에서 체포되기도 했다. 1999년 7월 카자흐로부터 중고 MIG-21기를 무려 40대나 해체하여 화물기에 실어 북한으로 은밀히 반입해 갔다.

러북 양국은 푸틴의 방북을 계기로 10여 년 만에 공식적인 군사협력을 재개했다. 러시아 국방부 이바쇼프 대외협력국장은 2000년 10월 아태지역 방위관계회의 참석차 일본을 방문했을 때 '한반도의 군사균형을 유지하기 위해 군사기술 협력을 확대해 나갈 방침임'을 밝혔다.

김정일은 2001년 8월 옴스크를 방문하여 러제 T-80 전차를 보고 '너무 커서 한반도 지형에는 맞지 않다'고 평가했고, 이어 노보시비르스크 츠칼로프 항공사를 시찰한 후에 자체 비행장에서 실시한 AN-38과 SU-24기 에어쇼를 참관했다. 그는 2002년 8월 극동지역을 다시 방문하여 콤소몰스크-나-아무르시의 SU-27 전투기 공장을 시찰했다. 2시간 30분 동안 전투기 제작 과정을 돌아보고 성능에 대한 브리핑도 받았다. 자신이 SU-27 조종석에 직접 탑승하여 작동 방법과 성능에 대해서도 눈여겨 관찰했다. 2004년 8월에는 북한이 미국을 위협할 수 있는 지상과 해상 발사 미사일 기술을 개발 배치 중이며 러시아 전문가들이 이를 지원하고 있다는 보도가 있었다. 특히 발사체의 안정화 장치 등 주요 부품을 개발하는 데 러시아 전문가들의 도움을 받았을 가능성을 시사했다.[65]

러북 간 군사협력은 과연 어느 수준까지 회복될 것인가. 부정적 견해와 긍정적 견해가 아직은 엇갈리고 있다. 러시아가 대북 무기지원 및 방산협력에 소극적 태도를 취할 것이라는 전망이다. 첫째, 첨단무기를 북한에 지원할 경우에 남북한 간 갈등과 한반도의 불안정을 초래할 수 있다. 아울러 한·미·일의 공조체제를 강화시키는 결과를 야기할 가능성이 있다. 둘째, 방산시장 규모가 큰 한국과의 군사협력을 소홀히 할 수 없다. 방산시장 규모가 작은 북한에 너무 밀착됨으로써 한국 방산시장을 상실할 이유가 없다는 것이다. 셋째, 러북 양국 간 경제협력이 활성화되지 않는 상태에서 군사협력이 앞서갈 수 없다는 것이다. 북한은 구소련 당시처럼 우호가격 또는 장기차관 형식의 특혜지원을 요구하고 있다. 그러나 러시아는 북한의 대러 채무 우선변제와 함께 무기구입 시 현금결제를 요구하고 있다. 특히 북한이 요구하고 있는 S-300 전투기, 대형 구축함 등 신형무기를 러시아가 중국, 인도, 중동국가 등에 무상 혹은 염가로 제공한 사례는 없다는 것이다.

한편 러시아가 북한의 요구를 수용할 수밖에 없을 것이라는 견해도 있다. 첫째, 동북아 지역에서의 영향력 확대를 위해 북한을 이용해야 한다. 대북 무기수출은 북러 간 쌍무적 관계뿐만 아니라 한·미·일 등에 동시에 영향을 미칠 수 있는 주요 정책수단이다. 둘째, 미국의 MD 추진 명분을 제거하기 위해 북한의 핵·미사일 개발 포기를 종용해야 할 입장이다. 이에 상응하는 조치로는 북한에 무기를 제공하는 것 밖에 없다. 셋째, TKR-TSR 철도 연결사업 일환으로 대북 철도 개보수와 함께 무기를 지원할 가능성도 있다. 특히 극동지역 개발 및 철도연결 사업을 성공적으로 추진하기 위해서 북한의 협력이 필요하다. 넷째, 한국에 대해 러시아 무기를 구매하도록 압력을 행사하기 위해 북한에 무기를 제공한다는 것이다. 즉 경쟁관계에 있는 한국에 대해서는 러시아제 무기로 무장한 북한의 위협에 대응하는 차원에서 러제 무기구입을 자극할 수 있다는 것이다.

따라서 주변국들의 반발과 러북 간 경협실태 등 장애요인에도 불구하고 러시아로서는 동북아에서의 영향력 확대를 위해 대북 방산지원이 불가피할 것이다. 향후 전개될 동북아 정세와 러시아의 대동북아

2차 대전 전승기념 65주년을 맞아
수히닌 주북 러 대사가 북한 참전용사에게
훈장을 달아주고 있다

진출 전략의 추진 속도에 따라 러시아의 대북 무기지원 범위가 결정
될 것이다. 한반도를 포함한 동북아지역을 효율적으로 통제하고 관리
하는 데 있어 북한은 러시아의 중요한 지렛대이다. 러시아는 북한과
의 관계를 전략적으로 발전시키기 위해 대북 무기수출을 적극 추진할
가능성이 있다.[66] 그러나 북한은 러시아가 안주면 어떤 형식으로든
러제 무기를 도입해 가는 천부적 재능을 갖고 있음을 간과해서는 안
될 것이다. 즉 공식적인 무기거래와는 무관하게 북한은 필요한 무기
를 획득해 간다는 의미이다. 왜? 대안이 없기 때문이다.

러시아는 2010년 11월 23일 북한의 연평도 포격사건 당일에 이례적
으로 신속하고 강하게 북한을 비판하는 정부 입장을 발표했다. 그리
고 몇 주 후에 라브로프 외무장관은 '모든 수단을 동원해 양측의 포
사격 교환을 중단시켜야 한다' 고 강조하고 곧이어 안보리 소집을 전
격 요구했다. 한반도 내 비상상황 발생으로 동북아 지역이 혼란에 빠
지는 것은 극동시베리아 개발을 장기 국가발전 전략의 원동력으로 삼
으려는 러시아에겐 결코 바람직하지 않을 것이다.

결론적으로, 러북 간 군사협력은 북한 정권이 태어나기 전부터 시

작됐다. 1941년부터 김일성이 하바로프스크 88여단에서 소련식 군사 훈련을 이수했다. 군사 이론·기술·장비 일체가 소련시스템이다. 6· 25전쟁 이후 양국 관계가 소원했던 때도 군사협력은 꾸준히 진행됐다. 핵무기 개발에 필수적인 미사일 생산 기술도 공여했다. 푸틴-김 정일 간 정상회담 때도 군사협력 문제가 심도 있게 논의됐다. 그러나 합의내용과 후속조치에 대해서는 철저하게 함구하고 있다. 경제는 중국에 의존하지만 군사는 여전히 러시아이다. 한국이 러시아와 더 친해야 될 이유가 바로 여기에 있다.

IV

윈윈(WIN-WIN)하는 철의 실크로드

  '철의 실크로드' 건설은 인류문명의 대역사로 기록될 수 있는 21세기 교통혁명의 상징이다. 열차를 타고 부산역을 출발해 런던 킹스크로스역(King's Cross railway station)까지 논스톱으로 달릴 수 있다. 이 프로젝트는 아시아와 유럽을 연결하는 지리적 통합이요, 동양문화와 서양문화를 연결하는 문명통합을 의미한다. 이의 실현은 한반도 종단철도(TKR)와 시베리아 횡단철도(TSR)를 연결함으로써 가능하다. TKR-TSR 연결문제는 2000년 남북정상회담을 계기로 활발히 논의되기 시작했고, 그 후 러시아는 북한 철도를 4차에 걸쳐 정밀실사를 했다. 그러나 북한 핵문제와 함께 남북관계가 경색되면서 이 프로젝트는 답보상태에 놓여 있다. 그러면 TKR-TSR 연결사업은 어떻게 진행되고 있으며 주요 당사국인 남북한과 러시아에 던지는 함의는 무엇인가?

1. 나진-핫산 철도 개보수 사업의 의미

2008년 4월 24일은 러시아 철도 역사상 기념비적인 날이었다. '우리는 이 순간을 위해 7년을 달려 왔다'는 야쿠닌의 연설 한 마디 속에 모든 의미가 함축됐다. 이날 러시아 철도회사 야쿠닌 회장과 북한 김용삼 철도상은 핫산과 나진항을 연결하는 철도 55km의 현대화 프로젝트에 공식 서명했다. 양 측의 계약 내용은 핫산-나진 간 철도 현대화, 나진항 화물터미널 건설 및 인프라 구축, 이의 실현을 위한 합영기업 설립 등이었다. 또한 나진-핫산 철도 활성화를 위해 국경 부근에서의 자유로운 물류이동을 허용하고 핫산역과 두만강역의 국경통과 절차도 간소화하기로 합의했다. 합영기업은 한국의 자본을 유치해 철도를 개보수하고 나진항 제3부두를 건설하여 TSR의 국제화물 수송을 전담한다. 통상 북한은 외국기업과 합영계약을 체결할 때 지분 비율을 50:50으로 정한다. 그러나 이 사업에서는 자본유치와 공사를 맡는 러시아 측이 70% 지분을 갖기로 합의해 사실상 러 측의 주도로 49년간 운영된다.[67]

이날을 위해 7년의 세월이 필요했다. 2001년 3월에 러북 철도장관 회담에서 철도운수 분야의 합의서를 채택했다. 김용삼 철도상이 7월 28일 모스크바에서 개최된 '시베리아 횡단철도 100주년 및 상트페테르부르크-모스크바철도 150주년 기념 학술회의'에 참석하여 TSR의 의미를 역설했다. 이어 8월 4일 푸틴과 김정일은 크렘린 단독 정상회담에서 철도연결 사업에 대해 진지한 대화를 가졌다. 두 정상 간에는 다소 논쟁도 있었다. 김정일은 '선(先) 협정 체결, 후(後) 공사 착수'를, 푸틴은 '선(先) 소요액 산정, 후(後)공사 착수'를 주장했다. 김정일은 동일한 주장을 반복했고, 결국 푸틴이 김정일을 설득하여 자신의 의지를 관철시켰다.

이어 2002년 8월에는 북러 간 철도협력 협정을 체결하고, 북한 철도 현대화, 철도 운영 및 기술자 훈련지원 문제를 논의했다. 10월에는 파데예프 철도장관이 북한을 방문해 홍성남 내각총리와 김용삼 철도상을 만나 실무 전반에 대해 협의했다. 그리고「북러간 동해선 철도 개건 및 현대화 양해각서」를 조인했다. 2001~03년간 4차에 걸쳐 러시아 전문가들이 북한철도 실사작업을 진행하고 2006년 7월 나진-핫산간 철도 현대화 사업을 우선 추진키로 합의했다. 2008년 3월 11~19일간 러시아 철도회사 메르시야노프 부회장이 북한과 남한을 연쇄 방문했다. 북한과는 나진-핫산 55km 현대화 및 나진항 화물터미널 건설을 위한 합영회사 설립계약을 4월 말 체결키로 합의했으며, 남한과는 한러 합작물류회사의 세부조건을 협의하고 남한 측의 TSR 철도운임 15% 인하문제를 러시아 정부에 요청키로 합의했다. 2008년 7월에는 북러 간 합작회사를 설립하고 이사회를 구성(러측 5명, 북측 2명)한데 이어 8월 6일에는 나진-두만강역 간 북한철도 사용 임대 계약을 체결했다.

남한 측에서는 한국철도공사 등 6개 기업이 컨소시엄으로 참여하는 RUSO사를 설립했다. RUCO사는 이명박 대통령 방러(9.26~10.1) 이후 합작회사(한측 4 : 러측 6)를 설립하여「북러 합영회사」의 러측 설립주체로 참여할 계획이었으나 성사되지 못했다. 러시아 한반도 전문가들은 남한 기업의 참여가 무산된 책임이 한국 정부에 있다고 지적했다. 국가기관간 긴밀한 협력을 요하는 대규모 장기 프로젝트를 한국 정부가 중소기업 컨소시엄에 떠넘기고 뒤로 물러 앉았기 때문이라는 것이다. 이러한 우여곡절 끝에 2008년 10월 4일 함북 나선시 두만강역에서 야쿠닌 회장과 전길수 철도상이 참석한 가운데 역사적인 철도 개보수 시공식이 거행되었다. 하지만 그 후 이 프로젝트는 공사대금을 대기로 한 러시아 투자회사가 국제 금융위기의 여파로 자금난에 빠지면서 사실상 중단되다시피 했다. 그러다가 2011년 7월 29일 러북 철도당국이 나진에서 만나 이 문제를 다시 논의함으로써 새로운 전기를 맞이하게 되었다.

2. 김정일이 탄 TKR-TSR의 여정

김정일은 2001년 7월 26일 핫산역에 도착 후 23박 24일간 21,000km를 특별열차로 이동하는 러시아 방문일정에 들어갔다. 특별열차는 북한 차량 15량과 러시아 차량 6량 등 총 21량으로 구성됐다. 북한 열차는 스탈린이 김일성에게 선물한 소련제로서 나중에 일부 개조된 것이며 김정일이 탑승한 7번째 객차는 바닥을 방탄용 철판으로 깔아 놓았다. 열차 내부에는 인터넷, 최첨단 설비, 사우나 시설까지 구비되어 있었고 차고에는 벤츠 승용차 2대가 있었다. 전용열차 실내는 우아하고 멋있게 단장되어 있어 매우 안락한 분위기를 연출했다. 회담 전용칸에는 두 대의 대형 평면 스크린이 설치되어 있었는데, 하나는 영화 감상용이고 다른 하나는 전자지도였다. 이 지도에는 위성을 통해 추적되는 열차 이동경로, 실내온도, 경유 지방의 경제현황 등이 나타났다. 또한 위성통신 설비가 갖추어져 있고 각 객차마다 컴퓨터가 설치되어 공동 네트워크를 이루었다. 객차별 침실도 1인용 5개로 나눠 있어 쾌적하고 여유로웠다.[68]

김정일은 회의 전용 객차에서 수시로 회의를 주재했고 그때마다 젊고 우아한 여성 1명이 수행비서 자격으로 반드시 동석했다. 나중에 그녀가 애첩 김옥으로 알려졌다. 김정일의 전속 여비서들은 저녁식사 때 마다 민요를 불러 흥을 돋웠다. 풀리콥스키를 비롯한 러시아 측 수행원 7명은 첫 번째 객차에 탑승했다. 러시아 측과 북한 측 객차가 연결되는 승강구에는 양측 경호원 1명과 통역 1명이 24시간 배치되었다. 김정일은 TSR 개통 100주년 및 페테르부르크-모스크바 철도개통 150주년을 기념하여 이 철도구간을 완주한 유일무이한 외국정상으로 기록되었다.

북한 당국은 공식방문 직전에 러북 국경을 넘어 약 238km의 거리를 6시간 동안 시험운행을 했다. 야간에 열차가 고장날 경우에 대비한 연습도 마무리했다. 김정일이 탄 특별열차 앞뒤에는 정찰열차가 7분 간격으로 달렸다. 폭발물을 점검하고 다른 열차와의 충돌사고를 막기 위해서였다. 본 열차 앞에는 러시아 측 저격수 2명과 정보요원 20여 명이 탑승했고 북 측에서도 저격수 25명이 동승했다. 이들은 휴대무기를 노출시키지 않기 위해 폭이 넓은 넥타이를 매고 있었다. 김정일의 식탁에는 언제나 15~20가지의 요리가 올라왔고 요리재료를 평양에서 수시로 공수해 왔다. 김치는 반드시 포함되어 있었다. 열차에서 나오는 쓰레기는 전량 수거하여 비행기편으로 평양에 보냈다.

특별열차는 '무임승차 열차'의 카테고리로 분류됐다. 즉 열차 시간표에 구애받지 않고 운행되었고, 평균 시속 50~60km 수준을 유지함에 따라 다른 열차의 운행 스케줄을 뒤죽박죽으로 만들고 말았다. 간이역에 정차할 때마다 경호원들의 삼엄한 경비가 이루어졌다. 한번은 아무르주 벨라고로스코예역에 기술점검차 일시 정차했을 때다. 러시아 정보기관원들이 취재진에게 다가와서 "기자 동무들, 꼼짝말고 제 위치에 서 있으시오. 김 위원장의 경호원들은 사전 경고 없이 발사하오"라면서 겁을 주기도 했다. 저격병들이 열차역 주변 요소요소에 배치되어 있었고 그 일대를 배회하는 자동소총병이 취재진 쪽으로 다가와서 총구를 겨누기도 했다.

특히, 8월 3일 밤 모스크바 야로슬라브역은 도착 4시간 전부터 마비 상태가 되었다. 이 역을 이용할 승객 2만 5천 명은 열차운행이 취소되거나 지연되는 불편을 겪어야 했다. 엄중한 경호 속에 특별열차를 타고 도착한 김정일 일행의 모습은 마치 스탈린 영화의 한 장면을 방불케 했다. 이즈베스챠지는 당시 상황을 이렇게 묘사했다. "공허한 플랫폼과 얼어붙은 열차들, 무인지경에 당황한 참새들, 경찰의 철통같은 경비 등은 바로 공산주의의 망령 그 자체였다."

러시아 정치분석연구소는 이러한 김정일의 방문형태에 대해 혹평을 가했다. 시민과 언론들의 부정적 반응으로 21세기 정상순방에 어울리지 않다는 것이다. 게다가 여름휴가 기간 중에 장기간의 열차방문 및 1백만 명에 이르는 경호요원 동원 등으로 러시아 국민에게 적지 않은 피해를 주었다는 것이다. 실제로 페름시의 나자로프 가족은 모스크바를 거쳐 우크라이나 크림반도에 여름휴가를 떠날 계획이었다. 그러나 김정일의 특별열차 때문에 모스크바행 열차가 9시간 연착되는 불편을 감수해야 했다. 마침내 이 피해가족은 법원에 소송을 제기하여 승소했고 정신적 피해보상금으로 1만 3천 루블을 정부로부터 배상받았다.

필자도 피해자이기는 마찬가지였다. 그해 7월 14일 모스크바 대사관에 부임하자마자 김정일 일행의 특별열차 방문을 지켜봐야 했다. 모스크바 여름은 방문기간 내내 이례적으로 영상 30도를 웃돌았다. 스피리도노브카 거리에 위치한 구공관 건물은 내부가 비좁고 에어컨도 없었다. 맨 윗층의 사무실은 낮에는 말할 나위도 없고 아침에 출근해서도 열대야의 열기가 고스란히 남아 있었다. 이러한 모스크바의

이상기온을 '김정일 폭염'이라고 명명했다. 방문일정이 철저한 비밀
유지하에 진행되고 있어 관련내용을 파악하는데도 어려움이 적지 않
았다. 더욱 짜증날 수밖에 없었다.

북한 지도자는 21세기 디지털 시대에 19세기 진공관식 해외순방을
함으로써 전 세계의 이목을 집중시켰다. 특별열차는 방문기간 중에
러시아 측 차량의 창문이 깨지는 사고가 두 번 발생하고 페테르부르크
에서 모스크바로 귀환하는 철로위에 시멘트 조각이 발견되어 급정거
한 것 이외에 별다른 사고는 없었다. 방문 마지막날 김정일은 자신을
수행한 러측 인사들을 격려하는 차원에서 공식수행원에게는 1,000달
러씩, 경호원들에게는 300달러씩 포상금을 내리겠다고 제안했다. 풀리
콥스키 전권대표는 그렇게 할 필요가 없다고 만류했는데도 김정일은
계속 사례금에 대해 거론했다. 결국 노련한 러시아 외교관 한명이 김정
일의 제안을 지혜롭게 피해가는 역제안을 함으로써 일단락되었다.[69]

김정일은 유례없는 늦더위 속에 23박 24일의 방러 일정을 마치고

2011년 8월 20일 김정일 위원장이 러북 정상회담을 위해
러시아 국경역 핫산에 도착하여 영접을 받고 있다

8월 18일 두만강 친선교를 넘어 북한으로 귀환했다. 1년 뒤인 2002년 8월에 또 한 번 열차로 러시아를 방문했다. 7박 8일의 짧은(?) 일정으로 방문지가 극동지역에 국한되어 천만다행이었다. 그리고 9년 만인 2011년 8월에 메드베데프 대통령과의 정상회담을 위해 바이칼호 인근의 울란우데를 방문하고 귀환했다.

3. 러시아의 100년 숙원은 성취될 것인가?

시베리아 횡단철도는 18세기 중반에 정치적인 목적에 의해서 건설되기 시작했던 '대 모스크바 역마차로(Great Moscow Trakt)'에 그 기원을 두고 있다. 이를 필두로 제정 러시아는 1887년에 TSR 건설계획을 수립하여 철도의 근대화에 착수했다. 인간이 만든 불가사의한 건축물의 여덟 번째로 꼽는 이 사업은 완성되기까지 우여곡절이 적지 않았다. 무엇보다도 철도를 이용한 제정 러시아의 동진정책은 일본에 의해 좌절되고 비떼의 꿈도 물거품이 되고 말았다. 100여 년 전에 완성되었을 TKR-TSR 연결사업도 중단됐다.

러시아 동진정책의 생명선이요 시베리아 천연자원 개발의 동맥인 TSR에 대한 관심이 21세기 벽두부터 다시 되살아나기 시작했다. 동토의 시베리아땅이 지구 온난화와 환경오염으로 인해 금세기에 최적 거주지로 각광받을 것이라는 전망이다. 푸틴의 '강한 러시아 건설' 전략과 맞물리면서 '잠자는 미녀' 시베리아가 기지개를 켜고 있다. 러시아 정부는 2007년 9월 TKR-TSR 연결사업을 포함한 철도 현대화를 위해 2030년까지 총 13조 루블(약 475조 원)을 투입하는 장기 투자계획을 확정했다. 2008~15년간 기존 철도를 개량하는 1단계 사업과 2016~30

년간 1만 5,800km의 철도를 신설하는 2단계 사업을 추진할 계획이다. 철도 신설에는 기존 베링해 노선에 3,500km을 연장하고 러시아와 미국을 연결하는 102km짜리 세계 최대의 해저터널을 뚫어 열차를 통과시키는 계획도 포함되어 있다. 러시아 철도 전장은 현재 지구를 두 바퀴 도는 8만km이다. 러시아 정부의 철도 현대화 계획은 어쩌면 100년 전 비떼가 추진했던 야심작보다도 더 야심찬 프로젝트다.

4. 김일성 주석의 유훈을 받들어라

김일성은 철도에 남다른 애착을 가졌다. 1994년 7월 8일 그가 사망하지 않고 제1차 남북정상회담이 예정대로 7월 25~27일 개최되었다면, 김일성은 경의선을 이용해 서울을 방문할 생각이었다고 한다. 그는 사망 직전까지도 철도상으로부터 경의선 연결 공사 현황을 보고받았다. 북한 방송은 그가 생전에 마지막으로 주재한 회의에서 경의선 철도문제를 언급한 장면을 방영하면서 "김주석은 열차를 타고 서울로 가는 것으로 민족의 혈맥을 잇고자 했다"고 보도했다.

김정일은 연간 100회 이상 실시하는 현지 지도 때 주로 열차를 이용하고 있다. 철도가 소위 '1호 행사'의 전용 교통수단인 셈이다. 물론 김정일의 특별열차는 첨단 위성장비까지 구비한 초호화판 열차이다. 강석주 외무성 제1부상은 저서 『김정일 열풍』에서 김정일이 인민의 생활을 더욱 가까이에서 느끼기 위해 열차를 탄다고 주장했다. 비단 국내에서뿐만 아니라 해외 방문 때도 마찬가지다. 2001년 여름에 거의 한 달간 열차로 러시아를 방문했다. 일부 언론에서는 고소공포증 때문이라고 주장하고, 어떤 북한 전문가는 'TSR의 광고모델'을 자임하면서 러시아의 관심을 유도하여 경제원조를 극대화하려는 데 있다고 강조했다. 그러나 그가 열차를 택한 이유는 방문 방법 및 코스 조차도 부친의 족적을 답습하는 훌륭한 승계자가 되어야 한다는 것과 개혁 후 러시아 변화현장을 직접 경험하자는 의도였다고 할 것이다. 한 가지 더 추가한다면, 러시아 측이 동해선 복원사업에 협력할 용의 가 있는지를 푸틴과 심도 있게 논의하기 위해 고심하는 기회로 삼았 다.70)

북한은 대부분 산악지형으로 주철종도(主鐵從道)의 교통구조를 갖고 있다. 철도가 화물운송의 92.8%, 여객 수송의 49.1%를 차지한다. 2005 년 기준으로 북한은 남한의 3,392km보다도 2배 정도 긴 5,215km이다. 북한에서 철도가 주요 수송수단으로 자리잡은 것은 지형적 조건에 기 인한다. 산악지대에서 철도가 대량 수송과 규칙적인 수송 면에서 자동 차보다 비교우위를 갖기 때문이다. 북한 철도의 또 하나의 특징은 전 체의 79%인 4,132km가 전철화되어 있다는 점이다. 원유 공급이 원활 하지 않은 탓이지만 근래에는 전력이 절대적으로 부족해 운행 빈도가 낮은 실정이다. 또한 노선의 98%가 단선으로 운행되고 있어 운행속도 가 느리다. 국제기준으로 볼 때 화물열차는 평균 60km 정도의 속도를 내야 하지만 북한의 화물열차는 20km 이하의 느림보 철도다. 김정일 의 특별열차도 평균속도를 40km 정도 밖에는 내지 못할 정도로 노후 해 있다. 북한에서는 철도가 전력, 금속, 석탄 등과 더불어 '인민경제 의 선행부문' 으로 분류되면서 우선적인 자원배분을 강조하고 있다. 철도의 비중을 짐작할 수 있는 대목이다. 철도의 현대화 없이는 북한 경제의 회생은 불가하다고 할 것이다.

러시아와 북한 간 연결되는 유일한 철도가 바로 두만강-핫산 국경 선이다. 이 철도는 1952년에 두만강을 가로지르는 임시 목조 교량이 부설되면서 열차운행이 가능하게 되었고 1954년에 화물교역이 시작됐다. 1959년에는 기존의 교량을 대체하는 철제 현수교인 '친선교'가 건설되었다. 핫산-두만강 경유 여객열차의 운행은 1980년대에 와서야 가능했다. 여객열차 운행문제에 대해 북한 측은 적극적이었지만, 소련 측은 원칙적으로 동의하면서도 핫산역 재건축 및 제반 문제 해결을 위해 시간적 여유가 필요하다는 입장이었다. 북 측은 두만강-핫산을 경유한 평양-모스크바 열차운행에 따른 세관, 국경업무 등에 관한 문제와 정기 여객열차 운행조약 체결을 동시에 해결하자고 제안했다.71) 평양-모스크바 간 승객 이용은 1987년 4월부터 주 2회 운행하다가 이용객의 감소로 현재는 월 3회 및 매회 객차 1량을 연결하여 운행 중이다.

5. TKR-TSR이 한민족과 인류에게 주는 함의

1991년 4월 유엔 경제사회이사회(ESCAP) 서울 총회에서 한러 양국은 남북한·러·중·몽골 5개국 간 철도연결 사업을 제의했다. 한반도 종단철도(1,200km)와 시베리아 횡단철도(9,208km)를 연결하는 '철의 실크로드' 사업에 대한 첫 구상인 셈이다. 2000년 6월 남북 정상회담을 계기로 남북철도 단절구간의 연결문제가 수면위로 부상했다. 한러 간에는 2001년 2월 푸틴이 방한하여 TKR-TSR 연결사업을 적극 추진키로 합의한데 이어 남북한-러시아 간 철도회담 개최문제와 재원조달을 위한 국제컨소시엄 구성에 대해서도 협의했다. 남북한 간에도 2001년 9월 이 사업의 실현을 위해 서로 협력키로 합의했다. 이후 한러 간, 남북한 간, 러북 간 정상회담뿐만 아니라 주요현안을 조율할 때 마다 철도연결 문제는 단골메뉴로 협상테이블에 올랐다.

2002년 9월에는 경의선과 동해선 철도·도로 연결사업이 동시에 착공되었다. 푸틴 대통령은 그해 9월 김대중 대통령과 김정일 위원장에게 친서를 보내 남북 간 대역사 착공을 축하했다. 친서에서 "러시아는 남북한의 철도·도로 연결공사 착공에 크게 만족한다"면서 "이번 사업은 남북 간 대화와 평화뿐만 아니라 아태지역 안전보장에도 기여할 것이다"고 강조했다. 또한 "한반도에서 유럽까지 철의 실크로드를 놓기 위해서는 남북한-러 3각협력 관계가 중요하며 TSR-TKR 연결철도가 하루 빨리 운행될 수 있도록 노력할 것"을 다짐했다. 로슈코프 외무차관은 그해 9월 한국의 대러 경협차관을 러시아의 북한철도 현대화 사업 비용과 상계하는 방안을 제안하기도 했다. 2007년 5월 17일에는 단절후 56년 만에 남북한 열차 시험운행이 있었다. 경의선과 동해선 열차 시험운행의 역사적 감격을 맞이하게 되었다.

TKR-TSR 연결사업은 북한 핵문제를 둘러싼 남북한 간 및 주변국 간 긴장으로 인해 수면 아래로 잠수했다. 러북 간 연결은 나진-핫산 간 철도 개보수 사업이 시작되면서 사실상 진행되고 있는 셈이다. 남북한 간 연결이 문제이다. 러 측은 경원선을, 북 측은 동해선을, 남 측은 개성-평산(또는 경원선) 노선을 선호한다. 북 측은 국토 중심부 개방으로 외부사조의 유입을 우려하여 동해선을 고집하지만, 남 측은 동해선 신축에 따른 과다한 비용을 부담스럽게 생각한다. 북한 철도를 전면적으로 현대화하지 않고서는 동해선 사업은 추진될 수 없고, 러시아와 한국이 공통으로 느끼는 부담도 바로 이것이다. 때문에 비용 절감 차원에서 동해선 신설보다는 기존의 철도노선을 희망할 수밖에 없다. 북한의 결단이 필요한 대목이다.

1987년부터 핫산역에 부임한 세르게이 니콜라에비치 역장은 2004

년 5월 한국의 어느 기자에게 자신의 소원을 고백했다. "남북한이 어서 손잡아 한반도 종단철도와 시베리아 횡단철도가 연결되는 그날이 하루빨리 왔으면 좋겠습니다." 이것은 비단 핫산 역장만의 소원이 아니었다. 2002년 2월부터 노보시비르스크 철도대에서 공부하던 한국 유학생들이 매년마다 기원하던 새해 소원이었다. 아울러 그해 9월부터 이 대학에 합류한 북한 유학생 25명의 소원도 불문가지(不問可知)이다. 기숙사의 2층과 3층에서 따로따로 생활했던 남북한 학생들은 서로 창문에 불이 꺼진 것을 확인하며 잠을 잘 정도로 경쟁하면서 미래의 철도맨을 준비했다.[72]

이효석의 단편소설 『노령근해』에 나오는 청년 주인공은 '부자도 없고 가난한 사람도 없고 다같이 살기 좋은 나라'인 러시아로 가는 여객선에 몸을 실었다. 밀항 청년이 숨어 지내는 기관실 석탄고는 지옥의 세계였다. 기관실에서 일하는 화부들의 고역은 이루 말할 수 없을 정도로 처참하기만 했다. 배는 어둠 속을 가르며 항해를 계속했고 마침내 동경의 나라 러시아에 도착했다. 소원이 성취되었다.

TSR-TKR 연결사업은 남북한과 러시아 모두가 윈윈(WIN-WIN)할 수 있는 프로젝트다. 러시아는 명실 공히 아시아와 유럽 대륙간 가교역할을 하는 유라시아국의 지위를 확보할 수 있다. 남한과 북한은 인적·물적 교류를 통해 점진적으로 평화통일의 기초를 다져갈 수 있다. 필자는 2001년 여름에 남북정상회담 1주년 기념으로 계획된 북한 경유 모스크바-부산 간 철의 실크로드 대장정에 올랐으나 북한 국경에서 중단해야만 했다. 왜냐하면 북한 측에서 통과를 허용하지 않았기 때문이다. 『노령근해』의 청년 주인공처럼, 핫산역장과 남북한 철도유학생들과 함께 필자의 소원도 성취될 그날을 고대해 본다.

V

러시아 내 북한, 북한 내 러시아

　북한과 러시아의 양국 관계를 설명하는 척도로서 '장소적 요소'와 '인적 요소'를 꼽을 수 있다. '장소적 요소'의 전형은 양국에 개설돼 있는 상대국의 공관, 즉 주러 북한 대사관과 주북 러시아 대사관이다. '인적 요소'는 두 나라 사이를 왕래하거나 상대국에 거주하는 사람들을 일컫는다. 국교 수립 이후 현재까지 양국의 공관이 상호 관계발전을 위해 어떤 역할을 해왔는지, 그리고 양국 국민들이 국경을 넘나들면서 상대국에 대해 어떤 인식을 갖고 어떤 관계를 형성해 왔는지를 살펴보자.

1. 러시아 주재 북한 대사관

모스크바대학 인근의 전망좋은 구역에 구사회주의권 국가들의 공관이 밀집해 있다. 북한 대사관도 그중의 하나다. 모스필리몹스카야 거리(Мосфильмовская ул.) 72번지에 위치한 북한 대사관은 본관, 숙소동 및 특각으로 구성되어 있다. 숙소동은 공관 가족과 출장팀들의 임시거처를 겸한 6층 규모의 아파트다. 물론 공관 울타리 안은 북한법이 적용되는 치외법권 지역이다. 더 흥미로운 것은 영내에는 북한 공관원도 감히 기웃거릴 수 없는 비밀스러운 건물이 있다. 이곳이 바로 로열 패밀리가 사용하는 특각이다. 과거 소련 당시만 해도 사용 빈도가 높았지만 러북 관계가 소원해지면서 이곳을 찾는 주인공들도 뜸해질 수밖에 없다.

소련 붕괴 이후 개방화의 물결을 타고 모스크바 부동산값이 천정부지(天井不知)로 뛰면서 이곳은 황금싸라기 땅으로 돌변했다. 한국 정부가 대사관 부지를 물색하는 데 어려움을 겪을 때 북한 공관 자리는 선망의 대상이었다. 아직도 관저 부지를 확보하지 못한 우리 정부의

러시아 주재 북한 대사관 전경

입장에서 볼 때 부러움은 더한다. 오죽했으면 대사관 후정의 자투리 땅에 관저를 지을 궁리까지 했겠는가. 북한 대사관앞을 지나칠 때마다 한 번쯤 쳐다보지 않을 수 없다. '통일만 된다면 저곳도 우리 것이 될텐데 …'

북한 정부가 이곳으로 공관을 이전한 것은 1977년이다. 그 이전에는 시내 전역에 흩어져 있었다.[73] 1969년 7월 소북 양국은 대사관 신축부지 교환협정을 체결하고 그 이듬해부터 신축공관 건축에 착수했다. 권희경 북한 대사는 소련 외무성 피류빈(Фирюбин Н.П.) 차관에게 1975년 해방 30주년 기념식을 신축공관에서 개최할 수 있도록 계약기간 내 완공을 희망했다. 그렇지만 1976년 8월까지도 완공되지 못하자, 박시권 임시 대리대사가 소련 외무성 측에 유감을 표명하면서 6층 아파트 중에서 우선 1층을 건축해 북한 출신 노동자들의 숙소로 사용해야 한다고 주장했다.[74]

항용 외국공관은 치외법권 지역이기 때문에 외부인들의 출입이 잦을 수 없지만, 유독 북한 대사관은 출입자가 별로 눈에 띄지 않고 적막감마저 감도는 도심 속의 고도와 같다. 그럼에도 불구하고, 북한 측의 외교행사가 바로 이 울타리 안에서 개최되고 있어 러북 관계의 역사를 고스란히 간직한 현장이다. 러시아의 한반도 전문가들과 친북 고려인들이 주로 단골손님들이지만 최근에는 친한 성향의 고려인들도 초청 대상인 경우가 있다. 물론 현재까지 이곳을 방문한 한국 외교관이나 교민들은 단 1명도 없다. 한번은 모스크바에 근무하는 한국 특파원 1명이 노동신문 특파원을 만나려고 이곳을 찾았다. 남북정상회담 직후의 화해무드가 고조되던 시기여서 혹시나 하는 기대감으로 정문 수위실을 찾아갔다. 한나절을 기다렸지만 북한 노동신문 기자는 나타나지 않았다. 남북 분단의 벽이 얼마나 높은가를 실감한 이 특파원은 허탈한 마음으로 되돌아섰다. 가깝고도 멀기만한 곳이다.

1968년 1월 북한 공관 측은 김일성이 수상으로 재선임된 것을 기념하기 위해 외교단을 초청해 영화 감상회를 가졌다. 강철근 대리대사는 영화 상영 전에 인사말을 실시했는데, 김일성에 대한 호칭을 너무 장황하게 열거해 참석자들의 인상을 찌푸리게 했다. '조선의 불세출의 애국자이시며, 민족의 영웅이시며, 무적의 용사이시며, 국제공산주의와 노동운동의 지도자의 한 사람이시며, 4천만 조선민족의 위대한 지도자이신 김일성 동무는…' 였다.75)

주한 대사를 역임했던 아파나시예프가 외무성 아주국장으로 재직 중이던 2000년대 초반에 음력설을 쇠는 아시아국가의 공관 간부들을 외무성 영빈관으로 초청해 잔치를 베풀어 주었다. 한국을 비롯한 중국, 북한, 몽골, 베트남 공관이 그 대상이며 국가별로 10여 명씩 초청했다. 다수의 북한 외교관들을 장시간 만날 수 있는 매우 드문 기회이기 때문에 한국 외교관 입장에서는 설레는 마음으로 이날을 기다린다. 1부의 공연행사를 마치고 2부의 리셉션 시간은 격의 없는 만남의 광장이다. 예외 없이 한국 외교관들이 북한 외교관들에게 다가가서 술도 권하고 말도 건넨다. 그러나 1~2명을 제외하고는 대화하는 것조차 기피한다. 심지어는 박의춘 대사(현 북한 외무상)마저도 매우 조심스럽게 답변하면서 누군가의 눈치를 살핀다. 당연히 보위부 요원이다.

오프라인에서 보는 북한 공관의 규모와는 달리, 온라인에서는 그 존재를 찾아볼 수 없다. 인터넷을 통해 러시아 주재 북한 대사관의 사이트를 검색해 보아도 빈번히 에러만 발생한다. 영어와 노어로 검색해 보고, 심지어는 우리말 단어(더 정확하게 표현하면 '북한어')를 입력해 보아도 잡히지 않는다. 글로벌 시대를 사는 현대인에게 인터넷 온라인상에 존재하지 않는 국가(또는 국가기관)라면 그것은 유령이나 다름 없다. 냉전시대의 '철의 장막' 보다도 더 고립된 '인터넷 장막' 속의 북한 외교 인프라다. 한마디로 외교가 존재하지 않는다. 북한 외교관들의 경우도 마찬가지다. 명함에 개인 메일을 명기한 북한 외교관은 거의 없다. 그러한 북한이 슈퍼파워인 미국을 상대로 장기간에 걸쳐 핵게임을 하는 것은 불가사의다.

2. 북한 주재 러시아 대사관

국가간 외교관계는 통상 상호주의가 적용된다. 주북 러시아 대사관 사이트도 러북 간 상호주의가 적용되어 개설되어 있지 않을 것만 같았다. 노심초사한 마음으로 인터넷을 열고 검색작업에 들어갔다. '북한 주재 러시아연방 대사관' 을 노어로 입력하자 초기화면이 눈앞에 전개되었다. 당연한 것을 경이스럽게 느끼는 순간이었다. 주북 러시아 공관 사이트는 비교적 잘 정리되어 있다. 북한 주재 러 대외기관 전반에 관한 정보, 대사관 행사일지, 상주 대표부 현황, 영사과 업무, 평양소재 러 정교회, 각종 공지사항, 러시아 국적인 관련정보, 대사관 연락처 및 이메일, 청진 주재 총영사관 현황, 러 외무부 뉴스, 러시아연방 대내외정책 관련 기본문서 목록, 재외동포 현황, 러시아연방 국가상징 및 개관이 수록되어 있다.

공관원 현황은 수히닌 대사를 비롯한 마체고라 공사참사관 겸 부대사, 국방무관, 선임 참사관 2명, 참사관 1명, 1등서기관 2명, 국방무관 보좌관 1명, 2등서기관 3명, 3등서기관 1명, 아타쉐 4명, 행정원 3명, 영사과 직원 2명, 청진 주재 총영사관(총영사, 비서), 기타 러시아 주요 기관 대표부(수산대표부, 이타르타스, 철도회사 2명) 등이다. 러시아 현지 외교활동 과정에서 만났던 정보요원이 북한에서 외교관으로 근무하고 있는 사실도 이 사이트를 통해 뒤늦게 확인할 수 있었다. 러시아연방 대내외정책 관련 기본문서 목록도 친절하게 열거해 놓았다.

북한 정권을 창건한 나라가 바로 소련일진데, 오프라인 상에 존재하는 주북 러시아 대사관의 위용이야 오죽하랴. 러시아 공관은 평양시 중앙구의 노른자땅에 위치한다. 그러나 미군이 서울에서 확보했던 용산기지와 비교하면 너무 보잘 것 없는 것 같다. 1949년 소련군이 철수하면서 군주둔지를 모두 북한 당국에 넘겨주고 떠났기 때문일까. 소련 대사관의 본관(외교관 관사 포함)도 휴전조약 체결후인 1956년에 건축하여 20년이 경과했기 때문에 수리 및 증축이 필요했다. 1976년 8월 크리울린 대사가 공관 가족용의 6층 아파트 신축 문제를 협의하기 위해 평양시 행정위원회 왕경학 부위원장을 만났다. 왕경학은 고도제한 문제를 제기하면서 난색을 표하기도 했다.[76]

1970년 8월 30일 저녁 21시 30분, 괴한 1명이 러시아 대사관 경비망을 뚫고 관내로 몰래 잠입한 사건이 발생했다. 권영민이라는 북한사람이 대사관 영내로 들어왔다가 붙잡혔다. 그는 북한 초소를 지나 대사관 담장을 넘어 들어왔다고 진술했다. 공관원들이 즉시 영내를 떠나라고 강력히 요구했으나 권영민은 오히려 주머니에서 칼을 꺼내 반항하기조차 했다. 정말 간 큰 남자였다. 치외법권 지역인 타국 공관에 진입한 것은 국경을 넘는

북한 주재 러시아 대사관 전경

것이나 마찬가지니까. 이 무법자는 북한 외무성에 신고된 후에 사회안 전부 요원들에 의해 검거되었다.[77)]

러시아인들의 북한 내 활동은 우리가 생각한 만큼 자유스럽지 못했다. 1976년 1월 19일 아타쉐 수히닌(Сухинин В., 현재 주북 대사)의 본국 보고에 의하면, 소련 대사관의 의전활동은 북한의 특수성 때문에 제약을 받았다. 신문, 방송, TV와 인터뷰 혹은 강연을 하려면 외무성 의전국을 통해야만 했다. 사전에 의전국을 통해 교섭되어 있지 않는 일은 어떤 북한인이나 기관과의 접촉도 어려웠다. 외국인들의 북한 내 여행도 엄격히 제한되어 있으며, 평양근교 3개 지역을 제외하고 남포시 여행은 사전에 외무성의 허가를 받아야 했다. 그러나 허가서를 가끔 늦게 주거나 혹은 남한 내 미군주둔 등 이유를 들어 아예 발급해 주지 않는 경우도 있었다.[78)] 소북 관계가 좋지 않을 때에는 러시아인에 대해 노골적으로 린치를 가하는 경우도 있었다.

정권 초기부터 소련 지도층의 북한 인사들에 대한 태도는 신중했다. 6·25전쟁이 한창 진행 중이던 1950년 10월 말이었다. 스티코프 대사가 북한 당국이 편성한 사단에 소련 장교와 고문을 잔류시킬 것을 본국에 요청했다. 이에 대해 스탈린은 매우 조심스러운 반응을 보였다. "북한 측은 앞으로도 소련 장교와 고문이 남아 있기를 원하는지 아니면 중국인들을 초청하기를 원하는지 모른다. 우리는 장교와 고문을 자진해서 지원할 수는 없다. 김일성 자신이 소련 정부에 이 문제에 대해 요청해야 한다."[79)]

1978년 3월 3일자로 아타쉐 에르몰로프가 작성 보고한 전문에서 북한의 관습 및 이를 존중하는 단면을 엿볼 수 있다. "소련 대사관의 칵테일 파티에 초청하면 북한동무들은 서서 먹지 않는다고 말한다. 소련 대사관 주최 리셉션 행사에서도 북한인은 별도로 상을 차려 먹을 수 있는 곳으로 배치해 줄 것을 요청한다. 음식은 북한인의 식성을 고려해 준비한다. 북한인들은 전통음식을 자랑스럽게 여기고 다른 어떤 음식보다도 좋아한다. 특히 배추를 소금에 절이고 고춧가루를 많이 넣어 얼얼하게 만든 음식(김치)을 즐겨 먹고 국은 신선로를 상 가운데 놓고 수십 개의 음식재료를 넣어 끓여 수저로 다른 그릇에 덜어서 먹는다. 건배는 더운 음식이 나오기 전에 상급자만 한다. 북한에는 접대 예복이 없으며, 평상복으로 손님을 맞고 여성은 한복을 입는다. 만약 주석궁 잔치에 초대받은 외교관은 반드시 자국 국기가 게양된 자가용을 타고 가야 한다. 그렇지 않으면 차를 세우고 조사를 받게 된다."80)

3. 러시아를 보는 북한인들

러시아에서는 3부류의 한인들이 살고 있다. 첫째 부류는 150여 년 전에 러시아로 이주해온 한인 후예들이다. 보통 '고려인'이라고 부른다. 두 번째 부류는 해방 후 소련 당시부터 왕래하기 시작했던 북한인들이다. 그들 중에는 유학왔다가 눌러 앉는 자들도 있다. 세 번째 부류는 1990년 한러 수교를 계기로 진출한 남한인들이다. 후발주자로 러시아땅에 합류한 한인들이다. 러시아인이나 다름없는 고려인을 제외하면, 소련 당시에 순수 한인은 북한 출신뿐이었다. 북한 정권이 소련에 의해 창건되었다는 사실만으로도 소련땅은 북한인들에게는 젖과 꿀이 흐르는 가나안땅이었다.

여러 부류의 북한인들이 소련이라는 창을 통해 서구문물을 접했던 것이다. 이들 중에 첫 번째 부류가 바로 로열 패밀리이다. 김일성은 동구권을 방문할 때도 소련땅을 경유지로 삼았다. 통상 열차를 많이 이용했기 때문에 러시아를 동쪽 끝에서 서쪽 끝까지 왕복하는 셈이다. 김정일은 1957년 11월 남산고등중학교 1학년 때 러시아혁명 40주년 행사에 참석하기 위해 부친을 따라 처음으로 모스크바를 방문했다. 권력을 이양받은 이후로는 2001년 여름에 공식 방문했다. 로열 패밀리 중에는 성혜림이 지병인 신경쇠약 치료차 모스크바를 자주 왕래했다. 1970년대 중반부터는 상주하다시피 했으며 2002년에 65세의 나이로 파란만장했던 생을 마감 후 모스크바 공원묘지에 안장되었다. 모스크바에서 함께 살던 언니 성혜랑과 조카 이남옥, 이한영이 모두 서방 및 한국으로 탈출했다. 김정남은 1978년 8세 때 최초 방문 후 최근에도 모친의 성묘를 위해 왕래하고 있다.

두 번째 부류는 고위관료 및 학자들과 외환벌이 요원들이다. 고위관료들이 종주국 소련을 제 집처럼 들락거렸던 것은 두말할 나위가 없다. 주목되는 학자들로서는 핵물리학 기술을 습득하기 위한 두뇌들이다. 도상록, 리승기, 한인석 등의 1세대에 이어 정근, 최학근, 서상국 등 2세대를 비롯한 핵전문가들이다. 북한 예술인으로서 눈에 띄는 인사는 전설의 무희 최승희다. 1951년 공연차 방소하여 당시 통역을 맡았던 한맑스에게 건네준 사진 속의 사인이 인상적이다. 1931년 스무 살 때 와세다대 러시아문학과에 재학 중인 안막(본명 안필승)과 결혼한 그녀는 북한 무용동맹위원회 위원장으로서 1950년 6월 초 2백 명의 대규모 예술단과 역시 단원이었던 딸 성희를 데리고 모스크바에 갔다. 소련 각지를 돌며 공연한지 얼마 되지 않아 한국전쟁이 발발했다.

소련 붕괴 이후에는 외화벌이 요원들의 러시아 진출이 현저했다. 한소 수교 전후로 남한사람들이 즐겨 찾던 평양식당이 있었다. 1980년에 개업해서 1990년대 중반에 문을 닫았다가 10년 만에 평양의 옛 이름인 「부루나」라는 상호로 재개업을 했다. 이것마저 문을 닫고 말았다. 또한 1990년 중반에 개업한 북한 고려의학센터의 조병수 박사는 한방치료로 인기를 누려왔다. 동양 의술로 난치병을 치료하려는 러시아 환자들이 즐겨 찾는 곳으로도 유명하다. 2006년 월봉 600달러를 받고 북한 최초로 유럽 프로리그인 러시아 사마라 프로축구단에 입단한 최명호와 리관명 선수가 있었다. 이들은 뜨거운 열정과 강한 의지를 지닌 주전선수들로 정평이 나 있었다.

러시아에서 빼놓을 수 없는 부류가 유학생들이다. 1950년대 중반 스탈린 격하운동이 진행되고 종파사건이 발생한 직후에 북한 정부는 소련에서 공부하는 유학생을 소환했다. 이들은 사상 검열차 방문한 정부 파견단과 대화하는 과정에서 "우리도 소련 정세에 맞추어 1인숭배를 철폐해야 되지 않느냐"는 발언으로 쫓겨다니다가 북한대사관에서 극적으로 탈출하여 살아남았다. 대표적인 인물이 독립투사 허위 장군의 손자인 허진 교수였다. 그는 북한 정권 수립과정을 내부에서 최초로 밝힌 『김일성왕조비사』라는 저술을 남겼다. 그 후 1990년까지 북한 학생들이 많이 있었으나 한소 수교에 대한 보복으로 전원 철수했다.

2001년 김정일의 러시아 방문을 계기로 북한 유학생들이 다시 파견되기 시작했다. 2004년 9월 신학기부터는 신세대 유학생들이 모스크바 대학가를 활보했다. 특히 민족우호대에는 김일성 배지를 달지 않고 영어를 자유자재로 구사하면서 외국인 학생들과의 접촉도 꺼리지 않는 북한 유학생이 등장했다. 여학생들은 화장까지 하고 다녀서 교수들을 놀라게 했다. 반면, 노보시비르스크철도대의 북한 학생들은 기숙사 생활을 하면서 동일한 양복에 김일성 배지를 달고 다니는 것이 특징이었다. 유학 초기에 이들의 최대 고민은 공부보다 김일성 부자의 초상화를 어떻게 처리하는가의 문제였다. 왜냐하면 당시 기숙사를 새로 단장한 옴스크 대학 측은 벽에 못질하는 것을 금하고 있었기 때문이다. 이들은 2008년 6월 말 모두 우수 졸업생으로 학위를 받고 귀북했다.

또한 한소 수교 이후 간과할 수 없는 북한인 부류가 탈북자들이다. 탈북자들은 극동시베리아 지역에 진출한 벌목공들이 주류를 이룬다. 이곳 벌목장은 러시아판 요덕 정치수용소라고도 한다. 열악한 생활환경과 인권탄압을 못견디어 이탈한 자들이 적지 않다. 탈북자 림일이 쓴 『평양으로 다시 갈까?』(맑은소리 출판, 2005년)에서 "러시아 놈들 술깨나 세더라, 대단해", "금발머리 러시아 처녀들 몸매 죽이더라", "술 한 병에 자기 마누라 빌려주는 놈도 있다"는 경험담을 수록하고 있어 독자들의 흥미를 돋우었다. 2000년대 후반부터는 러북 간 합의한 북한 인력송출 계약에 따라 극동지역뿐만 아니라 모스크바 인근, 심지어는 카프카즈 지역까지 수천 명의 북한 노동자들이 진출했다. 일부는 작업장을 이탈해 정처없이 떠돌다가 한국 공관에 진입하기도 해서 주중 대사관처럼 탈북 난민들이 대량으로 발생할 가능성을 예고하고 있다.

4. 북한을 보는 러시아인들

북한 정권은 소련의 손에 의해 소련의 형상을 본떠서 만든, 소련의 축소형이었다. 그럼에도 불구하고 1960년대로 접어들면서 다수의 지식인들은 스탈린 시대를 악몽처럼 기억했고 스탈린을 흉내 내는 김일성의 북한을 악몽의 현실적 표현으로 간주했다. 소련의 유력 일간지 'MK'는 김정일 생일을 사흘 앞두고 북한 선전매체에서 나온 자료만 그대로 인용해 해학적으로 수록한 일도 있고 심지어 북한 선전물에 등장한 글을 수집하여 웃음거리로 제공해 주는 러시아어 웹사이트까지 있을 정도였다. 1970년대에도 소련에는 북한에 공감하는 세력이 별로 없었다고나 할까. 당시 민족주의자들은 북한이 자주노선을 견지하면서 반소련 경향을 보여서 싫어했고 자유주의자들은 북한의 극단적 스탈린주의를 싫어했다. 정부 차원에서도 부담스럽고 믿기 어려운 '가짜 동맹국가'로 간주하여 싫어했다. 그러나 1995년 이후부터는 러시아내에서도 김정일의 북한을 찬양하는 사람들이 생기기 시작했고 그 이후 러시아어 블로그나 포럼에 북한과 관련한 비판 글이 올라오면 '미국 선전'이나 'CIA 공작'이라고 하는 사람들도 한두명이 아니었다.[81]

2005년 6월 유명 여론조사기관인 레바다센터가 러시아 성인들을 대상으로 실시한 설문조사에서 남한을 동맹으로 여긴다는 응답자가 1%인데 반해 북한을 가까운 동맹으로 여긴다는 응답은 3%로 3배나 많았다. 2006년인가. 러시아 언론에서는 한국 참모총장의 방문소식을 보도하면서 북한 국적으로 오보한 적도 있었다. 러시아인들의 뇌리 속에는 한국을 여전히 미국의 식민지 정도로 간주하는 잠재의식이 내재되어 있는 듯하다. 또한 연해주에서 숨어 사는 탈북자들을 독재의 희생자라고 간주하기보다는 불법체류자, 불법입국자로 여기면서 그들의 송환을 요구하는 사람들이 적지 않았다. 그 이유는 러시아인 다수가 북한 내 인권문제의 심각성을 인정하면서도 우선은 국익을 추구하는 실용주의를 대외정책의 기본으로 생각하기 때문이다.[82]

그러면 러시아인들이 접한 북한, 특히 김정일에 대한 인상은 어떨까. 물론 베일에 싸인 김정일을 한두 번의 만남으로 객관적으로 평가했다고는 볼 수 없을 것이다.

망명했던 허진 교수가 일본 마이니치신문과 인터뷰(1994.7.23)한 내용에 따르면, 김정일은 1957년 11월 최초로 소련을 방문하여 북한 대사관에 들렀을 때 '재미있는 영화 없어요?' 라고 하는 등 꽤 거만하게 굴었으며 아버지와는 달리 논리를 세워 이야기하는 것에는 약했다고 평했다. 또한 황장엽에 의하면, 모스크바대를 방문한 김정일에게 소련 공산당 조선담당 과장이 "동무도 고등중학을 졸업하면 모스크바종합대에서 공부하시겠지요?" 라고 묻자 김정일은 발끈한 목소리로 "평양에도 김일성종합대라는 훌륭한 대학이 있어요. 나는 김대에서 공부할 것입니다" 라고 대답했다고 한다.[83]

　　1984년 11월 평양을 방문한 카피차 외무차관은 공식적으로는 최초로 김정일을 면담한 소련인사로서 "김정일은 구체적으로 질문했으며 상대방의 이야기를 주의 깊게 경청했다. 잘 교육받고 말투는 깨끗하고 분명했다. 높지 않는 목소리로 이야기했고 농담을 받아 넘겼고 천진난만한 웃음을 웃었다" 라고 평했다. 김일성 사후 3년간 김정일은 외부인사와의 접촉을 단절했다. 심지어는 김일성의 가장 절친한 친구였던 캄보디아 시아누크조차도 만나지 않았다. 그러나 이념적으로 가까웠던 소련의 쉐닌, 야조프 원수 및 크류치코프 KGB 의장과는 비공식적인 면담을 가졌다. 쉐닌은 김정일의 개인성향과 정치군사 활동을 높이 평가했고 야조프는 "김정일이 1명의 위대한 스승인 김일성 원수가 있는 고급 군사아카데미를 다녔고 이곳에는 단 1명의 학생으로 김정일 동무가 있었다. 김정일은 원수의 지도하에 훌륭한 군사교육을 받았다"고 격찬했다.[84]

　　러시아인들, 아니 외국인들 중에서 김정일과 가장 많은 시간을 공유한 인사가 바로 풀리콥스키 대통령 전권대표였다. 그는 2000년 7월 푸틴 대통령의 방북을 수행했다. 2001년 여름 김정일이 약 1개월간 러시아를 방문할 때도 특별열차에 동승하여 전 일정을 함께 하면서 매일 서너 시간씩 대화를 가졌다. 그리고 이듬해 극동지역 방문 때도 동행했다. 그는 김정일에 대해 이렇게 표현했다. "누구나 김 위원장을 칭찬하지 않을 수 없을 것이다. 그는 대단히 교양 있고 특히 자본주의와 사회주의 경제 전반에 대해 일가견을 갖고 있었다. 박학다식하고 개방적이며 매사에 관심을 보이면서 열심히 배우고자 했다. 사교적이고 낙천적이며 농담을 잘했다. 그는 측근들보다 훨씬 진보적으로 보였다. 상식적인 지도자였다. 그의 바리톤 음성은 북한인과 러시아인들의 소란스러운 이야기 소리와 건배 소리의 합창 속에서 마치 독창을 하는 것처럼 느껴졌다. 외국의 장점을 배우려는 입장이나 어떠한 변화도 반드시 점진적으로 이루어져야 하며 사회적 충격이 있어서는 안 될 것이라는 생각을 갖고 있었다." 이어 풀리콥스키는 자신의 저서 『김정일과 함께 동방특급 열차』 원고를 김정일에게 미리 보여 주겠다고 제안했으나 그는 사양하면서 '보고 느낀 대로 솔직히 쓰라'고 답변했다.

야코블레프 상트페테르부르크 시장은 "김정일이 일반대중과 친근하지 않다는 루머가 많았지만 페테르부르크를 방문할 때 준 인상은 전혀 반대였다. 그는 역사·문화·경제에 매우 관심이 많고, 질문하는 것에 대해 전혀 두려워하지 않았다"고 평했다. 2002년 4월 16일 방북 시에도 "김정일은 매우 현명하고 덕망과 수준 높은 문화의식을 갖추었으며, 경험이 풍부한 정치인으로서 인간적으로도 매우 소박했다. 통일을 위해 많은 노고를 바치는 지도자라는 인상을 받았다"고 회고했다.[85]

정상회담 때마다 항상 통역으로 배석했던 수히닌 주북 대사는 "김정일은 자신의 인상이나 소감에 대해서는 거침없이 빠른 속도로 이야기하나 양국 간 현안 등 주요문제에 대해서는 매우 느린 어조로 신중하게 말하는 스타일이다"고 평했다. 러시아 동방학연구소 바닌 교수는 "김정일은 영리한 사람이다. 예술적 감각이 탁월하다. 러시아의 사회주의를 조심스럽고 깊이 있게 연구하고 있다"고 언급했다. 드라마 『모래시계』의 삽입곡 '백학'으로 유명한 가수 코브존은 2006년 4월 김정일의 초청으로 아카데미 가무단과 함께 방북했다. 북한에 대한 첫인상으로 무엇보다도 수준높은 문화, 독창성 그리고 애국심을 꼽았다. 김정일은 코브존의 콘서트가 있던 날에 외교사절단과의 면담까지 취소했다면서 '그가 러시아 문화에 상당히 조예가 깊었다'고 회상했다.

그러면 러시아의 최고지도자 푸틴이 보는 김정일은 어떤 인물인가. 푸틴은 2000년 7월 방북 후 귀환하는 전용기 내에서 "김정일은 교양 있고 탁월한 유머감각을 가진 박식한 그리고 음악과 영화를 좋아하는 정치인이다"라고 평했고 블라고베셴스크에 도착한 후 김정일에 대한 첫 인상을 "국제상황을 객관적으로 이해하는 완전한 현대인이었으며 그에 대해 좋은 인상을 갖고 있다. 주권국가의 이해와 국방문제 등에 정통한 인물로서 어떤 문제도 함께 논의할 수 있다는 생각을 들게 했다"고 회고했다.

5. 삼한사온(三寒四溫)의 러북 관계

국제사회의 분쟁조정을 주목적으로 하는 국제위기감시기구(ICG)는 2007년 12월 '북한과 러시아의 경색된 우정'이라는 보고서에서 양국 관계가 비현실적인 기대와 잦은 실망으로 특징지어져 왔음을 지적했다. 이러한 기대와 실망은 이미 냉전시대와 한국전쟁 당시부터 시작됐으나, 양국 관계가 계속 유지될 수 있었던 것은 아태지역에서 외교적 입지를 강화하려는 러시아의 전략적 이해관계와 러시아를 서구 영향력의 대체 세력으로 활용하려는 북한의 이해관계에서 연유한다고 분석했다.[86]

2차 대전 말 미국의 끈질긴 권유로 소련은 대일전에 참전하여 예상과는 달리 일본 관동군을 격파하고 파죽지세로 내려와 한반도 북부를 손쉽게 점령할 수 있었다. 북한 정권은 전적으로 소련에 의해 기획되고 수립되었지만, 소련은 대북 정책을 추진하는 과정에서 냉전의 또 다른 축인 미국을 항상 의식했다. 김일성은 1949년 1월 소련 방문 직전에 소련 측에 동맹조약 체결을 희망했다. 스티코프 대사는 "분단국가의 한 편에 관여할 수는 없다"는 스탈린의 의향을 전했고, 3월의 김일성 방문 때 비밀 군사원조는 이루어졌지만 경제·문화적 원조제공을 합의한 데 그쳤다.[87] 6·25전쟁 때에도 중국을 전면에 내세워 지원하면서 소련 지원의 전투기와 조종사까지도 중국인으로 위장했다. 심지어는 스탈린은 유엔군 참전으로 전세가 불리해지자 북한을 소개할 수도 있다는 입장까지 견지했다. 그 후 1969년 푸에블로호 사건 등에서도 소련은 대미관계를 의식해서 북한의 적극적인 지지요청에 대해 미온적 태도를 보였다.

그럼에도 불구하고, 소련이 국제무대에서 일관되게 견지해 온 대북 및 대한반도 정책은 북한의 입장을 지지하고 대변한 것이었다. 예를 들면, 유엔 총회(1959년 14차, 1964년 18차, 1975년 30차 등)에서 한반도의 평화통일을 위해 전제되어야 할 사항으로서 주한 미군을 철수하고 휴전협정을 평화협정으로 대체하며, 점진적으로 남북 상호간 우호적 관계를 구축하는 방안에 대해 적극적으로 지지해 왔다.[88]

푸틴 전(前) 대통령은 취임 직후인 2000년 6월 '러시아연방 대외정책 개념' 발표를 통해 '한반도문제 해결에서 러시아의 동등한 참여

보장과 남북한과의 등거리관계를 유지하는 데 집중할 것'이라는 대(對)한반도 정책방향을 간결하게 제시했다. 푸틴의 실용적 신(新)등거리 노선은 남한 공략의 한계성과 북한의 전략적 가치에 대한 명료한 인식에 기초하고 국익스펙트럼 확대의 실사구시적 관점에서 출발했다. 러북 신우호조약을 토대로 북한과는 정치·안보적 유대를 가일층 강화하고 한국과도 다차원적 경제협력을 증진시켜 한반도에서 정치적 역할 확대라는 명분과 경제적 실익을 확보하는 것이었다.

요약하면 첫째로, 러북 관계와 한러 관계의 속도를 맞추는 이른바 평행이동의 원칙을 지향하고 둘째로, 이북제남(以北濟南)의 발상에 기초해 남북한 분단의 현상이 제공해 주는 기회적 이익을 극대화하며 셋째로, 적절한 군사력의 보강과 북한과의 안보협력 강화 그리고 남·북 간, 북·미 간, 한·미 간 존재하는 모순을 이용하여 러시아에 불리한 권력구조를 능동적으로 타파하고 넷째로, 유라시아 대륙의 안정적 관리와 러시아의 자율적 영향력 공간 확대를 위해 한반도를 동북아, 나아가 유럽과 유기적으로 통합하는 보다 거시적인 세계전략 차원에서 조망하는 것이었다.[89]

푸틴 집권 후 러시아 지도자로서는 최초의 방북 및 김정일의 두 차례 연속한 방러 등을 통해 러북 관계가 급속히 회복되는 듯했다. 그럼에도 양국 간 비현실적 기대와 실망은 계속되고 있다. 왜? 엄연한 현실적 장애요소들이 존재하기 때문이다. 정치협력은 북한의 핵·미사일 프로그램 개발 강행과 러시아의 한반도 비핵화 및 6자회담을 통한 평화적 해결 입장을 견지함으로써 크게 진전되지 못하고 있다. 경제협력은 북한의 개혁·개방 거부와 러시아의 야심찬 대형사업 추진으로 인해 결실을 맺지 못하고 있다. 즉 북한은 개혁·개방의 필요성에는 전적으로 공감하면서도 이로 인한 통치엘리트들의 기득권 상실 및

2008년 평양에서 개최된 북러 외교수립 60주년 기념행사

주민들의 이탈상황을 우려하여 계속 머뭇거리고 있다. 반면 러시아는 장기간을 요하는 TSR-TKR 연결 및 에너지·가스 공급 등 대형 국책사업에 주력하면서 국제 컨소시엄과 같은 외자유치 방식을 희망하고 있다. 북한은 폐쇄경제로 인해 해외자본을 유치할 능력이 없는 상황인데다가 대(對)러시아 채무 80억 달러의 상환문제를 어떤 형태로든 해결해야 할 입장이다.

북러 간 경색된 우정관계는 앞으로 북한의 핵·미사일 개발 지속 여부, 개혁·개방의 수위와 경제난 극복 정도에 따라 좌우된다. 북한 핵문제 해결에서도 러시아는 6자회담에서 매우 소극적인 태도를 보이지만 결정적인 순간에는 중재자의 역할을 적극적으로 수행해 왔고, 앞으로 북한 핵시설의 불능화가 본격화될 때 러시아 핵기술자들의 실질적인 자문과 북한의 신고 핵목록 검증 및 평화적 핵이용 방안 등에 있어서 적극적인 역할을 기대할 수 있다.

2011년 8월 24일 울란우데에서 9년 만에 개최된 메드베데프-김정일 간 정상회담은 양국 간 우정관계를 강화하는 계기가 된 것으로 보인다.

▌주

1) 시모토마이 노부오(이혁재 옮김), 『북한정권 탄생의 진실』(2000년), 37-38쪽.

2) 이재승, 『북한을 움직이는 테크노크라트』(일빛, 1998), 105쪽-157쪽.

3) 이재승, 『북한을 움직이는 테크노크라트』, 105쪽-157쪽.

4) Ковш А.В., "Проблема распространения ядерных и ракетных технологий в КНДР в 1970-1990-е годы," 『Вопрос истории Кореи』(С-Петербург: СПбГУ, 2004), 139쪽.

5) Ковш А.В., "Проблема распространения ядерных и ракетных технологий в КНДР в 1970-1990-е годы," (С-Петербург: СПбГУ, 2004), 139-140쪽.

6) СВР, Новый вызов после холодной воины:рапространение оружия массового уничтожения, 『Доклад службы внешнейразвенки РФ』(М.: 1995), 12쪽.

7) Панин А. & Альтов В.(2004), 82쪽.

8) Ковш А.В.(2004), 140-141쪽.

9) 1960년대 소련과 인적교류 핵물리학 기술 습득, 인력 양성: 북핵특집 ㅣ 북 핵물리학을 이끈 학자들 정창현 기자(khistory@minjog21.com).

10) Ковш А.В.(2004), 165-167쪽.

11) 오진용, 『김일성시대의 중소와 남북한』(2004년), 395쪽.

12) 『뉴욕타임스』, 1976.1.17, 서울 발-UPI 특파원.

13) 콘스탄틴 폴리콥스키(2003), 125-129쪽.

14) Панин А. & Альтов В.(2004), 285-287쪽.

15) 2003년 3월 트카첸코와의 면담 유출내용.

16) Денисов В.И. Россия-Корея на пути к добрососедству и взаимовыгоному сотру дниесесту необхоимы искренность и доверие, Позиции России в АТР (Москва: 2008), 219-220쪽.

17) Марк К.А. Взрыиные свойства реакторного плутония. Наука и глобальная безопасность, М. No.1 27쪽.

18) СВР(1995), 26쪽.

19) Отношения Советского Союза и КНДР в 1945-1980-х годах. 『Документы и ма териалы』, М. 1981г. 250쪽.

20) СВР(1995), 3-4쪽.

21) Ковш А.В.(2004), 31쪽.

22) IAEA, IAEA Director General Completes Official Visit to DPRK. Press Release. Vienna, August 1994, 24쪽.

23) СВР(1995), 7, 16쪽.

24) 『연합뉴스』, 08.11.16, "김일성, 비핵화 지지" 외교문서 첫 공개.

25) Личная переписка Ким Ирсена и И.В.Сталина на протяжении 1950-1953 гг. Президентский Арихтв РФ. Ф.07,Он.89в. П.1,1 6-7쪽.

26) Ковш А.В.(2004), 137-138쪽.

27) Ванин Ю.В.와, Война в Корее 1950-1953гг.: взгляд через 50 лет (М.: 2001), 314쪽.

28) 란코프, 『북한 워크아웃』(2009), 129쪽.

29) Денисов В.И.(2008), 223쪽.

30) Панин А. & Альтов В.(2004), 285쪽.

31) 『리아노보스티 통신』, 2010.12.15.

32) 박종효, 『러시아외무성 대한정책자료 2』(2010), 107-108쪽(1958년 4월 10일 북 조선 외무성이 주북 소련 대사관에 보낸 외교문서).

33) http://www.mid.ru/bdomp/ns-rasia.nsf/1083b7937ae580ae432569e7004199c2/432569d80021985fc325763c003bef07!Open Document (러시아 외교부 홈페이지 2009.9.25), 평양 조선중앙통신=『연합뉴스』, 2009/11/17 임주영 기자.

34) АВПРФ, Фонд:102, Опись:14, Папка:77, Дело:25, Лист:1-25, Год:1959.9.12. (1959년 9월 12일 주북 푸자노프 대사가 극동과장에게 보낸 북조선 원조실태 보고서).

35) 트리구벤코 외, 『러시아의 한반도 전문가가 본 북한경제와 남북한관계 전망』(북 한연구소, 1992), 112쪽.

36) http://www.mid.ru/bdomp/ns-rasia.nsf/1083b7937ae580ae432569e7004199c2/
432569d80021985fc3256e3e002b13a5!OpenDocument(러시아 외교부 홈페이지
2009.2.19).

37) Немов А.А., Основные проблемы во взаимоотношуниях Российской федерации
и КНДР, Россия и Корея (М.: Русская Панорама, 2008), 20-26쪽.

38) 트리구벤코 외(1992), 104-114쪽.

39) http://www.mid.ru/bdomp/ns-rasia.nsf/1083b7937ae580ae432569e7004199c2/
00ac2161b86b4749c3256e3900466399!OpenDocument (러시아 외교부 홈페이지
2009.2.19).

40) 신효숙, 『조소과학기술협력위원회 자료와 북러협력 동향분석』(과학기술부, 2004),
11-15쪽.

41) http://gzt.ru/business/2007/03/25/220020.html

42) 『이타르타스』, 2007.9.6 보도.

43) 란코프, 『북한 워크아웃』 159쪽, 161쪽, 166-167쪽, 176-177쪽.

44) http://www.dailynk.com/korean/read.php?cataId=nk00100&num=91321

45) 콘스탄틴 풀리콥스키(2003), 31-32쪽.

46) 콘스탄틴 풀리콥스키(2003), 207쪽.

47) 콘스탄틴 풀리콥스키(2003), 36쪽.

48) http://www.mid.ru/bdomp/ns-rasia.nsf/1083b7937ae580ae432569e7004199c2/
432569d80021985fc3256e3e002b13a5!OpenDocument(러시아 외교부 홈페이지
2009.2.19).

49) Суслина С.С., Экономические аспекты сотрудничества России с Государствами
Корейского полуострова, Россия и Корея (М.: Русская Панорама, 2008), 51-57쪽.

50) 콘스탄틴 풀리콥스키(2003), 121-125쪽.

51) Богдан И.И., Перспективы торгово-экономических отношениймежду РФ и КНДР.
Россия и Корея. Модернизация,реформы,международные отношения (М.: 1997),
118-119쪽.

52) http://www.cast.ru/main/index.php?m=88&lang=#2

53) Чичин Д.В., Основные направления военного сотрудничества России С Респуб
ликойКорея и КНДР в 1990-2000 гг.Вопрос истории Кореи (С-Петербург: СПб
ГУ, 2004), 188-189쪽.

54) ИТАР-ТАСС от 19 июня 2000г.

55) Ковш А.В.(2004), 192쪽.

56) http://blog.joinsmsn.com/media/folderlistslide.asp?uid=clickj2001&folder=20&
list_id=11765644(출처) 영국의 『선데이 타임스』, 2001.4.29 보도 인용.

57) Ковш А.В.(2004), 150쪽.

58) North Korea Advisory Group, Report to t Speaker US House of Representatives
(Washington:1999), 10쪽.

59) Burmydez, Joseph, North Korea's Air Defense Missile Forces, Defense Asia
Pacific… (Honolulu: 1988), 15쪽.

60) Ковш А.В.(2004), 159-161쪽.

61) Jacobs, Gorden, North Korea's Arms Industry: Development and Progress,
Asian Defense Journal (Seattle:1998), 31-32쪽.

62) Ковш А.В.(2004), 163-165쪽, 52의 5쪽, 56의 3쪽.

63) Панин А. & Альтов В.(2004), 143-144쪽.

64) Панин А. & Альтов В.(2004), 143-144쪽.

65) 『연합뉴스』, 2004.8.5자가 영국 군사잡지 『제인스 디펜스 위클리지』를 인용 보도.

66) 북러관계 전망 및 군사지원, 김진무, 정보본부 전략정보과.

67) 2008.4.25 이타르타스 및 연합뉴스 인용보도.

68) 콘스탄틴 풀리콥스키(2003), 16-19쪽.

69) 콘스탄틴 풀리콥스키(2003), 156-157, 161쪽.

70) 콘스탄틴 풀리콥스키(2003), 35쪽.

71) АВПРФ, Фонд:Сектор по Корее, Опись:40, Папка:88, Пор:5,Лист:1-62, Год:
1980.1.8-12.9(1980년 4월 24일 주북 소련 대사 크리울린과 조선 철도운송부 부
상 서남신과의 대화록).

72) 『조선일보』, 2009.01.03. 03:02 정병선 기자(bschun@chosun.com).

73) 박종효, 『러시아외무성 대한정책자료 2』(2010), 662-663쪽, 1978년 8월 30일(소
련 외무성 외교관 주택 관리부가 주소 북한 대사관 앞 문서에서 신 공관 이전에
따른 구 공관 2곳 수리비 21,108루블과 29,341루블을 청구) 북한 대사관은 수세
바(Шушеува)거리 20번지와 스타니스라브스키(Станиславский)거리 7번지에 흩
어져 있었고 공관 가족들의 숙소도 무세툰스키(Мусетунский) 10번지에 있는 아
파트 일부(15-21호)를 임대해서 사용했다.

74) 박종효, 『러시아외무성 대한정책자료 2』(2010), 613쪽.

75) 박종효, 『러시아외무성 대한정책자료 2』(2010), 341쪽.

76) 박종효, 『러시아외무성 대한정책자료 2』(2010), 606쪽.

77) 박종효, 『러시아외무성 대한정책자료 2』(2010), 389쪽.

78) 박종효, 『러시아외무성 대한정책자료 2』(2010), 631쪽, 통역관 에르몰로프가 1976년 6월 14일 본국에 보고.

79) АПРФ, Фонд:45, Опись:1, Папка:335, Год:1950년 10월 21일(1950년 11월 1일 핀사(스탈린)이 스티코프 대사에게 보낸 암호 전문).

80) 박종효 『러시아외무성 대한정책자료 2』(2010), 681-682쪽.

81) 란코프, 『북한 워크아웃』, 72쪽, 76쪽.

82) 란코프, 『북한 워크아웃』, 77쪽.

83) 이종석, 『현대북한의 이해』, 496쪽.

84) Панин А. & Альтов В.(2004), 175-180쪽.

85) 『연합뉴스』, 2002.4.18자 북한의 조선중앙방송의 4.17자 보도내용 인용.

86) 서울=『연합뉴스』, 2007/12/08 10:37(hsh@yna.co.kr).

87) Ткаченко В.П., Корейский полуостров и интересы России (Москва: ИДВ РАН, 2000), 18쪽.

88) 박종효, 『러시아외무성 대한정책자료 2』(2010), 151-152, 564, 593-594쪽.

89) 홍완석(2005), 603-648쪽.

| 참고문헌 |

1. 국내문헌

강봉구. 1999. 『현대 러시아 대외정책의 이해』. 서울: 한양대 출판부.

강철환. 2004. 『수용소의 노래(평양의 어항)』. 서울: 시대정신.

고당전·평양지 간행회. 1966. 『고당 조만식』. 서울: 평남민보사.

고영환. 1992. 『평양 25시』. 서울: 고려원.

기광서. 1998. "1940년대 전반 소련군 88독립보병여단내 김일성 그룹의 동향." 『역사와 현실』 28호. 서울: 한국역사연구회.

_____. 2004. 『해방과 김일성』. webzine@kornet.net, 2004/05/06 등록.

김국후. 2008. 『평양의 소련군정』. 서울: 한울 아카데미.

김일성. 1974. "스탈린은 자기 자유와 독립을 고수하는 인민들의 투쟁의 고무자"(1953.3.10). 김준엽·김창순·이일선·박관옥(공편). 『북한연구자료집』 제2집. 서울: 고려대학교 아세아문제연구소.

_____. 1998. 『세기와 더불어(계승본)』 8. 평양: 노동당출판사.

김준엽 외 공편. 1974. 『북한연구자료집』 제2집. 서울: 고려대학교 아세아문제연구소.

더들리 휴즈(임인창 옮김). 2008. 『한국전쟁, 마지막 겨울의 기록』. 서울: 한국경제신문.

림일 저. 2005. 『평양으로 다시 갈까?』. 서울: 맑은소리 출판(탈북자의 러시아 경험담 수록).

바실리예프스키 A.M. 1989. 『레닌그라드로부터 평양까지』. 서울: 함성.

박명림. 1996. 『한국전쟁의 발발과 기원』. 서울: 나남출판사.

박종수. 2002. 『러시아와 한국 ─ 잃어버린 백년의 기억을 찾아』. 서울: 백의.

박종효. 2010. 『러시아외무성 대한정책자료 1』. 서울: 선인.

_____. 2010. 『러시아외무성 대한정책자료 2』. 서울: 선인.

백두연구소 편. 1988. 『주체사상의 형성과정 1』. 서울: 벽두.

북한 사회과학원 철학연구소. 1988. 『철학사전』. 서울: 힘.

북한연구학회. 2006. 『북한의 통일외교』. 서울: 경인문화사.

브루스 커밍스. 1986. 『한국전쟁의 기원』. 서울: 일월서각.

서대숙·이완범 공편. 2001. 『김일성 연구자료집(1945-1948년 문건)』. 서울: 경남대 출판부.

서동만. 2005. 『북조선사회주의체제 성립사(1945-1961)』. 서울: 선인.

서동주. 2003. "푸틴정부하 북러관계." 『국제문제연구』 제3권 제3호, 통권 11호(가을호).

성혜랑. 2000. 『등나무집』. 서울: 지식나라.

손광주. 2003. 『김정일리포트』. 서울: 바다출판사.

시모토마이 노부오(이혁재 옮김). 2000. 『북한정권 탄생의 진실』. 서울: 기파랑.

신효숙. 2003. 『소련군정기 북한의 교육』. 서울: 교육과학사.

_____. 2004. 『조소과학기술협력위원회 자료와 북러협력 동향분석』. 서울: 과학기술부.

안드레이 란코프(김광린 역). 1995. 『북한 현대정치사』. 서울: 도서출판 오름.

_____. 2009. 『북한 워크아웃』. 서울: 시대정신.

양형섭. 1988. "위대한 수령 김일성 동지의 혁명사상을 철저히 옹호하고 널리 해석 선전하기 위한 사회과학의 임무에 대하여." 백두연구소 편. 『주체사상의 형성과정 1』. 서울: 벽두.

오영진. 1952. 『소군정하의 북한 ─ 하나의 증언』. 부산 국민사상지도원.

오진용. 2004. 『김일성 시대의 중소와 남북한』. 서울: 나남출판사.

올가 말레체바(박정민·임을출 옮김). 2004. 『김정일과 왈츠를』. 서울: 한울.

와다 하루키(서동만 옮김). 1999. 『한국전쟁』. 서울: 창작과비평사.

와다 하루키(이종석 옮김). 1992. 『김일성과 민족항일 전쟁』. 서울: 창작과
　　비평사.

유영철. 2001. "소련과 북한간의 군사협력 관계." 『한국과 러시아관계: 평가
　　와 전망』. 서울: 경남대 극동문제연구소.

이수석. 2005. "김정일 연구의 쟁점과 과제." 『현대 북한연구의 쟁점 1』. 서
　　울: 한울아카데미.

이재승. 1998. 『북한을 움직이는 테크노크라트』. 서울: 일빛.

이종석. 2000. 『북한-중국관계 1945-2000』. 서울: 중심출판사.

_____. 2000. 『새로쓴 현대북한의 이해』. 서울: 역사비평사.

이진숙. 2007. 『러시아미술사』. 서울: 민음사.

이한영. 2004. 『김정일 로열 패미리』. 서울: 시대정신.

임은(본명: 허진). 1982. 『북한 김일성왕조비사』. 서울: 한국양서.

장학봉 외. 2006. 『북조선을 만든 고려인 이야기』. 서울: 경인문화사.

정은숙. 2004. 『러시아 외교안보정책의 이해』. 서울: 세종연구소.

정창현. 1999. 『곁에서 본 김정일』. 서울: 토지.

콘스탄틴 풀리코프스키(성종환 옮김). 2003. 『동방특급열차』. 서울: 중심.

토르쿠노프 A.V.(구종서 옮김). 2003. 『수수께끼의 한국전쟁』. 서울: 출판사
　　에디터.

트리구벤코 외. 1992. 『러시아의 한반도 전문가가 본 북한경제와 남북한관계
　　전망』. 서울: 북한연구소.

홍완석. 2005. 『현대 러시아 국가체제와 세계전략』. 서울: 한울아카데미.

황장엽. 1999. 『나는 역사의 진리를 보았다』. 서울: 한울아카데미.

후지모토 겐지(한유희 옮김). 2010. 『북한의 후계자 왜 김정은인가?』. 서울:
　　맥스미디어.

후지모트 겐지(신현호 옮김). 2003. 『김정일의 요리사』. 월간조선사.

〈기타 언론보도〉

MBC '이제는 말할 수 있다' 분단의 기원, 2004년 3월 14일 23:30~00:30, 소
　　련, 처음엔 조만식 주목!

『뉴욕타임스』, 1976.1.17, 서울 발-UPI 특파원.

『동아일보』, 2000.07.19.

_____, 2004.10.24.

_____, 2008.6.24.

_____, 2008.8.7, 2009.7.28.

_____, 2010.10.28.

『리아노보스티 통신』, 2010.12.15.

『연합뉴스』, 2002.4.18.

_____, 2002.8.22.

_____, 2004.8.5.

_____, 2007.11.16.

_____, 2007.12.08.

_____, 2008.11.16, 2009.07.28.

_____, 2009.09.24.

『조선일보』, 2004.2.11.

_____, 2005.8.11.

_____, 2009.01.03.

_____, 2011.03.14.

『중앙일보』, 2007.04.25.

_____, 2010.05.07.

_____, 2010.06.08.

『철혈망』(중국), 2008.10.27.

『한국일보』, 2008.8.20일자 '수줍음 많던 학생 김정일' 제하 재미 탈북학자
　　김현식의 미 외교전문지 포린폴리시 최신호 기고문 소개.

2. 외국문헌

Burmydez, Joseph. 1988North Korea's Air Defense Missile Forces, Defense Asia Pacific ··· (Honolulu:), 15쪽.

IAEA. 1994. IAEA Director General Completes Official Visit to DPRK. Press Release. Vienna, August.

Jacobs, Gorden. 1998. North Korea's Arms Industry: Development and Progress, Asian Defense Journal, Seattle, 31-32쪽.

North Korea Advisory Group. 1999. Report to t Speaker US House of Representatives (Washington), 10쪽.

Taubman, William. 2002. Khrushchev-the man and the era. Norton.

Бабиков М.А. 1969. На Восточном Берегу, М.

Богдан И.И. 1997. Перспективы торгово-экономических отношениймежду РФ и КНДР. Россия и Корея. Модернизация,реформы,международные отношения, М.

Буковский К. 1946. В стране утренней свежести (Из поездки по Северной Корее), 『Октябрь』 №.3-4, М.

Бульчев, Г.Б. 2000. Корейская политика России:попытка счематизации, Проблемы Дальнего Востока, №6.

Буртенц, К.О. 1995. внешнеполитической конценнии России в Азиатско_ Тихоокеанском регионе, М.

Ванин Ю.В. (Ответ.ред.). 1988. СССР и Корея, М.

Ванин Ю.В.и. 2001. Война в Корее 1950-1953гг.: взгляд через 50 лет, М.

Василевский А.М. 1974. Дело всей Жизни (воспоминания), М.

Гитович а., Бурсов Б. 1948. Мы видели Корею, Л.

Горностаев Г.Л. 2003. Внешние экономические связи России:проблемы развития и пути решения, М.

Гражданцев А. 1948. Корея, М.

Денисов В.И. 2008. Россия-Корея на пути к добрососедству и взаимовыгоному сотруднисесту необхоимы искренность и доверие, Позиции России в АТР, М.

Денисов В.И., Жебин А.З. (Под ред.). 2008. Корейское урегулирование и интересы России, М., русская панорама.

Жебин А.З. 2005. Корея-новые горизонты, М., Институи дального востока РАН.

Жебин А.З. 2006. Эволюция политической системы КНДР в условиях глобальных перемен, М., русская панорама

Зазерская Т.Г. 2000. Советские специалисты и формирование военно-промышленного комплекса Китая (1949-1960 годы), СПб.

Институт ДВ РАН. 2008. Россия и Корея: проблемы улучшения отношений России и государств корейского полуострова, М., Русская панорама.

Ковш А.В. 2004. Проблема распространения ядерных и ракетных технологий в КНДР в 1970-1990-е годы, Вопрос истории Кореи, С-Петербург, СПбГУ.

Коничев К. 1948. От Карелии до Кореи, Иркуцк.

Кравцов И. 1951. Агрессия Американского Империализма в Корее (1945-1955 гг.), М.

Крайнов П. 1947. Борьба корейского народа за независимость, М.

Ланьков. 2004. КНДР Вчера и сегодня, М., Восток-Запад.

Личная переписка Ким Ирсена и И.В.Сталина на протяжении 1950-1953 гг. Президентский Арихтв РФ. Ф.07,Он.89в. П.1,1.

Мальцева О. 2003. Вальс с Ким Чен Иром, М.

Марк К.А. Взрыиные свойства реакторного плутония. Наука и глобальная безопасность, №1, М.

Мерецков К.А. 1968. На службе народу (Воспоминания), М.

МИД РФ. 1981. Отношения Советского Союза и КНДР в 1945-1980-х годах. Документы и материалы, М.

МИД. 2002. Очерки истории Министерства Иностранных Дел, Т.2, М.

Мятишкин А.외. 2003. Война в Корее, 1950-1953. СПб. Полигон.

Нам С.Г. 1970. Формирование народной нителлигенции в КНДР (1945-1962), М.

Немов А.А. 2008. Основные проблемы во взаимоотношуниях Российской федерации и КНДР, Россия и Корея, М. Русская Панорама.

Панин А. &Альтов В. 2004. Северная Корея:Эпоха Ким Чен Ира на закате,

М., ОЛАМА-ПРЕСС.

Пуликовский К. 2002. Восточный экспресс. По России с Ким Чен Иром. М.

СВР. 1995. Новый вызов после холодной воины:рапространение оружия массового уничтожения, Доклад службы внешнейразвенки РФ, М.

Смирнов В П. 2008. Всеобщая История-Новейщая история 11, М.,Просвещ ения.

СПбГУ. 2004. Вопрос истории Кореи, С-Петербург.

Суслина С.С. 2008. Экономические аспекты сотрудничества России с Государствами Корейского полуострова, Россия и Корея, М. Русская Панорама.

Ткаченко В.П. 2000. Корейский полуостров и интересы России, М., ИДВ РАН.

Торкунов А.В. 2000. Загадочная война: Корейский конфликт1950-1953 г., М., РОССПЭН.

Чичин Д.В. 2004. Основные направления военного сотрудничества России С РеспубликойКорея и КНДР в 1990-2000 гг.Вопрос истории Коре и, С-Петербург, СПбГУ.

Шабшина Ф.И. 1958. Корея в период войны на тихом океане (1941-1945), 『Корея и Эконмика』, М.

3. 사이트 및 고문서

〈러시아연방 외무성 홈페이지〉

http://gzt.ru/business/2007/03/25/220020.html

http://kp.ru/daily/23132/23833/ (콤소몰스카야 프라우다).

http://region.krasu.ru/node/1003http://www.cast.ru/main/index.php?m=
88&lang=#2

http://top.rbc.ru/politics/11/08/2001/40032.shtml〉〈11 августа 2001г.(Труд지
02 Августа 2001г).

http://ukrtribune.org.ua/ru/2009/08/sekreti-profesora-berdisheva/(СЕКРЕТИ
ПРОФЕСОРА БЕРДИШЕВ 19 Август, 2009).

http://www.all-korea.ru/novye-proekty-1/novicenko--geroj-kndr

http://www.cast.ru/main/index.php?m=88&lang=#2.

http://www.peoples.ru/art/music/national/zykina/news_ljudmilu_zykinu_lech
at_luchshie_vrachi_kim_chen_ir.shtm(18.01.2008).

http:www.mostehnadzor.ru/news.php?id_news=941

АВПРФ, Фонд:102 Опись:9, Папка:9, Дело:20, Лист:1-30, Год: 1949.1.6-12.21.

АВПРФ, Фонд:102, Опись:12, Папка:69, дело:10, Лист:1-25, Год:1956.6.21-10.8.

АВПРФ, Фонд:102, Опись:14, Папка:77, Дело:25, Лист:1-25, Год:1959.9.12.

АВПРФ, Фонд:102, Опись:16., Папка:86, дело:15, Лист:17, Год:1960.6.13-2.30.

АВПРФ, Фонд:102, Опись:17, Папка:26, дело:7, Лист:1-65, Год:1957.7.10-10.

АВПРФ, Фонд:102, Опись:2, Папка:5, Дело:34, Лист:1-112, Год:1945-1946.

АВПРФ, Фонд:102, Опись:28., Папка:55, Пор:2, Лист:1-55, Год:1968.1.8-10.25.

АВПРФ, Фонд:102, Опись:6, Папка:19, Пор:18, Лист:1-17, Год:1950.1.14-3.14.

АВПРФ, Фонд:102, Опись:9, Папка:9, Дело:9, Лист:1-8, Год:1949.3.1-4.7.

АВПРФ, Фонд:45, Опись:1, Папка:335, Год:1950.10.21.

АВПРФ, Фонд:Референтура по Японии, Опись:20, Папка:182, Дело:64, Лист: 1-582,
Год:1937.

АВПРФ, Фонд:Сектор по Корее, Опись:37, Папка:78, Пор:11, Лист:1-10, Год: 1977.
2.2-12.20.

АВПРФ, Фонд:Сектор по Корее, Опись:40, Папка:88, Пор:3, Лист:1-11, Год: 1980. 3.25-11.20.

АВПРФ, Фонд:Сектор по Корее, Опись:40, Папка:88, Пор:5, Лист:1-62, Год: 1980. 1.8-12.9.

ИТАР-ТАСС от 19 июня 2000г.

Лента.ру, 28.09.2010 10:11 кім Чен Ир не отдал власть сыну.

|지은이 소개|

박종수

서강대 정치외교학과 졸업, 영국 런던대 수학, 러시아 상트페테르부르크국립대 경제학 석·박사학위를 취득함. 주(駐)러시아 대사관 1등서기관, 공사 참사관을 역임함. 현재 〈한러대화〉 포럼 경제분과 위원, 상트페테르부르크국립대 초빙교수로 재직 중임. 저서로는 『러시아와 한국─잃어버린 백년의 기억을 찾아』, 『G20국가의 인재개발』(공저) 등이 있음.

해양엑스포가 열리는 미항 여수에서 태어났다. 세련미보다는 삶의 본능이 살아 숨쉬는 야성미 넘치는 섬사람이다. 1981년부터 러시아(소련) 연구에 올인했다. 통일을 위해서는 북한 정권을 만든 러시아를 잡아야 한다는 입장때문이었다. 한러 수교 20여 년간 외교안보 현장과 아카데미를 분주히 누비면서 실무경험과 이론적 기반을 다져왔다. 공전하는 북핵문제와 천안함·연평도 사건을 안타까운 심정으로 지켜보았다. 근본적인 해법은 북러 관계에 있는데… 그간 러시아와 북한 사이에 알려지지 않은 신화, 비화, 진화의 진실을 통해 통일 로드맵을 재설정코자 한다.

- 이메일: chongsoo0301@hanmail.net
- 블로그: blog.daum.net/chongsoo57

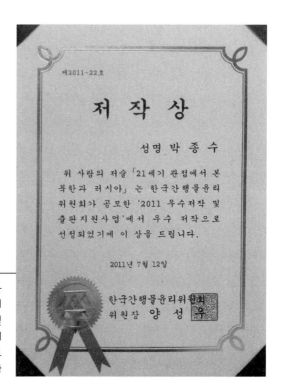

제2011-22호

저 작 상

성명 박 종 수

위 사람의 저술 「21세기 관점에서 본
북한과 러시아」는 한국간행물윤리
위원회가 공모한 '2011 우수저작 및
출판지원사업'에서 우수 저작으로
선정되었기에 이 상을 드립니다.

2011년 7월 12일

한국간행물윤리위원회
위원장 양 성 우

▶이 책은
한국간행물윤리위원회의
〈2011 우수저작 및
출판지원사업〉에
우수 저작으로
선정되었습니다

21세기의 북한과 러시아

신화(神話), 비화(秘話) 그리고 진화(進化)

초판 1쇄 발행: 2011년 10월 10일
초판 2쇄 발행: 2012년 2월 25일

지은이: 박종수
발행인: 부성옥
발행처: 도서출판 오름
등록번호: 제2-1548호 (1993. 5. 11)

서울특별시 서초구 서초동 1420-6
전   화: (02) 585-9122, 9123/ 팩   스: (02) 584-7952
E-mail: oruem@oruem.co.kr
URL: http://www.oruem.co.kr

ISBN 978-89-7778-359-1   93340

* 잘못된 책은 교환해 드립니다.
* 값은 뒤표지에 있습니다.